La vida te está esperando

Vivir Mejor

Javier Iriondo

La vida te está esperando

Zenith / Planeta

PEFC Certificado

Este libro procede de
bosques gestionados
de forma sostenible

PEFC

PEFC/14-38-00305 www.pefc.es

Avda. Diagonal, 662-664, 08034 Barcelona (España)
www.zenitheditorial.com
www.planetadelibros.com

Adaptación de la cubierta: Booket / Área Editorial Grupo Planeta
© Bgton / Istockphoto / Getty Images
Primera ediciónen esta presentación: febrero de 2025

Depósito legal: B. 243-2025
ISBN: 978-84-08-29858-8
Impresión y encuadernación: CPI Black Print
Impreso en España

Biografía

Javier Iriondo es uno de los ponentes más aclamados en la actualidad, con infinidad de conferencias realizadas en más de diez países sobre superación, motivación, desarrollo personal y liderazgo. Es, también, ponente y colaborador de Mentes Expertas. Su experiencia como deportista profesional en USA y como empresario en diversas áreas de negocio, además de autor de varios libros de éxito —destacando su gran bestseller *Donde tus sueños te lleven*—, respaldan su capacidad para inspirar y transformar vidas.

SUMARIO

Prólogo 11

EL OLEAJE 15

EL PESO DEL PASADO 23

EL DESPERTAR 37

LECCIONES DE LA VIDA 55

EL OKUPA 67

EL MOMENTO DE ACEPTAR 77

EL AVISO 93

REVELACIONES DE LA VIDA 109

EL PLAN 125

VIVIR EL PRESENTE 161

ENFRENTARSE AL DESTINO DEJANDO HUELLA 171

LA CELEBRACIÓN DE LA VIDA 181

LA NOCHE 205

LA MAÑANA SIGUIENTE... 211

LA SEGUNDA OPORTUNIDAD 219

NUEVOS SUEÑOS, NUEVAS DECISIONES 225

CERRAR EL CÍRCULO 249

Nota del autor 265

Este libro existe gracias a la inspiración recibida a través de los mensajes de miles de lectores, a las sentidas palabras de agradecimiento recibidas en infinidad de conferencias, que hace que todo tenga más sentido y que me ha impulsado a seguir buscando respuestas, para al menos intentar seguir aportando en este camino que recorremos juntos que es la vida.

Gracias a mi amigo Manu Rambla, gracias por estar ahí, por tu ayuda y por ser eso, un gran amigo. Gracias a Jon y Estela por aparecer y estar cuando más hacía falta. También quiero agradecer a Nacho Monteagudo, enfermero del Hospital Infantil de Zaragoza, por ser una inspiración para este libro.

Y como no, tengo que dar gracias al universo por su particular manera de inspirarme, al solapar mi vida con el personaje de Sofía justo en el momento en el que escribía esta historia...

Gracias a todos.

PRÓLOGO

Sí, ¡me encantó que Javier me pidiera escribir este prólogo! En realidad me emocioné porque me pareció una muestra de aprecio y confianza por su parte que no creía merecer. Conozco a Javier desde hace tres años, cuando se incorporó al proyecto Mentes Expertas, impulsado por dos personas maravillosas, Marina y Perico. Los cuatro hemos coincidido en muchos eventos, hemos viajado juntos, nos hemos reído como locos y hemos disfrutado como enanos. Javier fue un descubrimiento para mí.

En el mundo de los conferenciantes es habitual encontrarte con egos desproporcionados, personas maniáticas, egoístas, celosas... hay mucho merluzo suelto, pero Javier es de esas personas raras que tanto nos gustan y tanto necesitamos. Es una persona coherente, cercana y de una humanidad gigante. Es bueno, muy bueno, y creo que este es el mejor elogio que se le puede dedicar a alguien. Vivimos en una sociedad que valora y admira excesivamente la inteligencia, lo cual me pone nervioso. Las personas inteligentes en las que siempre queremos confiar son esas mismas que han moldeado la sociedad para convertirla en lo que es hoy, una sociedad muchas veces injusta, individualista, materialista, avariciosa y codiciosa. Vivimos en un capitalismo salvaje porque estamos en manos de personas muy inteligentes, pero no siempre buenas.

Necesitamos personas inteligentes, claro que sí, pero que al mismo tiempo sean buenas, que pongan sus capacidades al servicio de los demás. «Buenas» en el sentido más grande del término: personas honestas, íntegras, responsables, que ayuden a los demás, que sean tolerantes, compasivas, que escuchen, que tengan empatía, que se preocupen por los que más sufren..., en fin, personas dignas. Ser inteligente es una suerte, un don; ser buena persona es mucho más difícil, es una elección y un esfuerzo enorme. Por eso admiro tanto a Javier, él es así y me gustaría ser como él. Cada vez que coincidimos pienso: «¡Este tío es fantástico!». Y esa manera de ser Javier la refleja en todos sus libros. Este lo he leído también del tirón, empecé con el borrador y me enganché enseguida. Desde las primeras páginas pensé que había escrito un libro fabuloso. Te metes en la historia y, con esa habilidad gigante que tiene, Javier te hace pensar, casi sin darte cuenta, en las cosas importantes de la vida.

Es un libro realista, nos dice que «es imposible comprender la vida ni evolucionar tratando de mantener todo bajo control, buscando la seguridad de forma obsesiva porque provocará la inseguridad permanente». Nos coloca ante un espejo, a veces con ideas tan severas como que «En pocas cosas somos tan hábiles y persistentes como en el arte de amargarnos la existencia», y nos enfrenta a las preguntas más importantes: «¿Qué es lo que quieres? Quiero que mi vida tenga más sentido».

En algunos momentos, este libro nos enfrenta a nuestros miedos, a esas preocupaciones, dudas y angustias que todos tenemos, pero también nos empuja a no conformarnos, a ser protagonistas, a actuar: «Probablemente ese sea uno de los grandes errores de la vida: seguir esperando a que algo pase, esperar a que algo cambie o esperar hasta sentirnos preparados, pero jamás se dan todas las condiciones perfectas para tomar la decisión que pueda cambiar nuestro destino. Pero sin esa decisión lo único que se consigue es seguir aplazando la vida, mientras la vida sigue pasando. El momento ideal no es algo que llega, sino algo que creamos, algo que nace del coraje porque decidimos que el momento es ahora».

Me encanta esa determinación de Javier cuando apela a la responsabilidad personal. No todo es culpa de los demás, hay muchas cosas que nosotros mismos podemos cambiar, muchas decisiones que nos permiten mejorar, pero que tenemos que tomar nosotros. Leer este libro te empuja a tomarlas.

En un mundo en el que vamos como pollos sin cabeza, necesitamos parar de vez en cuando, parar para reparar. Sofía, la protagonista del libro, se encuentra en uno de esos momentos que la vida nos pone delante para que paremos, para que reflexionemos. Todos deberíamos hacerlo sin esperar ese acontecimiento traumático que nos hace cambiar. Cuando uno tiene la sensación de ir a toda velocidad hacia ninguna parte, cuando nota una insatisfacción interior permanente, puede que haya llegado el momento de plantearse muchas cuestiones, algunas de las cuales, probablemente, resulten dolorosas.

Este libro es fantástico para plantearse las cuestiones más esenciales: «existe un infinito universo interior dentro de cada uno de nosotros, un mundo en el que necesitamos adentrarnos para conocernos mejor y en el que cada uno debe adquirir un conocimiento más profundo, íntimo y personal». Javier tiene esa habilidad especial para removerte y tocarte ahí donde más te molesta para que reacciones, porque «cuando nos sinceramos descubrimos que las personas compartimos muchos de los mismos sentimientos y las mismas emociones». Nos hace reflexionar sobre la importancia de ser auténticos, sobre el valor de las relaciones humanas como centro de nuestras vidas. Y con un concepto maravilloso, que es la conexión humana, nos recuerda que la forma más fácil de hacernos la vida más agradable es hacérsela agradable a los demás; que nuestra felicidad depende de la serenidad de nuestra conciencia, de nuestra paz interior. Porque el conflicto y la insatisfacción surgen cuando hacemos cosas que sabemos que van contra nuestros principios, y estos se centran en la conexión con los demás, en el servicio, en la bondad. Este es uno de los propósitos de este texto: nos anima a ser optimistas porque, frente a la crisis, el dolor, el revés, la infamia, la injusticia o la desesperación, tenemos el bálsamo de la ternura, la paciencia, la entrega, la gratitud, la amabilidad, la generosidad, el coraje, el propósito y otras tantas actitudes que nosotros podemos elegir libre y responsablemente para caminar con alegría por la vida.

Vivimos en la sociedad del escaparate, en la que cuenta más parecer que ser: la sociedad del aparentar, del figurar, del exhibir. Es el reino de lo ficticio, del envoltorio, de Instagram. Es una carrera sin tregua que nos intenta arrastrar a todos, que nos desgasta y nos desequilibra. La sociedad actual ha logrado multiplicar las ocasiones de placer, pero encuentra muchas dificultades para generar felicidad y alegría interior, que es lo que en definitiva buscamos todos. Porque en el fondo de cada uno de nosotros existe el anhelo de dejar huella, de encontrar sentido a nuestras vidas. Y eso hay que buscarlo en el silencio. En un entorno como el actual, que se caracteriza por la rapidez y el estrés, es responsabilidad de cada uno de nosotros reivindicar momentos para la pausa y espacios para la reflexión. Sin silencio, nuestras vidas se ven invadidas por lo urgente y lo superficial, sin tiempo para lo realmente importante. Sin silencio olvidamos lo que es prioritario en nuestras vidas y nos dispersamos en mil cosas intrascendentes. Sin parar a pensar, sin parar a reflexionar, pasamos por la vida, pero no la vivimos en profundidad. El tiempo y el esfuerzo que muchas personas invierten en acumular y mantener riquezas materiales deja muy pocas oportunidades para cultivar la riqueza interior con cualidades como la bondad, la compasión, la amabilidad, la paciencia, la tolerancia, la generosidad... que son las cualidades más importantes que podemos tener como padres, como parejas, como amigos.

Tolstói decía: «Hay muchos tipos de conocimiento, pero hay uno que es mucho más importante que los demás, el conocimiento de cómo aprender a vivir bien; y ese conocimiento, muchas veces, se menosprecia». Javier nos hace reflexionar sobre cómo queremos vivir y nos anima porque nunca es tarde para cambiar. No hay mejor inversión que la que se hace en uno mismo, en luchar para ser la mejor persona que uno puede ser, en tener una vida grande, digna. En aprender a vivir mejor y hacerlo con sentido.

Disfruta de este maravilloso libro. Gracias, Javier, por hacernos este regalo tan extraordinario.

VICTOR KÜPPERS
Camprodón, junio de 2019

EL OLEAJE

Tras el largo viaje, Sofía llegó por fin a su hotel con ganas de desconectar del mundo, al menos durante un rato. Al ver la impresionante recepción del hotel Jumeirah Port Sóller, recordó que la organización del evento en el que participaba como ponente le había prometido una habitación con unas preciosas vistas y, con ganas de comprobar cuánto tenía eso de cierto, subió con curiosidad y cierta intriga.

Al abrir la puerta, la realidad superó sus expectativas. Era una enorme y acogedora habitación de tonos claros, muy luminosa, con su pequeño pero coqueto salón y una monumental cama llena de almohadones que invitaba a lanzarse sobre ella. Sin embargo, lo que lanzó fue su maleta antes de apresurarse a abrir la cortina del enorme ventanal, como si fuera el telón de un escenario.

Un maravilloso espectáculo se abrió ante sus ojos, con un impresionante acantilado al borde del mar y la bahía de Port Sóller al fondo. El paisaje iluminó su cara con la especial luz del Mediterráneo, dibujando una sonrisa de asombro en su rostro. Abrió sus brazos suspirando agradecida, liberando ahí mismo gran parte de la tensión acumulada durante todo el día.

Salió a la amplia terraza, donde había una mesa redonda y dos sillas, lo que le hizo pensar que sería precioso compartir ese momento con alguien. Sin embargo, estaba sola. Se apoyó en la barandilla y observó, cautiva, el reflejo del brillante mar totalmente en calma.

Al atardecer, el cielo empezaba a tornarse de un cálido color rojizo, mientras la resplandeciente estela del sol se reflejaba en el mar, apuntando directamente hacia ella. En silencio, observando aquella mágica escena, y tras sacar algunas fotos para el recuerdo, guardó el móvil para vivir el momento. A veces se pierden esos mágicos instantes tratando de capturarlos o retransmitirlos, en vez de disfrutarlos. Se regaló unos minutos de calma, de intentar conectar con algo más profundo en su interior.

Era algo que siempre buscaba, momentos de paz, de conexión con la naturaleza. Para entonces Sofía ya había aprendido que la necesaria tecnología, a la que se dedicaba en su profesión, en demasiadas ocasiones nos acelera y desconecta de lo esencial, mientras que la naturaleza nos ayuda a frenar, a serenarnos y a conectar con nuestra esencia.

Estaba disfrutando de ese instante como si fuera único, como si fuera la primera vez que hubiese visto algo así, con la necesaria actitud de asombro, consciente y agradecida por el regalo de ese momento.

«Si contemplar el increíble espectáculo de un atardecer o un amanecer en el mar costase una fortuna —pensó Sofía—, muchas personas estarían ahorrando durante años para poder tener el privilegio de poder presenciar ese milagroso momento alguna vez en su vida. El problema está en que es gratis, no está expuesto en ningún lujoso escaparate que otorga prestigio, está ahí, disponible, es algo que damos por hecho, una de esas cosas que parecemos incapaces de apreciar, porque asumimos que va a estar siempre ahí. Por momentos da la impresión de que solo aprendemos a valorar las cosas cuando las perdemos. Quizá por eso, a veces, cuando lo perdemos todo, nos damos cuenta de lo que teníamos.»

Hacía mucho tiempo que Sofía no lograba tener un verdadero momento de calma y desconexión debido a su ajetreada vida. Era incapaz de liberarse de su trabajo, de la interminable lista de tareas, de las responsabilidades y de cumplir con las expectativas de los demás. La constante presión y las preocupaciones parecían sus fieles compañeras que nunca la abandonaban. En ocasiones tenía la impresión de que en vez de trabajar para vivir, vivía para trabajar.

Por nada del mundo quiso romper ese mágico instante y se concentró en alargarlo. «Ojalá durase para siempre», pensó. Decidió pedir algo al servicio de habitaciones para seguir disfrutando de las vistas desde la terraza. Además, así podría repasar sus apuntes para la conferencia que debía impartir la mañana siguiente.

Observaba el paisaje en silencio, disfrutando del presente, con su deliciosa cena y una copa de vino blanco, un buen Chardonnay. Estaba envuelta de una maravillosa sensación de calma total, viendo cómo poco a poco el sol se escondía en el horizonte tras el mar. Parecía despedirse cálidamente hasta el día siguiente, mientras alguna estrella comenzaba a brillar con timidez para embellecer la noche. Era una tarde soñada, un momento perfecto y todo un regalo para los sentidos.

Cuando comenzó a refrescar, entró en la habitación y se tumbó en la inmensa cama a repasar sus apuntes. Era algo que siempre la ponía bastante nerviosa, pero antes de darse cuenta, entre las suaves caricias del sol, la copa de vino, la relajación del momento y el cansancio acumulado, aún con los apuntes en las manos, cayó rendida en los brazos de Morfeo tras una tarde perfecta en aquel idílico escenario.

Un extraño ruido la despertó de golpe. Alterada, se sorprendió porque ya era de día y su corazón se aceleró, completamente agitado. Era un amenazador y poderoso rugido que provenía del exterior. Se levantó despacio, algo inquieta, miró por la ventana de su habitación y observó cómo el paisaje había cambiado por completo. Lo que la había sobresaltado era el estruendo del mar y las enfurecidas olas rompiendo con enorme fuerza contra la orilla.

Era uno de esos días en los que ni el sol quería salir, parecía haberse escondido asustado. Nada tenía que ver ese apocalíptico amanecer con el maravilloso y perfecto atardecer del día anterior. El cambio era radical. La calma y la luz se habían transformado en una feroz tormenta, con un amenazador cielo negro de nubes bajas que lo cubría todo de oscuridad, mientras el fuerte viento lanzaba la lluvia a ráfagas contra el cristal de la ventana.

Sofía se quedó petrificada. Era muy temprano. La insospechada tormenta la puso nerviosa y un extraño escalofrío le recorrió todo el cuerpo. Le habría gustado haber podido repasar más a fondo su conferencia y sintió remordimientos por el hecho de haberse quedado dormida. Empezó a dudar de sí misma, a sentir que no estaba suficientemente preparada, y los nervios y la ansiedad se apoderaron de su mente.

En situaciones de estrés recurría a algunos audios de relajación y meditación que llevaba en su móvil. Se sentó un momento, se puso los cascos y, tras respirar profundamente, se dejó llevar por la suave voz de una meditación guiada:

> A lo largo de la vida aparecen imprevistas tormentas en forma de problemas, situaciones inesperadas que nos arrastran de forma desesperada, momentos en los que nuestro mundo se tambalea por completo y todo parece derrumbarse a nuestro alrededor. A veces nos acostamos con nuestra vida más o menos en orden, y de pronto nos levantamos y nuestra existencia parece envuelta en el caos. Son momentos en los que el universo parece conspirar poniéndonos a prueba, no necesariamente para hacernos sufrir, tal vez para descubrir nuestras fortalezas, aunque difícilmente seamos capaces de pensar así en esos momentos.
>
> Son momentos en los que nos invaden las dudas, en los que la confianza parece saltar por la ventana y nos abandona, en los que llegamos a perder hasta la esperanza. Queremos creer, pero la angustia y los miedos nos atenazan, y en ocasiones nos hacen aislarnos para protegernos. Todos hemos pasado por situaciones que llegan a empujarnos al borde de nuestro particular e invisible abismo, un abismo interior que tal vez otros no pueden ver, atronadores pensamientos que nadie puede escuchar, pero que sin duda nosotros sentimos y sufrimos en silencio.
>
> La experiencia nos enseña que cada cierto tiempo, a veces más a menudo de lo esperado, la vida nos enfrenta a esas imprevisibles tormentas sobre las que no tenemos ningún poder. En esas circunstancias nuestra realidad puede cambiar por completo. Nadie tiene control sobre los acontecimientos que la vida nos depara, pero sí sobre la valentía y la dignidad con las que nos

enfrentamos a nuestro destino. Inicialmente poco podemos hacer ante esas circunstancias, apenas podemos escoger cómo sentirnos, porque de forma automática provocan una serie de inevitables emociones, que pueden ser de miedo, incomprensión, rabia o desesperación.

Pero, aparte de asumir el poco recomendable papel de víctimas, algo que siempre podemos hacer, y tal vez sea lo único, podemos responsabilizarnos de nuestras reacciones. Asumir con madurez nuestra respuesta ante lo que sucede. Esa es nuestra verdadera responsabilidad y la capacidad que tenemos a nuestro alcance. La de asumir y convertir cada problema en una oportunidad de superarnos y crecer.

Esa respuesta es lo que distingue a la persona madura de la inmadura, la que hace que ante un mismo hecho una persona se coloque el cartel de víctima de las circunstancias y que otra se levante por encima de ellas, convirtiendo esa experiencia en una oportunidad de aprendizaje y superación, porque es ahí donde se esconden las mayores lecciones de la vida y lo que otorga la verdadera confianza a una persona.

En realidad, lo que nos hace sufrir no es tanto lo que nos sucede, sino nuestros pensamientos y las interpretaciones acerca de lo que ocurre, el significado que damos a lo que sucede. Puede que esa sea una de las grandes lecciones que debemos aprender en la vida.

¡Pero yo no quiero esas lecciones, yo no quiero tener esos problemas!, exclaman algunos. Eso es como pedir que no haya olas en el mar. Son las tormentas de la vida las que nos llevan a lugares donde jamás hubiésemos llegado con un mar en calma.

Tras finalizar el audio Sofía suspiró ya más relajada. Observó el agitado mar que tenía frente a ella: recordando el contraste con la calma del día anterior, comprendió que ambas situaciones son parte de la naturaleza. Y lo mismo sucedía con la vida.

Eran cerca de las ocho de la mañana. El mar seguía enfurecido. Aún faltaban cuatro horas para la intervención de Sofía. Tenía que preparar la charla de aproximadamente treinta minutos y presentarse al menos una hora antes en la sala donde se iba a celebrar el evento, en la planta baja del hotel.

Descartó la idea de bajar a desayunar para ganar tiempo. Además, los nervios siempre le cerraban el estómago, por lo que se preparó un café en la cafetera que había en su habitación. De ese modo tendría más tiempo para repasar sus apuntes y comprobar que la presentación del ordenador era perfecta.

El congreso estaba dividido en dos partes y se habían programado dos eventos correspondientes a cada una de ellas. Aquel era el primero, el segundo se celebraría cuatro meses más tarde. Su conferencia estaba dedicada principalmente a las claves de las empresas de *marketing* digital, tema en el que tenía una gran reputación. Además de tener en cuenta las estrategias, cada vez se centraba más en el factor humano de las empresas y los equipos de trabajo. El crecimiento y el bienestar emocional de las personas le parecían factores fundamentales en el aspecto personal y profesional. Para ella se trataba no ya de algo importante, sino de una necesidad.

Comenzó a repasar sus apuntes, pero difícilmente era capaz de mantener la concentración, ya que el amenazador rugido del mar, el fuerte viento y el estruendo de las olas no dejaban de distraerla desviando su atención, lo cual no la ayudó precisamente a tomar el control de la situación. Por el contrario, la sensación de nervios y ansiedad seguía creciendo.

Miró la hora.

—No puede ser —exclamó Sofía.

Ya debería estar en la planta baja. Terminó de prepararse corriendo y bajó apresurada con una extraña sensación.

* * * *

En el salón de conferencias ya la estaban esperando con los brazos abiertos. Allí estaba Pablo, que, además de su jefe, era buen amigo suyo, y Ana, colaboradora del evento, que conocía bien a Sofía. Al ver algunas caras conocidas y saludar a varias personas, consiguió dejar de pensar en sí misma y calmarse un poco.

Tras entregar su material para la presentación, se asomó por la esquina del escenario donde el ponente previo a su intervención se dirigía al público y, desde allí, pudo ver a las más de cien personas que escuchaban atentamente la presentación.

En ese momento tragó saliva, se le aceleró el pulso, sintió la boca seca y la sensación de que no se había preparado lo suficiente volvió a cernirse sobre ella como una amenaza. Sabía que dominaba el tema, que en realidad todo lo que tenía que explicar lo tenía muy integrado en su interior, pero el miedo a quedarse en blanco se clavó como una flecha en su mente.

Se acercaba el momento y sus sensaciones no mejoraban. El corazón le latía cada vez más fuerte. Al llegar su turno, la presentaron con mucho entusiasmo, aunque los tímidos aplausos del público fueron más bien fríos, lo cual no ayudó mucho.

Entonces se sintió sola, indefensa. Más de cien personas clavaron en ella sus ojos, como si estuviese a punto de celebrarse un juicio. Sonrió dando las gracias y, en ese mismo instante, sintió un pequeño mareo. Todo se volvió difuso, después negro y, de pronto, de la forma más inesperada, Sofía se desplomó inconsciente en el suelo.

EL PESO DEL PASADO

Sofía provenía de una familia valenciana de clase media, en la que no hubo grandes sobresaltos, y si los hubo no fue consciente de ellos, de modo que tuvo una infancia feliz. Al menos hasta la adolescencia. En su casa nunca faltó de nada, sin embargo sus padres pasaron por momentos muy difíciles a nivel profesional. Cuando su padre perdió el trabajo, la familia pasó por una situación complicada a nivel económico, tensión que fue más que palpable, algo que dejó algunas cicatrices invisibles.

Sofía se crio en un entorno muy protector. Al ser hija única, le dieron lo mejor, o al menos lo que sus padres pensaban que era lo mejor. Había pensado muchas veces en eso, en cómo, a pesar de sus buenas intenciones, en ocasiones confundieron el amor con el exceso de protección. Y a veces eso había producido en Sofía el efecto contrario, ya que esa sobreprotección no prepara a nadie para el mundo real, más bien provoca una falta de confianza, dependencia e inseguridades.

Aunque más tarde alcanzaron una buena estabilidad, la enorme presión económica con la que vivieron durante aquellos años y la constante preocupación les impidió disfrutar del presente. Cada vez que sus padres recibían una carta del banco o miraban las cuentas, era como una amenaza que aceleraba sus pulsaciones. El miedo a los posibles cambios, la incertidumbre por el futuro, esa mezcla de responsabilidad y ansiedad impregnó sus vidas, algo que sin querer le transmitieron a su hija. A pesar de que nunca les faltó nada, la preocupación por el futuro era algo que siempre estaba presente.

Ese comportamiento tenía una parte positiva que le ayudó a lograr muchas cosas, pero en realidad era un lastre cada vez mayor, algo que la fue desgastando, porque era incapaz de darse un respiro, de desconectar, algo que le impedía vivir el presente.

Sofía siempre fue una buena estudiante. Aunque no destacaba especialmente, era muy aplicada y tenía una gran disciplina. Su secreto era su fuerza de voluntad y la testaruda determinación que había heredado de su madre. La educaron para seguir las reglas, le transmitieron la responsabilidad y la enorme importancia de la educación para tener un buen futuro, porque se suponía que la educación era una garantía de estabilidad. La educaron con las mejores intenciones, pensando en hacer de ella una mujer fuerte y responsable de cara al futuro. Sin embargo, esas buenas intenciones estaban impregnadas de preocupaciones y miedos, como si fuesen advertencias.

En ocasiones nuestros padres nos transmiten sus miedos como si fuesen valores, siempre con la mejor intención, precisamente para protegernos o evitar eso que ellos temen o han sufrido, y algunas veces por desgracia los heredamos. A pesar de ello, Sofía era una mujer con personalidad y confianza, excepto en ese punto que sus padres le transmitieron, la obsesión por la seguridad debido al miedo al futuro.

Sofía se licenció en Marketing y Publicidad, aunque más tarde se especializó en *marketing* digital, área en donde con mucho esfuerzo se labró una buena carrera, siendo muy respetada en su sector. Había llegado a ser la directora de contenidos y *marketing* digital de una gran multinacional. Su habilidad para la tecnología era incuestionable, pero no tanto el aspecto emocional, a pesar de ser una persona encantadora.

Era la clase de persona capaz de ayudar a todos, siempre estaba cuando hacía falta, sus amigas acudían a ella porque sabía escuchar y daba buenos consejos, con ella siempre se sentían comprendidas, por eso todo el mundo la apreciaba de manera especial, sabían que era alguien con quien podían contar. Sin embargo, a pesar de esa capacidad de ayudar a otros, en muchas ocasiones no era capaz de ayudarse a sí misma, y en vez de buscar ayuda tenía tendencia a guardárselo todo, encerrarse en sí misma y cargarse todo el peso a sus espaldas.

Sin tener un físico espectacular, Sofía era una mujer atractiva, aunque era su confianza ante los demás lo que cautivaba y la hacía ser aún más interesante.

De forma inconsciente, había trazado perfectamente su plan de vida. Su prioridad era lograr una estabilidad profesional y económica, aunque lo que más deseaba con todo su corazón era encontrar el amor. Soñaba con alguien con quien compartir un proyecto de vida, una pareja con quien crecer, encontrar la estabilidad y formar una familia.

No había tenido muchas relaciones y las que tuvo no funcionaron porque en realidad estaba totalmente centrada en su trabajo. Pero finalmente la persona esperada apareció en su vida y todas las piezas encajaron. El guion previsto de su vida, ese plan no escrito, pero fuertemente grabado en su mente, dirigía su vida como un GPS y parecía cumplirse llevándola por el camino esperado. Poco después se casó y vivió momentos preciosos. Su vida parecía perfecta, todo marchaba según ese supuesto perfecto plan previamente imaginado.

Su vida se convirtió en una perfecta y predecible rutina, todo estaba bajo control. Mientras tanto, y aunque sentía que tenía una larga vida por delante, el tiempo seguía pasando. Vivía pensando que ya tendría tiempo más adelante de hacer todo lo que quería hacer, de dedicarse más tiempo para sí misma, de ser madre, de cumplir sus sueños.

Disfrutaba de un buen nivel de vida junto a Carlos, su marido. Aunque ella apenas tuviese tiempo, sus amigos los consideraban la pareja ideal. Todo parecía funcionar en su vida. Pero entonces, poco a poco y sin saber por qué, algo en su interior comenzó a deteriorarse. Algo comenzó a enviar señales de alerta. No lograba entender el motivo, ya que todo parecía estar bien. El guion cuadraba con lo previsto y no tenía razones concretas para sentirse mal. Pero entonces, ¿por qué comenzaba a sentir que algo fallaba y tenía la sensación creciente de que faltaba algo en su vida? Esa leve pero siempre presente preocupación por el futuro, esa obsesión por la seguridad, se convirtió en un miedo que invadía su cuerpo y su mente, impidiéndole disfrutar de la vida. Era como si estuviese posponiendo la felicidad para otro momento, más adelante.

Disfrutaba de buenos momentos, pero esa sensación de vacío era cada vez más frecuente y dolorosa. En su mente buscaba respuestas a esa especie de ansiedad, pero no encontraba ninguna. En ocasiones se sentía como una gran actriz, representando el guion, y al parecer lo hacía muy bien, porque todo el mundo se lo creía menos ella. La herencia de la sobreprotección emocional de sus padres, la preocupación transmitida, comenzaba a pasar factura. En su interior se acostumbró a vivir en una especie de alerta continua, con un cierto grado de angustia fingiendo que no pasaba nada, pretendiendo que todo estaba bien.

En el día a día siempre estaba rodeada de gente, pero cada vez se sentía más sola; en lo más profundo de su interior se sentía tremendamente sola. Sobraba rutina y faltaba sentido, era una vida en piloto automático. Su diálogo interno comenzó a ser cada vez más insoportable. Si alguna otra persona la tratase como la estaba tratando su mente, probablemente pensaría que era un sofisticado maltratador psicológico. Al llegar a casa pasaba el tiempo viendo series de televisión, cualquier entretenimiento que la ayudase a evadirse para no tener que pensar y darse un descanso de sí misma.

Su entorno, el trabajo, la responsabilidad y toda la presión a la que se sentía sometida era como un tren sin control que la arrollaba cada día avanzando de forma imparable. Estaba superada por el día a día, a punto de descarrilar. Era como si algo mantuviese su cabeza debajo del agua y ya no podía respirar, estaba asfixiada.

Sofía llevaba toda la vida haciendo lo correcto, lo que se suponía que tenía que hacer. Sentía que había cumplido con su parte, pero la vida no estaba cumpliendo con la suya. Creía que con su situación debería ser capaz de disfrutar más de la vida, tendría que ser más feliz y sentirse más plena. «¿Por qué no soy más feliz?», «¿Por qué siento que falta algo?», eran las preguntas que la perseguían. Pero las respuestas seguían siendo un misterio mientras ese sigiloso y discreto temor al futuro que nadie percibía seguía aplastando su capacidad para disfrutar del presente.

A pesar de su aparente privilegiada situación, Sofía estaba en esa fase, necesitaba respuestas. Sin saber por dónde empezar, empezó a buscarlas y algo comenzó a cambiar en su interior.

Sintió una especie de llamada interior, la necesidad de comprender qué estaba pasando en su vida, el porqué de su lucha interna, la necesidad de evolucionar, de aprender y crecer, de salir de la supuestamente perfecta pero rutinaria espiral en la que se había convertido su vida y de encontrar un mayor sentido. El dolor despertó algo en su interior, la sensación de que ahora era el momento para ella, de que era su turno.

No siempre, pero en ocasiones el dolor o el sufrimiento abren un espacio de posibilidades para indagar sobre la vida de forma más profunda e inteligente, un lugar para la reflexión donde se plantean nuevas preguntas que nos pueden llevar a las respuestas que buscamos, posibilidades que, de otro modo, son generalmente despreciadas por muchos. Puede que por esa razón los que más han sufrido, sean los que más han reflexionado y más nos han aportado. Lo cierto es que en la vida de muchas personas de pronto llega un día en el que algo sucede, algo falla o simplemente llega un momento en el que sientes que ya has tenido suficiente, sientes que quieres algo más, que necesitas progresar como persona, necesitas llenar una especie de vacío y dar un mayor sentido a la vida. Es el momento de quitarse la armadura de los prejuicios, de los miedos que nos retienen y dar un vuelco a nuestra vida, el momento de dejar el pasado en el pasado para mirar al futuro con más ilusión.

Como buen ingeniero, su marido, Carlos, era una persona más fría y analítica, alguien para quien las emociones eran algo secundario, ya que intentaba analizar todo desde la lógica, dar una explicación racional a todo.

Aunque él no sentía que tuviera que cambiar nada, Sofía pensaba que en la vida si no hay cambios no hay evolución, y que resistirse a ellos significaba quedarse atrás, estancarse en el pasado.

Cada vez que tenían esa conversación sobre su situación, las cosas parecían empeorar. Carlos no quería saber nada de cambios ni de evolución, le sonaba a algo innecesario. Parecía llenar su vida comprando todo tipo de cosas, sobre todo por internet. Se pasaba la vida comprando y cuanto más compraba, menos tenía. En realidad nunca tuvo nada, más que un vacío lleno de cosas. «Al parecer las tiendas se han convertido en las farmacias emocionales de hoy en día —llegó a pensar Sofía—, el lugar al que muchas personas recurren habitualmente, tal vez con la esperanza de encontrar las emociones que les faltan a su medida.»

Una noche, casi dos años atrás, Sofía llegó a casa cansada, sin energía, con sensación de hastío. No comprendía demasiado bien lo que le estaba pasando y sabía que era inútil tratar de sentirse comprendida. Se sentaron a cenar en la cocina, cuando estaban terminando Sofía le dijo a Carlos: «Tenemos que hablar». Él la miró con una expresión un tanto preocupada y se limitó a asentir.

Con toda la calma y de forma reflexiva, buscando su comprensión, Sofía intentó explicarle lo que estaba sintiendo en lo más profundo de su ser. Le expresó sus sensaciones, le intentó transmitir las inquietudes que sentía, el conflicto que estaba padeciendo, la necesidad de salir de esa espiral en la que se había metido. Necesitaba algo más en su vida. Le transmitió su deseo de crecer, de evolucionar como persona, de encontrar un mayor equilibrio en su vida, la necesidad de algo más que aún no sabía definir muy bien.

—Pero ¿qué quieres decir con eso de crecer? ¿Qué más quieres si tú ya tienes un título, una buena vida, un buen trabajo y todo va bien? —preguntó Carlos con un tono confuso.

Sofía le miró alucinada, no daba crédito a lo que acababa de escuchar.

—Sí, se supone que las cosas van bien —respondió Sofía—, pero yo no estoy bien, cada día aumenta la sensación de que me falta algo y me siento más vacía. No sé aún lo que pasa, no tengo respuestas, tan solo preguntas. Solo sé que necesito cambiar algo porque no puedo seguir así.

—Yo creo que lo que tienes que hacer es relajarte, salir más y divertirte, eso es lo que te hace falta —dijo Carlos como si nada de lo que había expresado Sofía fuese relevante.

Sofía resopló sorprendida, negando con la cabeza y mirando al suelo sin creer lo que estaba sucediendo. Se sintió como si estuviese hablando con un armario vacío. Por un momento pensó que el día que se repartió la empatía, él no debía de estar por allí.

—A lo mejor es que tú no tienes ninguna inquietud —le contestó ella—. Estás encantado con el trabajo y te basta con quedar con tus amigos de vez en cuando para hablar de temas superficiales, de vuestros logros, para ver quién impresiona más y así os sentís genial. Eso parece que te hace feliz y para ti es suficiente, pero yo cada vez aguanto menos esas veladas porque siempre es más de lo mismo, y en vez de relajarme y divertirme siento que no me aportan nada, sino que restan y me llenan de vacío. Estoy cansada de eso y me pregunto si esto va a ser siempre así, si esto es lo que hay, y creo que no, creo que hay mucho más que me estoy perdiendo, todo mi cuerpo me pide otra cosa.

—¿Y qué es lo que quieres? —preguntó Carlos con cierto escepticismo ante las palabras de Sofía.

—Quiero que mi vida tenga más sentido, quiero tener una mejor calidad de vida emocional, quiero tener más paz y estabilidad interna, librarme de esta ansiedad, estar más en el presente, sentirme conectada a algo más. Siento que necesito desarrollarme como persona, no quiero simplemente pasar por la vida, quiero aprender, descubrir, hacer algo más, contribuir de alguna forma.

Carlos estaba perdido, no entendía exactamente lo que Sofía le estaba diciendo. La miraba sorprendido y confuso, porque en su opinión tenían una vida perfecta que debería hacerles sentir felices.

—Para ti es como si ya hubieses llegado, estás encantado y esperas que tu vida sea simplemente una continuación, más de lo mismo —dijo Sofía—, y a mí me aterra pensar eso. Yo siento que no he llegado o que ni siquiera he comenzado, o incluso que podría estar en el camino equivocado. Siento como si la vida estuviese pasando y yo no me enterase, como si me estuviese perdiendo algo importante, y todo mi cuerpo me pide un cambio.

—Pero ¿adónde te va a llevar esto? —preguntó Carlos con un cierto tono de indiferencia.

Sofía pensó que en ese momento parecían una pareja que quisiera comprar una casa para compartir el resto de su vida juntos, solo que uno quiere vivir junto a la playa y el otro en la montaña junto a la nieve.

—No sé dónde me llevará todo esto —dijo Sofía—, puede que sea tan solo un sueño, una ilusión, pero estoy segura de que al menos será emocionante perseguirlo. Tal vez me equivoque o quizá me lleve a descubrir muchas cosas maravillosas. Quiero salir de la rutina, sentirme viva, que despierte la ilusión perdida, porque siento que dentro de mí hay una versión mejor de mí misma esperando a salir.

—Y todo eso, ¿para qué?, ¿de qué te va a servir? —preguntó de nuevo Carlos en un tono que desesperó a Sofía.

—¡Para encontrar respuestas! —afirmó ella de forma contundente mientras se levantaba dando por terminada la conversación ante la perplejidad de Carlos—. ¡Para eso!

Ese fue el inicio de un camino sin vuelta atrás. Sofía comenzó a devorar todo tipo de libros y de información, todo lo que le pudiese aportar más conocimiento. Un nuevo mundo comenzó a abrirse ante sus ojos. Al principio era solo una pequeña rendija, pero a través de ella empezó a ver algo más de luz, ya no todo a su alrededor era solo trabajo.

Poco a poco comenzó a comprender algo de lo que le estaba pasando, de dónde surgían algunas de sus contradictorias emociones. Estaba ilusionada con lo que descubría y aprendía, y empezó a comprender y a manejar mejor sus emociones, lo cual también la ayudó a mejorar en el trabajo y en todas sus relaciones. Todas excepto una, que era precisamente la relación que mantenía con su pareja.

Para Sofía la necesidad de seguir evolucionando era el oxígeno que la ayudaba a respirar, mientras él pensaba que todo aquello era una locura pasajera de su mujer. Tan solo esperaba a que las cosas volvieran a ser como antes y así lo manifestaba. Pero Sofía sabía que el agua que fluye en el río no vuelve atrás.

Ella se daba cuenta perfectamente de que cuando en una relación uno de los dos tiene más inquietudes, cuando uno siente la necesidad de aprender, de seguir evolucionando como persona y el otro se queda en el mismo lugar, son dos personas que ya no avanzan juntas, caminan a distinta velocidad, cada vez más separadas y cuando alguien no cambia de dirección, acaba en el lugar hacia el que se dirige. A pesar de estar juntos, la distancia entre ambos era cada vez mayor. La relación comenzó a ser cada vez más fría, como si una invisible pero enorme barrera se alzase entre ellos. Ambos eran conscientes de que cada vez compartían menos cosas, se dieron cuenta de que sus objetivos, sus prioridades y sus valores ya no coincidían. De pronto, se sentían como dos desconocidos.

A nivel personal Sofía comenzó a ilusionarse con los cambios que estaba experimentando. Empezó a darse cuenta de aspectos de los que antes no era consciente, a valorar pequeñas cosas, a sentirse mejor consigo misma. Era como si una parte desconocida de ella hubiese estado encerrada esperando para poder salir. Pero lo que para Sofía era positivo, su pareja lo sentía como una amenaza. Le provocaba la sensación de quedarse atrás, se sentía más pequeño.

Hablaron mucho intentando comprender las necesidades de cada uno, buscando soluciones, pero cada vez estaban más alejados. Ya no se sentía viva a su lado, algo se había apagado, la admiración que exige el amor había desaparecido y en su lugar llegó la indiferencia que apaga cualquier pasión.

Sofía sintió que una etapa de su vida llegaba a su fin de forma inesperada. Vivían juntos, pero ya no había un «nosotros». Sin embargo, a pesar de las evidencias, en su interior las dudas y las contradicciones no dejaban de surgir. Estaba a punto de romper en pedazos lo que hasta hacía poco parecía una vida ideal.

En esos momentos se desató una dolorosa lucha interna entre la razón y el corazón. En su mente se preguntaba si era una locura lo que le estaba pasando, si estaba haciendo lo correcto o si estaba tirando su vida por la borda. Mientras que en su corazón, en lo más profundo de su ser, sentía que era hora de dar un vuelco a su vida, porque se daba cuenta de que es difícil encontrar la felicidad en el mismo lugar en el que la hemos perdido.

Comprendió, por fin, palabras que había leído mil veces sin llegar a entenderlas: en ocasiones la vida nos coloca ante una difícil situación en la que tenemos que tomar una decisión. Nos sitúa frente a un misterioso cruce de caminos con inciertos destinos. Sin embargo, si queremos progresar, tenemos que arriesgar y eso implica la posibilidad de equivocarse y fracasar. No podemos vivir evitando la propia vida.

Llega un momento en el que hay que dejar de mirar atrás, dejar de pensar en lo que pudo haber sido, en lo que deberíamos haber hecho, el momento de abandonar los ojalás y los lamentos. Llega un momento en el que hay que pasar página para comenzar un nuevo capítulo, reconociendo que muchas veces los finales difíciles son el peaje de esperanzadores comienzos. También hay que aprender a distinguir entre aguantar y saber cuándo has tenido suficiente. Hay que ser fuerte para soltar y dejar ir, pero es la forma para darse la oportunidad de comenzar algo mejor, cerrar la mente al pasado y abrir el corazón al futuro.

Lo que Sofía comprendió por experiencia personal, aunque le costó, era que no podía pasarse la vida esperando el momento ideal. Había estado esperando el momento correcto para ser madre, era uno de sus objetivos en su perfecto plan de vida, pero ese momento nunca llegaba, siempre había algo que lo aplazaba, porque en la vida no existe el momento ideal. Comprendió que jamás se dan todas las condiciones perfectas para tomar la decisión que pueda cambiar nuestro destino. Probablemente ese sea uno de los grandes errores de la vida, seguir esperando a que algo pase, a que algo cambie o esperar hasta sentirte preparado. Pero sin esa decisión lo único que se consigue es seguir aplazando la vida, mientras la vida sigue pasando. El momento ideal no es algo que llega, sino algo que creamos, algo que nace del coraje porque decidimos que el momento es ahora.

Hasta que Sofía no comenzó a plantearse preguntas sobre su vida, todo parecía fluir, no había cuestiones filosóficas sobre la mesa, no había tiempo para reflexiones sobre el sentido de la vida, todo era más superficial, no había tiempo para pensar hacia dónde se dirigían sus vidas porque se suponía que todo iba bien. Y si bien es cierto que su pareja era muy inteligente en muchos aspectos, cuando comenzaron a profundizar en temas más personales, la comprensión y la empatía brillaron por su ausencia.

Ella lo siguió intentando, procuraron buscar soluciones y se dieron un tiempo. Sin embargo, la realidad era que poco a poco simplemente se convirtieron en compañeros de piso, todo era tan cordial como frío y distante. Durante un tiempo nada cambió, y si lo hacía era a peor, hasta que finalmente Sofía se armó de valor y a pesar de sus dudas y sus lógicos miedos, tomó la decisión más dolorosa de su vida. Tras esos años en los que tan buenos momentos habían compartido era hora de terminar esa relación, de pasar página y comenzar un nuevo capítulo.

La separación fue bastante diplomática. Ella se quedaba en el apartamento en el que ya vivía cuando comenzaron su relación, un pequeño piso frente al mar, en la playa de La Patacona, muy cerca de uno de sus restaurantes favoritos, La Más Bonita. Si bien al principio la situación fue dolorosa y necesitó su tiempo, lo manejó mejor de lo que pensaba y poco después comenzó a sentirlo como algo liberador. Pensó que a veces no nos damos cuenta del peso que llevamos encima hasta que nos liberamos de esa carga.

Por momentos su mente no dejaba de fustigarla con la historia de que había fracasado, de que su perfecto plan se había desmoronado. Pero era hora de dejar de mirar atrás, a lo que podría haber sido, y comenzar a mirar hacia adelante para ver las cosas tal y como podrían llegar a ser. Tocaba cerrar una puerta para abrir otra, aprender de la experiencia, dejar el pasado atrás y comenzar una nueva vida.

Ahora estaba sola, como una exploradora solitaria en terreno desconocido, y sentía cierta vulnerabilidad. Sin embargo, era el tipo de vulnerabilidad que no surge de la debilidad, sino todo lo contrario, era un síntoma de valentía, de coraje, de aceptar una nueva situación como un reto a pesar de las dudas.

La vulnerabilidad es incertidumbre, es dar un paso al frente a pesar del miedo, a pesar de la inseguridad y la falta total de control sobre lo que pueda suceder.

Ante los grandes cambios de la vida lo más difícil es tomar decisiones. Una vez tomadas, esas decisiones que nacen del corazón nos transforman, nos vuelven más valientes, porque cuando asumimos que nosotros somos los únicos responsables de nuestra vida, de nuestras emociones y nuestro destino, esa decisión nos llena de determinación y coraje. Y eso significa actuar con valentía, aunque estemos muertos de miedo.

Comprendió que ser vulnerable era tener el coraje de exponerse a la crítica en un mundo donde muchos tan solo son capaces de hacer eso, señalar y criticar. Pero cada persona decide cómo quiere vivir su vida. Lo único cierto, pensaba, era que la vida no espera a nadie, la vida sigue y pasa, solo hay una, es esta y es ahora.

Aunque la apoyaron, a sus padres les costó entender su decisión de separarse y romper con aquella supuesta estabilidad. Sus relaciones y sus amistades también se resintieron. Cuando una relación se acaba, en ocasiones parece que perdemos una parte de nuestra vida, porque da la impresión de que parte del entorno también se divorcia de nosotros.

Ese fue uno de los descubrimientos de Sofía respecto a las relaciones: que en ocasiones nos olvidamos de mantener nuestra propia vida. Al comenzar una relación se inicia una nueva etapa, cedemos para acoplarnos y, para que todo funcione, abandonamos una parte de nuestra vida, una parte de lo que cada uno es como individuo. A veces renunciamos a demasiadas cosas.

El resultado de ese abandono fue que al acabar su relación no solo perdió a su pareja, sino que sintió que perdía algo más, sintió que había perdido una parte de sí misma, aquella que había dejado abandonada hacía tiempo y que ahora tenía que recuperar. Sin embargo, Sofía tenía claro que había sido una decisión personal muy consciente y que ahora era hora de avanzar, de aprender, de hacer un trabajo personal para encontrar las respuestas que llevaba un tiempo buscando, el momento para aprender del pasado y aprender a vivir el presente.

Su trayectoria profesional se había ido consolidando y en su trabajo, en todo lo que tenía que ver con el ámbito laboral, mostraba una gran seguridad. Su empresa había depositado en ella la máxima confianza y era Sofía quien representaba a la compañía siempre que esta era invitada a participar en algún evento. Cada vez eran más reconocidas sus excelentes presentaciones. Pero si bien en el aspecto profesional todo estaba mejorando, su talón de Aquiles seguía siendo esa especie de ansiedad que le provocaba la necesidad de tener su futuro controlado. Necesitaba comprender de dónde surgía esa sensación de permanente inseguridad, esa preocupación que aún le robaba la energía y le impedía disfrutar plenamente del presente.

Mientras tanto, como le sucede a mucha gente, Sofía soñaba con encontrar a esa persona con la que pudiese sentir que encajaba. Soñaba con la ilusión de tener a su lado a alguien con quien compartir y recorrer un camino en común, la persona que, sin pretender moldearla, la aceptara tal como era, incluyendo sus defectos e imperfecciones, esa parte de ella misma que a veces prefería esconder. Aunque más de una vez por su cabeza pasaba un curioso pensamiento: «Cómo voy a encontrar a alguien que me comprenda, si muchas veces ni yo misma me entiendo...».

A Sofía le sucedía lo mismo que a otras muchas personas, que se preocupan por ser queridas, esperando ser amadas, en vez de aprender a amar, y así se pasan la vida buscando a la persona correcta en vez de convertirse en la persona correcta.

Existe un infinito universo interior dentro de cada uno de nosotros, un mundo en el que debemos adentrarnos para conocernos mejor, y en el que cada uno debemos adquirir un conocimiento más profundo, íntimo y personal, construir nuestro mapa para atravesar las tormentas y navegar por las imprevisibles aguas del océano de la vida. Sin embargo al nacer, a nadie le entregan el kit sobre cómo construir nuestra vida. Cada uno de nosotros tenemos que construirla, crear nuestro camino, encajar las piezas del complejo puzle de la vida. Nadie puede darnos la hoja de ruta hacia la sabiduría y el autodescubrimiento, tenemos que crear y recorrer nuestro propio camino.

Sería genial encontrar un camino más fácil y más seguro, pero también puede que nos llevase a una vida más vacía, porque son los retos los que nos fuerzan a superarnos. Nadie puede vivir nuestra vida por nosotros, a cada uno de nosotros nos toca construir ese camino con nuestra experiencia personal, con los errores y los aciertos, las vivencias, los aprendizajes, las perdidas y los descubrimientos, los momentos de repararnos y reconstruirnos ante los desperfectos causados por las circunstancias de la propia vida.

Esa era la intrigante búsqueda en la que se embarcó Sofía. Buscaba algo que hasta entonces no se había planteado, la importancia del significado en la vida, de trabajar y vivir de una forma que tuviese un mayor sentido, de tener una sensación de propósito, de sentir que podía contribuir, aportar un valor, que de alguna forma pudiese marcar alguna diferencia, sabiendo que lo que hacemos también puede ayudar a alguien.

Al igual que Sofía, todos buscamos una vida en donde podamos sentirnos más realizados, sentir que importamos, sentir una mayor conexión con lo que nos rodea y con nosotros mismos. Ella quería librarse de esa especie de coraza que la reprimía y le impedía sentirse totalmente libre. Quería superar los miedos que limitaban su espontaneidad, quería mejorar sus relaciones y quitarse esa sensación de soledad que a veces sentía.

Su nueva vida estaba en marcha, seguía avanzando, aprendiendo, con todo lo que eso suponía, con su montaña rusa emocional, entre cimas y profundos valles, con los retos del día a día como inseparable compañía, navegando entre convicciones, dudas y grandes ilusiones, en su búsqueda personal para trabajar y vivir de manera que todo le aportase un mayor sentido y plenitud.

Ese era el emocionante camino en el que estaba embarcada Sofía, hasta el fatídico día en que se desmayó en medio del escenario. El día que despertó confusa en un hospital.

EL DESPERTAR

Sofía fue trasladada rápidamente en ambulancia al hospital más cercano, el cual estaba atestado de gente debido a la propagación de un virus sin demasiada importancia. El caos era enorme, pero cuando llegó pudieron ingresarla de urgencia. Ana y Pablo la habían acompañado al hospital. Pablo estaba asustado por lo sucedido, ya que Sofía seguía inconsciente, y pidió a los médicos que le hicieran todo tipo de análisis y pruebas.

Le realizaron una exploración básica inicial. Todos sus parámetros eran normales, excepto la tensión, que era muy baja, lo cual podía ser la causa del mareo, junto a lo que parecía ser un posible ataque de vértigo.

En ese instante Sofía comenzó a recobrar la consciencia y abrió los ojos. Estaba aturdida, no sabía dónde estaba ni cuánto tiempo había transcurrido desde su desmayo. Enseguida fue consciente de que estaba tumbada sobre una camilla. Veía a los dos médicos con bata blanca que la estaban examinando, aunque apenas podía distinguir sus caras por el contraluz de los focos del techo.

—¿Dónde estoy? —preguntó Sofía, aún algo aturdida.

—Estás en el hospital.

—¿Cuánto tiempo he estado inconsciente? —preguntó intrigada.

—Poco más de veinte minutos, te acaban de traer, pero ahora estás bien, no te preocupes —contestó el médico intentando tranquilizarla—. ¿Has estado bajo algún estrés intenso últimamente?

—No más de lo normal, siempre tengo mucho trabajo, es bastante habitual... —Hizo una pausa y reflexionó en ese momento—. Pero esta mañana estaba muy nerviosa y he tenido un momento de muchísima ansiedad.

—Eso puede explicar lo sucedido. La bajada de tensión y el estrés han podido provocar un ataque de ansiedad o de vértigo. No obstante, para estar seguros te vamos a tener en observación veinticuatro horas. Te haremos unas pruebas para descartar cualquier otro problema.

Tras extraerle sangre, estaban a la espera de poder realizarle una resonancia magnética en cuanto fuese posible. Mientras esperaban a hacer la prueba decidieron trasladarla desde la sala de urgencias hasta un módulo del hospital, momento en el que Ana y Pablo pudieron por fin pasar a verla.

—¿Qué tal estás? —preguntó Ana, un tanto preocupada, cogiéndola de la mano.

—Estoy bien —contestó Sofía, ya algo más relajada—, aunque un poco alucinada con todo esto, no entiendo qué ha pasado. Nunca me había ocurrido nada parecido, pero vaya espectáculo he debido de dar.

—Tengo que decirte que has sido la sensación del evento, has dejado a todo el mundo sin habla —comentó Pablo en tono jocoso para quitarle hierro al asunto.

—La verdad es que no me extraña. ¡Vaya ridículo!

—Qué va, mujer, no se te ocurra pensar eso —dijo Ana—, tan solo que en ese momento todos nos hemos llevado un buen susto, pero uno de los médicos nos acaba de confirmar que estás bien y ya hemos enviado un mensaje para tranquilizar a todos.

—A todo esto... ¿quieres que avisemos a alguien de tu familia? —preguntó Pablo.

—No, mejor que no, esto es algo puntual y pasajero y no quiero alarmar a nadie —afirmó Sofía—. Mañana estaré en casa. Lo que más me fastidia es que pensaba relajarme y disfrutar de las maravillosas vistas del hotel y de la piscina, y ahora me toca estar aquí —dijo Sofía un tanto resignada.

—Bueno, ya habrá ocasión para eso, ahora lo importante es asegurarse de que todo está perfecto. Además, como sabes, dentro de unos meses se celebrará aquí mismo la segunda parte del evento, así que podrás volver a disfrutarlo y hacer tu presentación, porque todo el mundo se ha quedado con las ganas de escucharte.

La idea le sonó bien a Sofía, pero en ese instante no era capaz de pensar en algo tan lejano, tan solo podía centrarse en el presente, justo lo contrario de lo que le había ocurrido toda su vida. Tras esa breve charla, el celador llevó a Sofía hasta su habitación en una silla de ruedas que sostenía el gotero, acompañada de Ana y Pablo.

Era una habitación compartida. Al entrar había un animado bullicio y risas entre las visitas de su compañera de habitación, una mujer mayor. Todos la saludaron muy amablemente y le preguntaron si necesitaba alguna ayuda. No dejaban de hablar, mezclando el inglés y el castellano.

Ana y Pablo se quedaron un rato charlando, asegurándose de que estaba tranquila, y de que todo estaba bien, pero tenían que volver al evento. Antes de hacerlo insistieron en que llamase para pedir cualquier cosa que necesitara y le aseguraron que estarían ahí en un momento. Le preguntaron si quería que alguno de ellos se quedase a pasar la noche con ella en la habitación, pero Sofía dijo que no era necesario. Además, ya tenía compañía.

Casi al mismo tiempo las visitas de su compañera de habitación también se despidieron y se quedaron a solas.

—Hola, ¿qué tal? Me alegra tener compañía, me llamo Maya —dijo la mujer que ocupaba la cama de al lado con una enorme dulzura y prestando a Sofía toda su atención.

—Hola, Maya. Un placer conocerte, aunque sería mejor en otras circunstancias —dijo algo nerviosa—. Me llamo Sofía.

—¿Por qué te han ingresado? —preguntó Maya con un sincero interés—. Si no es mucha indiscreción —añadió con tacto.

—Esta mañana estaba a punto de comenzar una presentación, me he mareado y he perdido el conocimiento, así que me han ingresado, me van a hacer unas pruebas y quieren que esté aquí veinticuatro horas en observación —dijo Sofía con tono despreocupado, aunque su cara no reflejaba lo mismo.

—No te preocupes —dijo Maya—, seguro que no es nada.

—Bueno, siempre he sido una experta en eso de preocuparme, creo que me he preocupado demasiado por todo —afirmó Sofía encogiendo los hombros mientras sonreía, cosa que no le pasó desapercibida a Maya.

—La preocupación es como una noria. Solo da vueltas a lo mismo y acaba siempre en el mismo lugar —dijo Maya sonriendo. Parecía saber de lo que hablaba—. Solo es una manera de sufrir dos veces, además la preocupación nunca ha curado nada, lo único que hace es robarnos la vida.

Sofía se quedó pasmada al sentir que en una sola frase había resumido parte de su vida. Permaneció un momento en silencio, reflexionando sobre lo que acababa de escuchar y observando con intriga a Maya.

Al instante tuvo una sensación extraña, como si estuviese con alguien que conocía de toda la vida, como la entrañable abuela que nunca tuvo. Su presencia le hacía sentirse tan cómoda como segura, algo que nunca le había sucedido con nadie.

Maya transmitía una calma inusual, la sensación de que todo estaba bien y en orden. Emanaba una sensación de paz como nunca antes había visto. Calculó que debería de tener unos setenta años, pero no estaba segura.

Su tez era muy morena, su cabello gris, con rasgos muy peculiares difíciles de describir, parecía tener una mezcla de razas de distintos continentes. La había oído hablar inglés con acento americano y en su castellano identificaba un leve e indefinido acento latinoamericano.

Tenía unos ojos muy negros y brillantes, algo rasgados, y unos grandes dientes muy blancos que al sonreír destacaban aún más en contraste con su piel morena. Una leve sonrisa que parecía dibujarse de forma permanente en su cara. Pero lo más sorprendente era la vitalidad y la energía que transmitía.

—¿De dónde eres? —preguntó Sofía, intrigada.

—Ya no sé ni de dónde soy —dijo Maya sonriendo—, he vivido en tantos lugares que ya no soy de ninguna parte y soy un poco de todas. Nací por casualidad en California, mi padre era de Vancouver, pero con ascendencia hawaiana, algo común en esa zona por su cercanía con las islas, y mi madre era cubana, pero también con ascendencias diversas, por lo que me considero como un perro callejero con muchas mezclas —dijo Maya riendo encantada—. ¡Así que soy del mundo, porque he pasado gran parte de mi vida viajando! Entonces descubrí Mallorca y decidí quedarme aquí hace unos diez años. Y tú, Sofía, ¿de dónde eres?

—Pues mi vida me acaba de parecer un aburrimiento —dijo Sofía sonriendo—. Soy de Valencia y vivo en Valencia, así que me parece que aún no he vivido mucho.

—No pienses eso, no debes compararte, todo depende de la intensidad y el significado con el que la vida es vivida. Una buena vida no depende de lo que hemos viajado o de su duración, sino del uso que hacemos de ella. Hay personas que han vivido muchos años y no por eso han tenido mucha vida. Puede que hayan pasado gran parte de la vida a la espera de ser vivida, tal vez esperando otro momento supuestamente mejor. Mientras algunos que han vivido menos pueden haber vivido mucho más aunque no se hayan movido del mismo lugar, porque han vivido intensamente con más sentido y propósito.

Nuevamente se identificó con esas palabras, que resonaron en su interior como un cuenco tibetano que no dejaba de sonar con su prolongada vibración. Se quedó con una frase —«la vida pasa a la espera de ser vivida»— y sintió como si esas palabras estuviesen expresamente escogidas para ella. Acababa de reflejar parte de las sensaciones que había estado viviendo, cuestiones alrededor del significado y del sentido de la vida, temas sobre los que llevaba tiempo buscando respuestas.

Sofía estaba fascinada, nunca había conocido a una persona así. Toda su presencia emanaba algo especial, desprendía una enorme bondad y en su forma de expresarse se notaba que detrás había una larga e intensa vida llena de experiencias. A lo mejor ese momento podría ser un regalo, pensó.

—Tengo una curiosidad, ¿sobre qué ibas a dar la conferencia?

—Sobre estrategias de *marketing* digital y redes sociales —respondió Sofía.

—Interesante —afirmó Maya, asintiendo como si hubiera comprendido algo.

—No sé si es indiscreción porque te acabo de conocer, pero nunca me había pasado esto y estoy realmente intrigada —dijo Sofía entre curiosa y algo nerviosa—. No sé si es algo que siento yo ahora o te pasa con todo el mundo, pero transmites una especie de calma preciosa, casi contagiosa y no dejo de preguntarme de dónde surge esa sensación de paz.

—Gracias —dijo Maya sonriendo con dulzura ante las palabras de Sofía—. Me alegro mucho de que sientas eso y agradezco tus palabras. Además es una buena señal de conexión mutua. Pero esa calma de la que hablas no es un rasgo que yo posea, sino algo que cualquier persona puede desarrollar. Creo que es algo que todos deseamos y buscamos, aunque a veces buscamos en el lugar equivocado o tal vez no le demos la importancia que tiene.

—Pues me encantaría saber cómo llegar ahí —dijo Sofía sonriendo, con ganas de saber más, lo cual pudo percibir Maya.

—Bueno, si quieres te puedo contar algunas cosas por si te pueden servir.

—Me encantaría —afirmó Sofía de forma sincera, momento en el que Maya asintió sonriente y le tomó la palabra.

—El secreto es saber que no hay secretos, no hay resultados repentinos, es algo que va llegando de manera gradual con el tiempo, con tus propios descubrimientos, cuando te vas dando cuenta de lo que realmente es importante, cuando pones en orden tus valores y tus prioridades. Aunque eso es fácil de decir, generalmente son años de aprendizaje, de búsqueda y comprensión, de trabajo personal para conocerse mejor y, sobre todo, de una total aceptación, porque sin aceptación siempre hay tensión o ansiedad y no podremos encontrar esa calma —dijo Maya sonriendo como si a ella eso le hubiese costado más de la cuenta.

»Esto te puede sonar extraño, pero hace mucho tiempo la vida me puso contra las cuerdas, ese típico momento en el que parece que todo a tu alrededor se desmorona al mismo tiempo. Fue una etapa en la que me sentí perdida, como si la propia vida me hubiese abandonado, una fase en la que buscaba respuestas y solo encontraba más confusión —dijo Maya con la mirada perdida, como si estuviese reviviendo el pasado.

»Creo que todos pasamos por fases en las que creemos saber todo sobre la vida, momentos en los que sentimos que tenemos las respuestas y cierto grado de control sobre nuestra realidad. Sin embargo, también hay momentos en los que, de pronto, sin previo aviso ni aparente motivo, nos sentimos perdidos en un caos sin sentido, como si una amenazante sombra en forma de crisis profesional o personal planease sobre nuestra vida y nuestro futuro.

Sofía pensó que eso describía exactamente cómo se había sentido ella dos años antes.

—Hubo una fase de mi vida en la que mi lucha interna era terrible —prosiguió Maya—, lo sentía todo como una injusticia, como si el mundo estuviese en mi contra. En realidad tenía algunos problemas serios, pero no era nada que otras muchas personas no atraviesen en algún momento. Sin embargo, en mi interior, sin darme cuenta lo magnifiqué hasta límites insospechados. Podría decir que mi propia mente me maltrataba. Sufría de manera innecesaria, buscaba un sentido que no encontraba, hasta que alguien me ayudó a ver que yo misma, con mi ignorancia, estaba provocando todo ese sufrimiento.

Sofía se quedó sorprendida, no se esperaba algo así, pero lo cierto es que nadie vive una larga vida sin atravesar por alguna situación similar.

—Esa persona me ayudó a ver la inutilidad del sufrimiento, me ayudó a ver que había llevado algunas situaciones al nivel de drama, cuando en realidad no lo eran. Renegaba y no hacía más que quejarme de mi situación; en vez de aceptar mi responsabilidad me justificaba por todo y buscaba culpables. En aquel momento no lo sabía, pero eran mis miedos los que me tenían prisionera y como mecanismo defensivo me llevaban a justificar todo. Fue entonces cuando me di cuenta de que nuestra mente tiende a quedarse atascada precisamente en aquello que tememos. Cuando comprendí el poder de la aceptación, cuando dejé de luchar contra lo inevitable, cuando acepté mi situación, no por abandono ni por rendición, sino para poder cambiarla. Porque no podemos cambiar aquello que no aceptamos ni aquello de lo que renegamos. La aceptación es el camino de la no resistencia que te lleva a la paz, porque cuando dejas de resistir y aceptas una situación es cuando recuperas tu paz y tu poder personal para poder transformarla.

La luz que entraba por la ventana era clara y apacible. No se oía ningún ruido más que el agradable piar de algunos pájaros. Sofía comprendió que tenía la suerte de contar con una maestra excepcional, un libro viviente, por lo que se propuso escuchar atentamente. Maya siguió hablando:

—Fue un largo proceso para liberarme de tantas luchas internas y conflictos, para despertar y comenzar a vivir de manera más consciente, con aceptación y más agradecimiento. Fue el inicio de un largo camino de aprendizaje y crecimiento, de inesperados cambios, de triunfos y derrotas, de ilusiones rotas y sueños cumplidos. Fue ahí cuando me convertí en una eterna aprendiz, porque la vida es una universidad sin fin en la que nunca te gradúas, pero si dejas de aprender lo más probable es que suspendas el próximo examen que la vida te ponga delante.

»Supongo que, en cierto modo, me pasaba algo parecido a lo que te pasa a ti —dijo Maya con un cierto tono misterioso de interrogación.

—¿A mí? ¿Cómo puedes decir eso si nos acabamos de conocer? —preguntó Sofía, extrañada.

—Lo sé, pero con los años aprendes a percibir mejor a las personas y de momento puedo ver dos cosas. La primera es muy evidente, tu calidad humana. La segunda tiene que ver con algo que has dicho antes, un pequeño detalle, pero que, si sabes leer entre líneas, revela mucho más de lo que imaginas.

—¿Qué he dicho? —preguntó Sofía intrigada.

—Prácticamente lo primero que ha salido de tu boca ha sido que eras una experta preocupándote, que te has pasado media vida preocupada por todo, ¿cierto? Y la preocupación es pariente cercano de la seguridad y la inseguridad.

Sofía se quedó en silencio. Parecía que Maya le hubiese puesto delante un espejo. Le costó asumir, o más bien creer, que hubiese dicho eso tan a la ligera, pero como aseguraba Maya, esas palabras revelaban algo mucho más profundo.

—Puedo estar equivocada, pero lo digo porque a mí me pasó lo mismo, aunque hace ya muchos años —dijo riendo Maya—. Y las personas somos mucho más parecidas de lo que imaginamos. Por fuera todos podemos ser muy distintos: vivir circunstancias, situaciones económicas y profesionales diferentes; tener creencias y culturas de lo más variadas. Sin embargo, cuando quitamos todo lo superficial, cuando eliminamos todas esas apariencias externas, y profundizamos más, después de haber viajado por medio mundo, te puedo asegurar que por dentro, nuestros dilemas, nuestros sueños, nuestros miedos, todo ese mundo que vivimos en nuestro interior, todas nuestras emociones, son los mismos.

»Eso es algo que todos los seres humanos tenemos en común, pero que ocultamos muy bien o al menos pretendemos disimular, puede que para parecer más perfectos. Sin embargo, cuando nos sinceramos descubrimos que compartimos muchos de los mismos sentimientos y las mismas emociones. Aunque a veces llegamos a sentirnos como un bicho raro y a pensar que «eso solo me pasa a mí», como si tuviésemos la exclusividad del problema. Todos necesitamos evidencias de que esas cosas no nos pasan solo a nosotros porque todos tenemos la necesidad de comprender y sentirnos comprendidos.

Sofía permaneció callada, reflexionando con la mirada perdida. Todo lo que Maya decía encajaba en ella perfectamente, como si estuviese hablando de su propia vida. Aquella mujer parecía saber más sobre ella que la propia Sofía, y con cada palabra parecía abrir una puerta a la comprensión.

Ese fue el momento escogido por las enfermeras para llevarles la comida. Normalmente a Sofía le desagradaban los almuerzos tan asépticos, ya que le encantaba disfrutar de una buena comida y un buen vino. Sin embargo, en compañía de Maya, aquella sopa de fideos y el pescado hervido le supieron a gloria. Incluso se tomó el paquetito de galletas que le dieron como postre.

Al recoger las bandejas, la enfermera le dijo que era muy buena señal que hubiera comido con apetito y le retiró el gotero. Librarse de la aguja que le había estado perforando la piel le produjo una agradable sensación de mejoría.

—Hace un año me separé —dijo Sofía, pensativa, rompiendo el silencio— precisamente porque me sentía frustrada, atascada en mi vida personal, me faltaba ese sentido del que has hablado, buscaba algo y llegó un momento en el que tenía que dar un cambio, buscaba respuestas. Supongo que hasta entonces había estado demasiado ocupada como para pensar hacia dónde iba mi vida.

—¿Y has encontrado algo de lo que buscabas? —preguntó Maya.

—Me ha llevado un tiempo superar la situación. He ido aprendiendo y dándome cuenta de muchas cosas. Me encuentro mucho mejor y siento que estoy en el buen camino, pero aún no consigo librarme de esa especie de preocupación que constantemente sigue apareciendo sin saber por qué y parece que está siempre presente. Supongo que por eso la habré mencionado sin darme cuenta.

—Eso mismo le ocurre a mucha más gente de lo que crees, es más habitual de lo que imaginas y está causado por varios motivos que provocan ese efecto.

La cara de Sofía cambió de repente, miró a Maya con un gesto de curiosidad, de querer saber algo más sobre lo que acababa de decir, hasta que finalmente no pudo resistirse y preguntó intrigada.

—¿Me puedes explicar algo de esos motivos?

Maya asintió arqueando sus cejas mientras sonreía.

—Hay varios factores que provocan esa preocupación, que a su vez genera la sensación de falta de seguridad. Tiene que ver con la influencia de la educación que hemos tenido, lo que hemos heredado de nuestros padres, el miedo al futuro, la falta de confianza, las comparaciones, las ideas preconcebidas sobre cómo deberían ser las cosas, el miedo al cambio... —Maya se quedó pensativa por un instante—. Aunque me dejo algunos, creo que de momento con eso tenemos suficientes motivos, ¿no crees?

Sofía se echó a reír.

—¡A mí ya me parecen demasiados!

—Hay muchas cosas que hemos aprendido y creído, ideas preconcebidas que están en nuestro interior sin nosotros saberlo, pero que nos condicionan en muchos sentidos. Hasta que no comprendemos de dónde surgen muchas de esas emociones, qué es lo que está causando esos conflictos, es como querer apartar la oscuridad con las manos para poder ver. Sin embargo, cuando detectas lo que está causando esa sensación de preocupación, de inseguridad o cualquier otra emoción, esa comprensión es liberación. Ese darte cuenta es como encender la luz.

Sofía pensó en los datos de los índices de la depresión y la felicidad, que conocía por su trabajo, y una vez más reflexionó que a pesar de todo el avance de la tecnología, a nivel emocional el mundo parecía estar peor. El momento económico no era malo y, sin embargo, parecía haber una epidemia de conflictos emocionales, que en muchas ocasiones se esconden y se ocultan porque no están bien vistos. Como experta en *marketing* digital y redes, conocía muy bien la diferencia entre la cara que la gente mostraba a los demás y su realidad, y a veces la diferencia era alarmante.

—Hemos pasado de una era en donde la vida era mucho más estable y predecible, más segura, a otra caracterizada por la incertidumbre y el constante cambio, lo que genera una preocupación y un nivel de estrés para el que no nos han preparado —le dijo a Maya—. A mí nadie me ha educado para comprender y manejar mis emociones, sino para tener un supuesto trabajo seguro que me diese una estabilidad, y hoy en día esa supuesta seguridad comienza a ser ciencia ficción, debido a la velocidad del constante cambio.

—A ti y a todos nos han educado en el desconocimiento de nuestro propio yo. Nos han enseñado o hemos asumido que los logros externos son la solución para todos nuestros dilemas internos, pero por mucho que las cosas cambien por fuera, si no cambiamos por dentro todo seguirá igual. Esa preocupación, que nace en parte por ese miedo al futuro, es un temor causado por la incertidumbre y la falta de seguridad para la que hemos sido educados, y aparece a lo largo de nuestra vida como una especie de amenaza, una sombra temerosa que nos acompaña. Parece que hemos asociado nuestra seguridad emocional al logro de una serie de condiciones que se supone que debemos alcanzar.

Sofía ahogó una expresión de frustración. Todos los días, en su trabajo, veía ejemplos de lo que estaba diciendo Maya.

—Hemos creado un modelo de vida perfecto, si lo que pretendemos es vivir con más ansiedad. Estamos rodeados por un entorno y un *marketing* diseñado para que nunca nos sintamos satisfechos, para hacernos sentir que siempre nos falta algo, viviendo en la persecución de lo nuevo, el último móvil, la última tendencia, donde todo pasa de moda y parece viejo al instante, donde el mantra es «nuevo y más» y así nunca jamás es suficiente y la sensación de inseguridad crece.

»Es un mecanismo de placer instantáneo que pronto deja un cierto vacío y más inseguridad —siguió diciendo Maya—, porque las promesas de lo que todo ese placer va a generar no se cumplen. Es un agotador camino sin final porque, en realidad, es una eterna espiral. Un perfecto generador de constante ansiedad, que convierte nuestra mente en una máquina de comparar, sacándonos del presente y empujándonos hacia lo que está por llegar.

»Pero espero no aburrirte demasiado con todo esto. Si es así, dímelo —dijo Maya sonriendo con su mirada fija en Sofía.

—¡Qué va!, me encanta escuchar tus reflexiones y las agradezco.

—Pues me alegra saber eso —dijo Maya—. En ese caso, te seguiré contando. Estos son solo algunos de los motivos que provocan esa especie de inseguridad y preocupación, que nos llevan a buscar una mayor seguridad. Sin embargo, la vida puede ser un mundo de contradicciones, sobre todo cuando no comprendemos algunos principios.

»Existe algo que llamo la energía inversa, es una de esas extrañas maneras que tiene la vida de enseñarnos algunas lecciones —dijo Maya encogiendo los hombros con su cálida sonrisa, como dando a entender que es algo inevitable—, es una curiosa ley no escrita. A menudo, cuando persigues algo de forma obsesiva, provocas el efecto contrario y ocurre lo inverso a lo que buscas. Es como si vas loca y desesperadamente detrás de una persona porque te encanta: lo más probable es que logres el efecto contrario y esa persona salga corriendo. De la misma forma que si intentas flotar tiendes a hundirte y cuando te sumerges la presión tiende a subirte.

Sofía asintió con un gesto de intriga.

—Lo mismo ocurre con la obsesión por la seguridad y la felicidad: se genera una energía inversa. El solo hecho de perseguir la seguridad de forma obsesiva la transforma en inseguridad. Cuanta más seguridad necesitas, más inseguridad tienes porque llegas a creer que no puedes descansar ni tener la estabilidad que buscas hasta que no logres eso que crees que te va a dar la seguridad.

—Sé de lo que hablas... es como una carrera en la que nunca se llega a la meta.

—Eso es. Tampoco podemos atrapar la brisa del mar, todo lo que pretendemos atrapar y retener pierde su esencia. Es como retener a una persona en nombre del amor: el amor desaparecerá. De la misma manera, la búsqueda desesperada de la seguridad en el futuro provoca el efecto contrario, de hecho aumenta la sensación de inseguridad en el presente.

»Si construyes una casa y para estar más seguro levantas unos gigantescos muros a su alrededor, lo único que ocurre es que te estás aislando del mundo, desde esa fortaleza no puedes ver la vida, te encierras protegiéndote de la propia vida en busca de la seguridad, intentando bloquear y dejar el miedo ahí afuera. Sin embargo, esa manera de vivir perpetúa el miedo, porque el miedo no es algo que esté ahí fuera, sino que vive dentro de nosotros.

»La seguridad de la que hablamos no es una seguridad física, es una seguridad psicológica, espiritual, emocional. No hay donde esconderse, no hay donde huir, porque no puedes huir de algo que está dentro de ti, es como correr para librarte de tu propia sombra.

»Todos queremos sentirnos más seguros y tener una estabilidad, pero cuando esa necesidad domina nuestra vida, las consecuencias pueden ser terribles. La trampa es que nos pasamos gran parte de la vida sacrificándonos para asegurar un futuro mejor y así no logramos vivir ni disfrutar plenamente del presente, porque estamos trabajando y preparándonos para vivir mejor más adelante.

Por un momento Maya, que hablaba con la mirada perdida, hizo una breve pausa, reflexionando, como si hubiese regresado atrás en el tiempo, a otro momento de su vida, mientras Sofía parecía hipnotizada.

—Vivimos en la suposición de que si encontramos el trabajo o el negocio perfecto, si encontramos a la pareja ideal que encaje en todos los sentidos, la inseguridad y la sensación de vacío desaparecerán al instante y todo será maravilloso —prosiguió Maya—. Me asombra ver esa convicción de que si logramos los resultados que deseamos, asumimos que automáticamente seremos felices como si de alguna forma misteriosa la felicidad y la calma interior que anhelamos de pronto brotaran y perduraran en nuestro interior para siempre, y así lo convertimos en una especie de lejano lugar al que debemos llegar para ser felices. Bajo esa creencia asumimos que lo mejor está por llegar, con lo cual convertimos el presente en algo peor y nos pasamos la vida esperando llegar a ese otro lugar mejor.

»De la misma manera, puede que en alguna ocasión hayas perseguido algo de forma obstinada, algo sobre lo que nos generamos unas enormes expectativas y que provocaba una gran ilusión. Sin embargo, en muchas ocasiones, después de un enorme esfuerzo, tras conseguir lo que deseábamos, poco tiempo después de ese subidón inicial nos preguntamos: "¿Y esto es todo?".

—Pues sí —contestó Sofía de forma contundente asintiendo—, y me ha sucedido en más de una ocasión.

—A veces las grandes expectativas se elevan como gigantescas olas que nos ayudan a surcar la vida con una enorme ilusión —dijo Maya—, pero en ocasiones, como olas que son, desaparecen al chocar contra la orilla de la realidad. El problema que causa la inseguridad es la ansiedad provocada por esa convicción y, por lo tanto, la sobrevaloración, sobre cómo creemos que esos resultados nos harán sentir. Magnificamos desproporcionadamente el maravilloso impacto emocional que supuestamente esos logros tendrán en nuestra vida. Y también está la consecuencia contraria, la creencia de que si no se cumple, si no triunfamos, sin esas condiciones estaremos incompletos, si fallamos en un negocio, en una relación, sentiremos una sensación de fracaso y seremos infelices. Es una especie de miedo a quedar marcados.

»Son reglas y condiciones que inconscientemente están arraigadas en nuestra mente, que condicionan nuestra vida y nos roban el presente. Nos pasamos la vida persiguiendo ese algo que está más allá en el futuro, perdiéndonos el presente en busca de ese elusivo arco iris que al acercarnos se desvanece, apareciendo en otro lejano lugar hacia el que dirigirse nuevamente.

»Pensar que en algún momento nos sentiremos totalmente seguros es un auténtico desgaste de energía que nos dejará agotados y vacíos, porque la seguridad es una ilusión, no existe esa garantía absoluta que nuestra mente quiere creer y ansía.

»Parece que para poder ser felices necesitásemos de antemano una garantía de un buen futuro seguro y estable en el presente, como si para disfrutar ahora tuviésemos que tener lo que aún no tenemos, lo que no está a nuestro alcance, convirtiéndonos así en esclavos de aquello que perseguimos.

»Ese miedo es el combustible que empuja hasta el extremo la vida diaria de muchas personas. Las empuja a trabajar sin descanso por ese miedo al futuro, y es algo que sigue creciendo en la sociedad moderna. La pregunta es cómo sentirnos más seguros en un mundo voluble lleno de incertidumbre.

»Pero la vida es fluir con lo que el destino nos depare y cuando pretendamos controlarla o dominarla seremos víctimas del miedo. La seguridad necesita tener todo bajo control, pero pretender controlar la vida es vivir con temor. No podemos guardar el tiempo aunque paremos un reloj, no podemos guardar el viento en una caja, ni guardar la esencia de un río en un cubo, todo lo que deja de fluir muere.

»Controlar es aprisionar, es como enjaular a un pájaro por su propio bien, para que no se haga daño, para que esté más seguro, y pretender que sea feliz en su jaula. Es pretender respirar profundamente y contener el aire para tener más y vivir más tiempo. Al intentar controlar la vida, nuestro mundo se irá reduciendo, será un círculo cada vez más pequeño, del tamaño que sentimos que conocemos y podemos controlar, pero eso no será una vida, sino una cárcel custodiada por los miedos.

»Ese temor es el destructor, el "matapresentes" que nos arruina la vida impidiéndonos disfrutar del momento actual —dijo Maya—, así que espero que un día comiences a vivir como si estuvieses muriendo, porque esa es la realidad, pero en verdad vivimos como si fuéramos inmortales, como si tuviésemos todo el tiempo del mundo, pensando que ya tendremos oportunidades más adelante, cuando las cosas y las circunstancias sean perfectas. A veces actuamos de tal manera que parece que digamos: "¡Disculpa, estoy demasiado ocupado para ser feliz en este momento!".

—¡Qué ciega he estado! —dijo Sofía—. Sé la teoría, pero aun así no he sido capaz de frenar esa absurda preocupación que por momentos me llenaba de ansiedad y me ha robado tantos buenos ratos en el presente.

—¿Puede ser que lo que supones que aún debes hacer o aún tienes que lograr sea lo que te impide disfrutar en el presente? —preguntó Maya.

Sofía se quedó en silencio, reflexionando profundamente ante esa pregunta, que de pronto abrió una enorme puerta a través de la cual pudo ver claramente que eso mismo era lo que le estaba pasando.

—No es lo que no tenemos lo que nos impide ser felices, sino la convicción de que necesitamos eso que no tenemos para serlo —dijo Maya.

—Perdona —dijo Sofía—, ¿a ti alguien te ha contado mi vida?

—¿Por qué? —preguntó Maya riéndose.

—Porque me has descrito perfectamente, es más, creo que por primera vez he comprendido el porqué de algo que llevo sintiendo toda la vida. Es como si me hubieses hecho una radiografía, porque me he sentido identificada con todo lo que has dicho.

—Obviamente no es algo que le ocurre a todo el mundo, pero sí a más gente de la que imaginas. Por eso antes te he dicho que a lo mejor te pasaba algo parecido a lo que me pasó a mí, porque eso mismo es lo que yo viví —dijo Maya.

—Me acabo de dar cuenta de que sin saberlo he vivido en una trampa mental, que me he pasado la mayor parte del tiempo centrada en la parte profesional, sacrificándome, condicionada por esa inseguridad. Supuestamente estaba haciendo lo correcto persiguiendo esa seguridad, y por esas preocupaciones me he perdido tantas cosas, he dejado de disfrutar de tantos momentos... —dijo Sofía, con la mirada perdida en el suelo.

»Yo misma he magnificado esas preocupaciones, he anticipado en mi imaginación posibles situaciones negativas que provocaban ese temor que siempre ha vivido en mi interior. Esa historia que me contaba me ha impedido disfrutar plenamente de todo lo bueno que estaba sucediendo a mi alrededor.

—Cariño —dijo Maya, con el mismo tono con el que una abuela le hablaría a su nieta—, la vida no es algo que te pasa, la vida es lo que haces que pase, porque de lo contrario es la vida lo que se te puede pasar. Has estado demasiado tiempo aplazando la vida, viviendo para el futuro, pero nadie sabe si ese futuro que esperamos llegará.

—Eso mismo es lo que he estado sintiendo, pero era algo que no veía y en este momento siento como si se hubiese abierto una ventana que permanecía cerrada —dijo Sofía—. La cuestión ahora es aprender para no volver a caer en esa trampa, para no obsesionarme y aprender a desarrollar una mayor confianza, la capacidad para estar más centrada, más en paz; ser capaz de disfrutar más del presente, para que no se me escape la vida esperando a vivirla.

—Sí, así es, creo que la vida te está esperando, pero no la hagas esperar demasiado, porque pasa más rápido de lo que imaginas —dijo Maya.

★ ★ ★ ★

Alguien llamó a la puerta. Eran unos amigos de Maya que iban a visitarla y era evidente el enorme cariño que le tenían. Maya les presentó a Sofía y se saludaron afectuosamente, pero esta no quiso participar en la conversación para dejarles su espacio de privacidad.

Sofía aprovechó ese rato para mirar su móvil, contestar algunos mensajes y consultar las opciones de vuelos de regreso a Valencia, pero poco después, por toda la tensión vivida, el sueño fue apoderándose de ella, hasta quedarse profundamente dormida.

Al verla, Maya pidió a sus amigos que bajasen la voz para no despertarla. Uno de ellos cogió el móvil de sus manos antes de que se le cayese y lo puso en su mesilla. Ellos siguieron charlando mientras Sofía descansaba plácidamente.

LECCIONES DE LA VIDA

Sofía comenzó a despertarse, no sabía muy bien dónde estaba, pero se sentía mejor de lo que se había sentido en mucho tiempo. Se hallaba llena de paz y la ansiedad parecía algo lejano. Entonces recordó que estaba en el hospital, se volvió y vio a Maya observándola.

—¿Ya estás despierta? —preguntó Maya al verla desperezarse, mientras la miraba con cariño, como una madre miraría a su hijo recién levantado.

—Me he quedado dormida —dijo Sofía, sorprendida por la siesta que se había echado.

—Se notaba que te hacía falta, con la tensión de lo que has pasado imagino que tu cuerpo necesitaba un descanso. He visto que comenzabas a parpadear muy despacio —dijo bromeando— y les he pedido a mis amigos que hablasen más bajo y has caído rendida con el móvil en tus manos.

—¿Se han ido por mí? —preguntó Sofía, sintiéndose culpable.

—No, no. No te preocupes, además a ellos los veo muy a menudo.

—Supongo que me hacía falta, porque jamás he hecho una siesta, pero ahora necesito moverme.

—¿Te apetece dar un paseo?

—Sí, me encantaría, pero ¿puedes? —preguntó Sofía.

—Por supuesto —afirmó Maya.

Caminaron por los pasillos mientras seguían charlando hasta que llegaron a un pequeño patio interior ajardinado, en el que pudieron respirar un poco de aire puro.

—Por lo que veo tienes muchos amigos que te aprecian —dijo Sofía.

—No me puedo quejar, esa es la mayor riqueza de la vida, la verdadera amistad —aseguró Maya, mostrando su agradecimiento mientras paseaban.

—Tengo la sensación de que he estado soñando con algunas de las cosas que me has dicho porque tengo la cabeza revolucionada —dijo Sofía aún algo adormilada—, y no sé cómo expresarlo, pero me gustaría hacerte una pregunta.

—Pues pregunta, aunque eso no significa que tenga la respuesta —dijo Maya con su cálida sonrisa—, además nunca es bueno saberlo todo.

—Puede ser —contestó Sofía—, pero me da la impresión de que tienes la respuesta, la clave. Desde hace un tiempo llevo buscando respuestas a cosas que siento, intentando aprender y mejorar, intentando comprender mejor mis pensamientos y mis emociones, mis miedos. Quiero librarme de esa sensación de inseguridad cuyo motivo me has explicado para tener una mejor calidad de vida emocional, para vivir con la sensación de paz, de calma, y veo en ti eso que busco.

»De alguna forma siento que tú tienes esas respuestas, que las tienes integradas en tu vida. Me gustaría aprender y saber cómo has llegado ahí, no sé cómo decirlo... saber cuáles son los ingredientes de tu receta.

—Nunca me he considerado una cocinera —dijo Maya—, pero me encanta esa manera de verlo, porque es cierto que hay muchos pequeños «ingredientes», como los has llamado, que no parecen tan importantes como otros y a veces por eso se dejan de lado. Pero lo cierto es que cuando se combinan y se mezclan bien con el resto producen esos resultados que buscamos, o ya que estamos, se convierten en una buena receta de la vida que tanto deseamos.

»No es cuestión de claves misteriosas. Suele ocurrir que muchas personas buscan algo realmente sofisticado, convencidos de que los ingredientes deben ser algo más complejos, pasando por alto las cosas sencillas, que al final son las más importantes de la vida. Con los años te das cuenta de que la vida es un proceso de continuo aprendizaje, de renovación y actualización de nuestras capacidades. Si dejamos de aprender y desarrollar ese potencial, no solamente nos estancamos, sino que en nuestro interior se genera la sensación de sentirnos incompletos, de que falta algo, porque el potencial no desarrollado provoca una dolorosa frustración y una sensación de vacío.

»Hacer menos de lo que podemos hacer, ser menos de lo que podemos ser, nos va degradando poco a poco como personas, va generando conflictos internos, porque en nuestro interior somos conscientes de que no estamos dándolo todo, que no estamos haciendo todo lo que podemos, no estamos aprovechando ni descubriendo cuál es nuestro verdadero potencial. A veces nos vamos abandonando poco a poco, sin darnos cuenta nos desviamos del camino inicial que nos ilusionaba, vamos acostumbrándonos a la mediocridad, y eso hace que nuestra propia valoración siga disminuyendo. Hasta que de pronto un día nos preguntamos: "¿Cómo he llegado hasta aquí?".

Maya reprodujo la pregunta con un tono de sorpresa e incomprensión, quizá recordando algún momento del pasado.

—Podemos fingir y engañar al resto del mundo, pero difícilmente seremos capaces de engañarnos a nosotros mismos. Nosotros siempre sabemos si estamos justificándonos, si vamos a medias por la vida o si realmente la estamos aprovechando.

Sofía se sentía agradecida y emocionada por la oportunidad de escuchar a Maya.

—Cuando no evolucionamos personalmente, ese potencial dormido es como una energía encerrada que a veces nos ahoga, al menos era lo que yo sentía en su momento —dijo Maya recordando—. Cuando dejamos de crecer, de tener retos y sueños, de aprender, entonces dejamos de avanzar. En el momento en que esa progresión se detiene comienzan los problemas, porque no existe un momento ni un lugar al que se pueda llegar y mantenerse ahí de por vida. En la vida o sigues creciendo o comienzas a encogerte y a perder confianza. Esa es la causa de muchos conflictos emocionales incomprendidos. Una parte del sentido de nuestra vida surge por el desarrollo de las capacidades que están en nuestro interior, de la evolución y la expansión de nuestras cualidades. Si algo nos exige la vida, es seguir aprendiendo, y en la medida que desarrollamos nuestro potencial, vivimos de manera más positiva, con una mayor satisfacción interior y una existencia más completa. Sin embargo, cuando esas capacidades no se desarrollan, nos sentimos incompletos y más insatisfechos. Al final descubrimos que somos más felices cuando desarrollamos esas facultades, porque ese progreso nos lleva a una vida de mayor plenitud.

Decidieron regresar a la habitación. Salieron del jardín y recorrieron los pasillos del hospital hasta el ascensor. Sofía seguía intrigada por la mística aura de Maya. Su presencia la hacía sentir como si todo estuviese en orden, y su voz le transmitía una contagiosa calma mientras la seguía escuchando encantada.

—En el fondo es como si hubiese una parte de nosotros que vive retenida y quiere ser libre, que tiene la esperanza de escapar de nuestras propias dudas, que quiere aflorar, expresarse y mostrar nuestra verdadera capacidad, y en vez de tomar ese camino, en ocasiones nos pasamos la vida despistados, entreteniéndonos o justificándonos, en vez de descubrirnos y demostrarnos lo que llevamos dentro.

»Creo que hay un héroe dentro de cada uno de nosotros esperando la oportunidad de salir, y no sale por nuestras dudas sobre nuestras propias capacidades, por absurdos miedos que nos retienen, por el miedo al fracaso, por el miedo a no ser lo bastante buenos. Lo que he aprendido es que cuando todo ese potencial se queda ahí dentro retenido, a la larga provoca un vacío, causa dolor y frustración.

»Si te sientes en paz, si estás satisfecha con tu vida, si no tienes inquietudes y no necesitas cambiar nada, si sientes que tienes una vida con sentido y plenitud, simplemente enhorabuena, eres una persona afortunada.

Salieron del ascensor y regresaron a la habitación, en donde Maya seguía compartiendo con ella su sabiduría.

—Nos tenemos que preguntar si estamos contando el tiempo o si estamos haciendo que el tiempo cuente, si estamos esperando y viendo cómo pasan las cosas o si estamos realmente viviendo y haciendo que las cosas pasen. Si, como dices, buscas esas respuestas, buscas algo más, si realmente hay algo que quieres cambiar o mejorar, si tienes inquietudes, aspiraciones y sueños, creo que hay algunas preguntas que cada uno tenemos que hacernos y que nadie puede responder por nosotros.

—¿Y cuáles son? —preguntó Sofía intrigada.

—¿Sientes que ya has llegado, que ya has sacado todo lo que llevas dentro, o bien sientes que tienes algo por descubrir, que hay algo en tu interior esperando para salir, que hay algo más dentro de ti, que puedes mejorar y crecer? —preguntó Maya directamente a Sofía.

La puerta de la habitación se abrió de golpe y tras ella apareció un enfermero con cierta pose teatral y una gran sonrisa.

—¡Mi querida reina Maya, es siempre un honor contar con su inestimable presencia! —exclamó abriendo sus brazos en señal de bienvenida y dirigiéndose a ella como a alguien de la realeza.

Sofía se quedó perpleja, y hasta dudó de que su compañera de habitación pudiera tener sangre azul, porque en ese momento se fundieron en un enorme y cariñoso abrazo.

—¿Cómo está mi querido enfermero? —preguntó Maya casi con el mismo entusiasmo y una gran sonrisa.

—De maravilla, como siempre —contestó este.

—Bienvenida al palacio —dijo el enfermero dirigiéndose atentamente a Sofía—, es todo un honor contar con su presencia como huésped y agradezco mucho que nos haya escogido para honrarnos con su visita. Soy su mayordomo particular, y estoy aquí para servirla en lo que necesite.

Sofía sonreía, si cabe aún más descolocada, sin saber qué decir, mientras Maya se reía a carcajadas. Las presentaciones de Nacho rompían los esquemas a todo el mundo. Era un recurso que siempre utilizaba para sacar a la gente de su ensimismamiento y que se olvidara de su preocupación, y la verdad es que lo lograba.

—Sofía, te presento a este regalo de persona que es mi gran amigo Nacho —dijo Maya de forma realmente afectuosa—, pero no le hagas mucho caso.

—Un auténtico placer, mi querida Sofía.

—Igualmente —respondió Sofía, un tanto alucinada.

—Sofía, no sé si eres consciente del enorme privilegio y la suerte que tienes de poder compartir estos maravillosos aposentos con mi querida Maya, así que presta siempre mucha atención a sus palabras —dijo Nacho, ya en un tono muy cercano.

—Te aseguro que ya lo estoy haciendo —afirmó Sofía.

—Me alegra mucho oír eso —respondió él, encantado—. Dentro de un momento os traeré la comida. Como es la primera vez que nos honras con tu visita, tenía preparada una increíble mariscada exclusivamente para ti, pero, sintiéndolo mucho, no la vas a poder probar porque me han confirmado que te van a hacer una resonancia magnética y algunas pruebas más esta tarde y tienes que estar en ayunas —dijo Nacho sonriendo como si fuese inevitable—. Ya lo siento, es una pena, pero haré el esfuerzo y me la comeré yo mismo.

—¡Es muy considerado por tu parte! ¡Me acabas de conocer y ya haces estos sacrificios por mí! —dijo Sofía con una sonrisa, imitando su tono jocoso—, pero considerando que soy yo la que te invita a la mariscada, me debes una.

—¡Ooohhh, dónde me he metido, aquí hay mucho nivel! —afirmó un sorprendido Nacho sonriendo—. Bueno, pues gracias por tu gran generosidad, luego te cuento cómo estaba y cualquier cosa que necesites aquí me tienes. Luego vengo a buscarte para llevarte de paseo. Me refiero a la resonancia.

Se despidieron con complicidad, como si fueran viejos conocidos.

Nacho era una persona normal. No era ni muy alto ni muy fuerte, aparentemente no tenía nada especial, excepto que era alguien que se comportaba de forma extraordinaria, aportando un incalculable valor a la vida de muchas personas.

No era un héroe al estilo tradicional, no estaba hecho para serlo, pero sin querer se había convertido en uno especial, uno desconocido, como lo son muchos de los verdaderos héroes. Los héroes anónimos, además de ser los más necesitados, son los más valiosos. Su poder como héroe consistía en que era capaz de sacar sonrisas en los peores momentos. Era capaz de sentir y comprender a los incomprendidos, lo cual es el mayor alivio. Cuando alguien se apagaba por dentro, Nacho, con su forma de ser y tratar a las personas, los iluminaba. Era un sembrador de luz.

Con su actitud ayudaba a muchas personas a desviar la atención del problema, a sacarlas mentalmente del lugar y la situación en la que se encontraban, por momentos les ayudaba a olvidar, les ayudaba a volar, aunque fuese por un instante, y a otros les ayudaba a aliviar el mayor de los dolores: la falta de esperanza.

Era la clase de héroe capaz de colarse por debajo del más duro caparazón con el que muchos llegaban al hospital. Nacho simplemente tenía una enorme calidad humana, era alguien extraordinario. Unida a su sencillez y su humildad, simplemente desprendía humanidad.

—¿Quién es este loco? —preguntó Sofía en cuanto Nacho salió de la habitación, sonriendo sorprendida por la energía de aquella persona.

—Lo realmente importante no es quién es, sino cómo es y cómo trata a todo el mundo; en realidad es alguien que va iluminando y tocando vidas allá por donde pasa.

—¿Desde cuándo lo conoces?

—Bueno, lo conocí la primera vez que vine aquí, hace ya unos años. Desde entonces he procurado tenerlo siempre cerca, porque Nacho es un regalo de la vida, es alguien muy especial.

»A pesar de que no forma parte de su trabajo, una de sus actividades favoritas es pasarse por oncología infantil para alegrar un poco el día a los niños que están ahí. No resulta fácil ver a criaturas tan pequeñas sufrir esta enfermedad, sentir la impotencia de sus padres ante dramáticas situaciones que nadie debería vivir jamás.

»Para ellos, Nacho es una luz en la oscuridad. Los niños le esperan con enormes ganas porque su presencia es la mejor medicina. Él siempre dice: "Los niños son parte de mí". Ve en ellos el rostro de su hija y se implica con ellos como un padre, como un amigo. Tienes que verlo: se convierte en el más niño de todos los niños y con sus locuras consigue sacarlos de allí, hacerles reír, llevárselos a otros mundos. Y esa contribución es también la medicina para curarse a sí mismo.

Sofía se quedó prendada por el entrañable cariño con el que Maya hablaba de él.

—A veces cometemos el error de juzgar a las personas demasiado rápido —dijo Maya—, nos dejamos llevar por una primera impresión, les colocamos una etiqueta y nos formamos una idea de cómo es esa persona. Esa idea preconcebida hace que nos comportemos ante ella de una manera determinada. En vez de ver a la persona tal como es, vivimos y reaccionamos bajo la influencia de esa creencia, de esa sesgada percepción que nos hemos hecho de ella, sin saber qué puede estar pasando en su vida o cuál es la historia que hay detrás, y cada uno tenemos la nuestra. Es lo que les pasa a algunas personas con Nacho, a veces le toman por un extravagante loco algo superficial, hasta que lo conocen de verdad y descubren su historia.

Sofía se había quedado impresionada por lo que Maya le había contado y sentía curiosidad por conocer la historia de Nacho.

—Nacho siempre ha sido muy buena gente, una persona noble, de gran corazón, pero no siempre fue como es ahora —dijo Maya con cierta tristeza, mientras Sofía escuchaba atenta—. En su vida hubo un gran punto de inflexión que lo cambió todo, algo que la mayoría desconoce.

»Su vida era perfecta: tenía trabajo, había encontrado el amor de su vida y tenían una maravillosa hija en común. Todo estaba bien.

»Hace tres años pensó en darle una preciosa sorpresa a su mujer para celebrar su quinto aniversario, así que le dio el biberón a su hija, Lidia, que entonces tenía dos años, y la acostó. Preparó una cena especial, con todos los detalles: velas, música, vino y un bonito regalo sorpresa. Todo estaba listo para disfrutar de una velada preciosa.

»Pero su mujer tenía el don de la impuntualidad, algo que a veces desquiciaba a Nacho. Una vez más llegaba tarde mientras Nacho esperaba paciente con todo preparado. Pasaba el tiempo, su mujer no llegaba y Nacho se fue poniendo cada vez más nervioso al contemplar la mesa vacía, al ver cómo las velas se consumían y la cena se enfriaba. Le envió un frío mensaje para ver dónde estaba, pero ella no respondió. Quiso imaginar que estaba conduciendo y se tomó otra copa de vino para tranquilizarse.

A Maya le tembló un poco la voz.

—Su mujer, que estaba conduciendo de camino a casa tras el trabajo, vio su mensaje. Al ver la hora y percibir el tono del mismo se sintió culpable y decidió contestarle enseguida para decirle que lo sentía y que ya estaba llegando. Pero ese mensaje nunca llegó y ella tampoco —explicó Maya apenada—. Mientras enviaba el mensaje se despistó, invadió la calzada contraria y se estrelló contra un camión que venía de frente. Murió en el acto.

De pronto, el silencio inundó la habitación ante el recuerdo de Maya y la incredulidad de Sofía.

—Así es como la vida puede cambiar en un instante sin previo aviso —continuó Maya—. Nacho, cada vez más enfadado, estuvo esperándola mucho rato. No comprendía nada, no podía creer que su mujer le hubiese dejado así tirado. Poco después recibió la llamada de la policía, la llamada que nadie debería recibir en su vida, que le comunicó de la forma más inesperada la más desoladora y trágica noticia...

»No podía ser, no se lo podía creer y comenzó a llamarla una y otra vez al móvil, con la esperanza de que contestase y de escuchar nuevamente su voz. Con cada tono que escuchaba a través del móvil la esperanza se apagaba como la luz de las velas. Hasta que cayó de rodillas, consciente de la realidad, absolutamente roto y desconsolado.

»Comenzó a llorar de la forma más desgarradora imaginable, incapaz de contenerse, más que llorar parecía desangrarse. Comenzó a sentirse peor aún por su ridículo enfado, preguntándose cómo podía haberse enfadado así. La sensación de impotencia se apoderó de todo su cuerpo, la desesperación parecía acuchillarle sin piedad. Lloró aún de forma más desconsolada cuando fue consciente del último mensaje que le había enviado a su mujer, aquel frío texto que reflejaba su enfado por el retraso. Se sintió culpable por aquel mensaje.

»Se levantó como pudo y, roto, fue a la habitación de su hija, que era la viva imagen de su madre. Se arrodilló junto a la cuna, mirándola, llorando desgarrado, golpeado por el pensamiento de que su hija jamás volvería a ver a su madre.

»Levantó la cabeza suplicando al cielo, mientras un ahogado y mudo grito de profundo dolor inundó la habitación y las lágrimas de impotencia y desesperación no dejaron de inundar su rostro.

»Estaba destrozado, pero tuvo que sacar fuerzas de flaqueza para llamar a un familiar y comunicar la trágica noticia. Necesitaba que alguien se quedase con su hija y poder ir a reconocer el cuerpo de su mujer, tal como le había pedido la policía.

»Si ese fue el peor momento de su vida, tampoco fue nada fácil descubrir al día siguiente que el accidente, tal y como la policía confirmó, se debió a un despiste. Tras analizar las huellas de la frenada, a través de su móvil pudieron confirmar que en ese mismo instante estaba enviando un mensaje, el mensaje que iba dirigido a él y que nunca llegó. Ahí comenzó a fustigarse sin piedad, sintiéndose culpable de su muerte, pensando que si no hubiese enviado aquel maldito mensaje, ella no habría tenido que contestar y aún estaría viva.

Maya miró a Sofía, que no apartaba la vista de ella, impresionada por aquella historia. Las lágrimas se deslizaban en silencio por su rostro.

—No tenía sentido, él no era culpable de nada, pero se sintió así durante un tiempo. Se sumergió en un profundo y oscuro pozo de culpa y victimismo, incapaz de salir de él por sí mismo.

»Nacho y yo ya éramos amigos. Lo conocí hace cinco años, dos años antes de ese desgraciado accidente. Han pasado tres años desde aquel suceso, su hija ahora tiene cinco y fue su tabla de salvación.

»Hablamos mucho en aquel momento, le llevó un largo tiempo pasar aquel duelo. Hay gente que cree que ante una pérdida ya no tienen derecho a disfrutar de la vida y ser felices, algunos durante demasiado tiempo. Como si recuperarse y volver a sentirse felices fuese una forma de indiferencia, que podría ser interpretado como si la pérdida no les importase lo suficiente, y así se siguen fustigando.

Maya suspiró, recordando.

—Por fin se dio cuenta de que culparse era inútil, que eso no le hacía ni más responsable ni mejor persona, tan solo se perjudicaba a sí mismo y sobre todo a su hija. Se sintió derrotado, pero no vencido. Tenía que salir del ensimismamiento en el que se había metido, porque en la vida cuanto más piensa uno en sí mismo, mayor es el sufrimiento. Hasta que finalmente logró perdonarse a sí mismo, el perdón que a veces más cuesta, pero el que libera nuestro corazón de la pesada carga del pasado para poder avanzar libres y en paz hacia un nuevo futuro. Fue entonces cuando por fin dejó de contarse esa distorsionada historia que solo le servía para fustigarse.

Sofía trató de imaginarse cómo habría reaccionado si algo así le hubiera sucedido a ella, pero no fue capaz. Era demasiado horrible. Maya siguió contando:

—Pero Nacho tenía una poderosa razón más grande que su propia vida: la de su hija. Y tras su fase de duelo algo ocurrió en su interior, transformó aquel inmenso dolor en una energía de la que salió fortalecido. Aquel fue el inicio de un increíble cambio, le dio la vuelta completa a su vida. Con el tiempo, aquella pérdida engrandeció su espíritu hasta límites insospechados, aunque esa grandeza es incomprensible para los que viven inmersos en la superficialidad de la vida. Quiso convertirse en el héroe de su hija y así lo hizo.

La luz que entraba por la ventana indicaba que ya estaba cayendo la tarde. Sofía sintió que en las pocas horas que llevaba con Maya había vivido varios años.

—Si de algo tiene auténtica sed el mundo —dijo Maya en un tono profundo— es de humanidad, de la necesidad de sentirnos comprendidos, de esos gestos de compasión que borran las diferencias y nos ayudan a conectar con la parte más profunda de nuestro interior. Cuando conectamos los unos con los otros, conectamos con nuestra verdadera humanidad, y eso es algo que él logra de manera asombrosa.

»¿Sabes?, un día me dijo un par cosas que se me quedaron grabadas, para mí fueron una gran lección y algo que lo explicaba todo. Me dijo: "He aprendido que la mejor manera de ayudarme a mí mismo es ayudando a alguien, porque entonces soy capaz de olvidarme de mí y mi vida cobra más sentido". Ese fue el inicio de una maravillosa transformación que lo cambió todo, y luego añadió algo que me pareció precioso: "Tener la oportunidad de hacer el bien y no aprovecharla es como envolver un regalo y no entregarlo". Ese es Nacho, desde hace tiempo es maravilloso con los demás, aunque de vez en cuando aún le cuesta serlo consigo mismo.

EL OKUPA

Sofía se quedó absolutamente impresionada al escuchar la terrible historia de Nacho.

—Jamás habría pensado que detrás de esa persona que ha entrado con esa energía, como si todo fuese perfecto y no hubiese tenido un problema en su vida, pudiese haber una historia así —dijo Sofía, conmovida—. Ahora entiendo perfectamente el cariño que le tienes, y no me extraña.

—Por eso es tan importante conocer las historias personales —dijo Maya—, saber de dónde vienen, saber por lo que han pasado, porque entonces puedes comprender mucho mejor a cualquier persona y puedes conectar de forma más profunda.

—Ahora que sé su historia estoy segura de que no volveré a verlo de la misma manera. ¿Sabes, Maya?, tengo una extraña sensación —dijo Sofía, reflexionando—, siento que por alguna misteriosa razón tengo que estar aquí, como si esto tuviese que pasar por algo.

—Quién sabe, a lo mejor estás ante uno de esos momentos de cambios y decisiones —dijo Maya en un enigmático tono—. A veces el destino tiene curiosas maneras de dirigirnos hacia inesperados rumbos. De pronto podemos encontrarnos ante un nuevo escenario, un cruce de caminos, imprevistas circunstancias en las que tenemos que tomar decisiones. Son momentos en los que toda una vida puede cambiar en un instante.

»También es cierto que somos capaces de ver todo más claro y tomar mejores decisiones cuando estamos en sincronía con nuestro espíritu, cuando realmente nos sentimos conectados con nuestra parte más profunda y no nos dejamos influir por opiniones o intereses de otras personas, sino cuando nos dejamos guiar por nuestra voz interior, cuando estamos conectados con nuestra verdadera esencia.

—¿Y si te equivocas al tomar esas decisiones? —preguntó Sofía con cierto temor.

—¿Cómo puedes ayudar a un pájaro que tiene miedo a volar?

En ese momento se hizo un profundo silencio.

—Por mucho miedo que tenga ese pájaro, la única manera de librarse de él, es que un día, a pesar de la inseguridad y las dudas, decida dar un paso al frente, un salto al vacío. A pesar del miedo inicial, al hacerlo dejará de sufrir y dudar, porque entonces descubrirá su esencia, para qué está hecho y se dará cuenta de que puede volar. Ese salto al vacío son los momentos llenos de incertidumbre provocados por esos inesperados cambios, por las grandes decisiones a las que nos enfrentamos en algún momento, las que pueden cambiar completamente nuestro destino.

»Por supuesto que te puedes equivocar, nadie tiene garantías de nada en la vida. Ya ni recuerdo las veces que me he equivocado y fracasado, pero también recuerdo cada uno de esos momentos con cierto cariño. La única manera de aprender y avanzar es tomando decisiones, arriesgándose, esas son las inevitables lecciones que la vida pone en nuestro camino y son las experiencias que nos convierten en lo que somos.

»Esa pregunta ha surgido desde tu miedo a equivocarte, por el miedo al fracaso, al rechazo. Esa voz ha surgido desde esa necesidad de seguridad que ha dominado tu vida. Pero creo que hay algo que debes saber, y es que las peores decisiones de la vida son las que tomamos desde el miedo, buscando la seguridad, evitando posibles decepciones.

Sofía se dio cuenta de que Maya estaba en lo cierto, era su miedo el que había lanzado esa pregunta. Sin permiso, el miedo había pensado por ella y había hablado en su nombre.

—Lo más doloroso de esas decisiones condicionadas por el miedo es que nos cierran las puertas a las posibilidades —prosiguió Maya—. Con miedo no podemos ver más allá y reducimos nuestro mundo a un lugar más pequeño, tan pequeño que ya no podemos volar libres, tal vez queriendo convencernos de que eso es mejor y más seguro.

»Nunca sabrás, ni podrás descubrir, de qué eres capaz si no te atreves a darte la oportunidad, así que espero que a veces te equivoques, porque eso significará que has tomado decisiones, que has tenido experiencias, que te has atrevido a vivir.

Sofía escuchaba a Maya tan emocionada como fascinada, mientras en su interior algo se removía como la lava de un volcán. Por un lado, sus palabras sobre los cambios y las decisiones fueron como un bálsamo para su conciencia. Esas palabras la ayudaron a confirmar y a sentirse segura de que la decisión sobre su separación había sido la correcta. Se dio cuenta de que gracias a esa decisión que tanto había temido, comenzó ese nuevo camino lleno de nuevas posibilidades.

Por otro lado, se sentía como si apenas supiese nada de la vida, cada vez que Maya hablaba se daba cuenta de que tenía un mundo por descubrir y aprender. Nunca había tenido ese tipo de conversaciones, cada palabra le aportaba más claridad, era un despertar que le hacía comprender algo más. Sentía ese momento como una verdadera oportunidad que no podía desaprovechar y quería exprimirla porque no sabía cuánto iba a durar.

—Puede que en algún momento te hayas sentido como esa cría de pájaro que se ha caído del nido y está muerta de miedo, vulnerable e indefensa, pero ya no eres esa persona, ahora yo veo una mujer fuerte —afirmó Maya convencida—, aunque todavía no te lo creas.

Maya miró directamente a los ojos de Sofía.

—No tengas miedo a los cambios y a las decisiones, a cambiar de rumbo, porque precisamente eso es la vida. Los cambios y decisiones te permiten descubrir nuevos destinos, y al final de cada uno de ellos, sin importar el resultado, encontrarás algo inesperado. Te encontrarás a ti misma.

—Gracias, Maya, gracias de corazón —dijo Sofía de forma muy sentida—, tengo que decirte que para mí este momento está siendo un precioso regalo, realmente creo que tu presencia es un regalo.

—Gracias a ti por tus cálidas palabras —dijo Maya sonriendo en un cariñoso tono, mientras una preciosa conexión seguía creciendo entre ellas.

—Y ya que estamos aquí... —dijo Sofía medio riendo incapaz de contener su inquietud— yo aprovecho para seguir preguntando.

—Me parece genial, por mí encantada —respondió Maya.

—Justo antes de que entrase Nacho, estabas hablando de la importancia de seguir aprendiendo y seguir creciendo, del problema que puede suponer o el vacío que podemos sentir cuando dejamos de hacerlo y de las preguntas que deberíamos plantearnos. Creo que la pregunta que me has hecho y se ha quedado en el aire, o al menos en mi cabeza, era si sentía que había sacado todo lo que llevo dentro, si me siento libre o si siento que hay algo retenido dentro de mí.

—Así es —afirmó Maya.

—La verdad es que no he tenido que pensar mucho, porque la respuesta es más que evidente, casi me ha asaltado de forma impulsiva, porque la sensación es justo esa. Siento que tengo algo mucho mejor y más grande dentro de mí, como algo encerrado que quiere salir, que necesita florecer —dijo Sofía— y, sin embargo, al mismo tiempo tengo una lucha interna, un miedo que me reprime y no me permite ser del todo libre, que limita mi espontaneidad. Es como si hubiese otra persona dentro de mí que me hace dudar y de eso es de lo que me quiero librar.

—¡Aaahhh!—exclamó Maya, expresando que la respuesta era casi evidente—. Ese es el okupa —dictaminó acto seguido.

—¿El qué? ¿El okupa? ¿A qué te refieres? —preguntó Sofía, confusa.

—Es justo lo que acabas de describir, acabas de decir «es como si hubiese otra persona dentro de mí que me hace dudar». Ese es el okupa que todos tenemos dentro —afirmó Maya—. A lo mejor hay personas excepcionales por ahí que tienen una suerte increíble, y siempre tienen maravillosos pensamientos de pura felicidad y de pura confianza a todas horas. Personas que jamás tienen pensamientos negativos ni preocupaciones de ninguna clase y que constantemente están desbordadas de pensamientos positivos —añadió con cara de incredulidad—. Pero yo de momento no las conozco.

—Existe algún espécimen así en las redes sociales, pero en el mundo real deben de estar escondidos porque cuando salgo a la calle nunca me los encuentro —dijo Sofía sonriendo con cierta ironía.

Maya no pudo evitar reír ante esa expresión, confirmando al mismo tiempo:

—Sí, conozco algunos de esos... Yo, sin embargo, tengo la sensación de que en algún momento de mi vida, alguien se infiltró en mi cabeza, un okupa que vive dentro de mí sin permiso, y es una persona muy muy pesada y negativa, que constantemente me obliga a tener las mismas y repetitivas conversaciones. Es el motivo por el que acabamos tantas veces en el mismo lugar emocional de siempre.

»No sé si te pasará a ti, pero ¡cuántas veces, día tras día, tenemos los mismos machacones pensamientos! Porque el okupa siempre habla de lo mismo, de las mismas preocupaciones por el futuro, de las dudas y los miedos. Ese pequeño dictador que vive en nuestra mente se pasa media vida repitiendo la misma vieja conversación de siempre. Además, acostumbra a sembrar nuestro mundo interior de buenas raciones de incertidumbre.

—Madre mía, pues tu okupa debe de ser pariente cercano del mío, porque son igualitos —dijo Sofía, sonriendo.

—Podemos llegar a tener una vida que probablemente la mitad del planeta desearía tener. Visto desde fuera puede dar la impresión de que vivimos una vida privilegiada que muchos envidiarían y, a pesar de ello, nuestra mente, con sus pensamientos, es capaz de hacernos sentir que nuestra vida es un tanto desastrosa, llena de imperfecciones y carencias. Las condiciones externas pueden ser normales e incluso muy buenas, sin embargo nuestra percepción interior puede ser muy distinta.

»En pocas cosas somos tan hábiles y persistentes como en el arte de atormentarnos la existencia. Con nuestras expectativas, nuestros pensamientos y las condiciones que sin darnos cuenta nos autoexigimos, esa idea de lo que deberíamos lograr o haber alcanzado ya a estas alturas, esa idea sobre cómo deberíamos sentirnos, se convierte en el perfecto mecanismo para hacernos sufrir.

»Si lo que pretendemos es fustigarnos, deberíamos sentirnos satisfechos y recibir algún premio por el excelente trabajo, ya que con esa comparación entre la realidad y las expectativas que inconscientemente y cruelmente hace nuestra mente, somos capaces de generar la percepción de que no somos lo suficientemente buenos y que nuestra vida es un auténtico desastre.

Sofía no pudo por menos que sonreír al sentirse identificada.

—Así es como creamos hábitos emocionales en los que vivimos, porque en nuestra mente regresamos al mismo lugar de siempre. Esa voz se convierte en una fuerza que en ocasiones domina nuestras emociones y dirige nuestra vida, hipnotizados por el monólogo interior que no se detiene. Ese incansable okupa que a veces no se calla nos juzga y nos compara provocando inseguridades o sentimientos de ser inadecuados que erosionan parte de nuestra espontaneidad.

»Además, al okupa le encanta aparecer en los momentos más inoportunos y sin previo aviso. Son esos momentos en los que estás haciendo algo y tu mente se va por libre de paseo por algún planeta —dijo Maya gesticulando con su mano como si un pensamiento se fuese alejando—, y de pronto vuelve y te das cuenta de las majaderías que estabas pensando.

»Imagino que te habrá pasado que estás leyendo un libro, llegas al final de una página y de pronto te preguntas: "¿Qué he leído?". No te has enterado porque estabas leyendo en piloto automático y tu mente a lo mejor estaba pensando en la lista de tareas del día siguiente.

»Lo mismo ocurre a veces cuando estás hablando con alguien y de pronto aparece esa voz que se pone a pensar en todo lo que aún tienes que hacer, y entonces nuestra atención desaparece por completo.

—Ni te imaginas la de veces que estoy hablando con alguien y aparece el indeseable del okupa en mi cerebro y se pone a susurrarme alguna tontería que no viene a cuento —dijo Sofía entre risas—, y para cuando me doy cuenta no me he enterado de lo que me acaban de decir y me quedo sonriendo con cara de tonta preguntándome qué habrá dicho...

—El problema es que la mayor parte del tiempo no somos conscientes de los pensamientos que cruzan constantemente nuestra mente. Pensamos sin darnos cuenta de que estamos pensando, como si otra persona pensase por nosotros —dijo Maya—. Pensar sin ser conscientes de ello es una de las causas de mayor sufrimiento, porque no es lo que sucede en el exterior lo que nos hace sufrir, sino lo que sucede en nuestro interior, lo que está imaginando nuestra mente en muchas ocasiones sin darnos cuenta. Así que tengo otra pregunta para ti. ¿Piensas tus pensamientos o tus pensamientos piensan por ti?

Sofía se quedó un tanto descolocada ante la pregunta, intentando interpretarla bien, aunque tras la explicación que le había dado, esta cobró sentido.

—Supongo que soy consciente de lo que estoy pensando cuando estoy trabajando o cuando estoy concentrada en algo en concreto, cuando estoy dirigiendo toda mi atención y mis pensamientos con intención hacia algo determinado —dijo Sofía—. Pero otras veces mi cabeza se va de paseo, esos pensamientos van por libre, y entonces supongo que los pensamientos piensan por mí, como si otra persona pensara por mí.

—Así es —afirmó Maya—. El problema del okupa, de nuestro querido subconsciente, es que nos llega a hacer creer que esos pensamientos son la realidad, porque todo nuestro cuerpo comienza a sentir las emociones que esos pensamientos provocan. Creo que por eso a veces confundimos todo lo que pasa por nuestra cabeza con el mundo real. Es como si esos pensamientos que surcan nuestra mente tomasen el control y pensasen por nosotros. Si no estamos más atentos a lo que está pasando en nuestro interior, podemos llegar a ser víctimas de nuestros propios pensamientos, esclavos de nuestra propia mente, la cual es capaz de convertirse en nuestro gran enemigo.

»Los constantes e imparables pensamientos que dan vueltas por nuestra mente de forma incontrolable pueden hacernos perder el contacto con la realidad, sumergiéndonos en un ensimismamiento que nos aísla y nos separa de la vida. Esos pensamientos se transforman en las emociones que viajan por todo nuestro cuerpo, en una energía que rige y domina nuestra vida, convirtiéndose por momentos en la percepción de nuestra realidad.

»Podemos llegar a confundir todos esos pensamientos y emociones que corren libremente en nuestra imaginación con lo que está ocurriendo en el mundo exterior. En realidad, es algo imperceptible que nadie ve desde afuera, pero que nosotros vivimos y sentimos como la más absoluta realidad.

Sofía asintió. Tenía la sensación de que, en cierto modo, ya sabía todas esas cosas en lo más profundo de su ser, solo que no se había parado a pensar en ellas.

—Por eso —siguió diciendo Maya— nuestra mente puede ser un buen sirviente o un terrible inquilino. ¿No te pasa que a veces parece que tienes discusiones contigo misma en tu propia cabeza? —dijo Maya dejando la pregunta en el aire—. Nuestra mente puede llegar a fustigarnos o tratarnos con cariño, podemos ser su amo o su esclavo, puede ser nuestro peor enemigo o nuestro gran amigo y aliado.

Se hizo un breve silencio, el rostro de Sofía reflejaba una sensación de profunda reflexión. De pronto comenzaba a entender más cosas sobre lo que sucedía en su interior, empezó a elevar su nivel de comprensión. Como decía Maya, comenzaba a «darse cuenta».

—Ahora lo entiendo mejor —aseguró—, y lo que me gustaría saber es cómo librarme de esa otra persona que parece vivir dentro de mí, de ese personaje que a veces parece haber secuestrado mi cabeza y me hace dudar de mí misma.

—Ese es uno de los grandes retos de nuestra vida, la gran conquista a la que debemos aspirar —afirmó Maya—. La conquista de uno mismo, porque la verdadera calidad de nuestra vida está basada en algo que no se ve, está basada en esa charla interior que tanto condiciona nuestras emociones.

»La mala noticia es que no podemos librarnos de esa otra persona que vive oculta en nuestro interior. Esa voz siempre nos acompañará a lo largo del camino. El objetivo es que entre esas dos personas que somos al mismo tiempo haya una mejor relación, que el okupa sea más amable y nos trate con más cariño, que no nos fustigue tanto, que crea más en nosotros y llegue a convertirse en nuestro aliado, en un buen amigo.

»Pretendemos entendernos los unos a los otros, cuando muchas veces ni siquiera nos entendemos a nosotros mismos, queremos tener mejores relaciones con los demás, con nuestra pareja, pero la relación más importante y fundamental es la que tenemos con nosotros mismos. Si nos conocemos mejor seremos mejores y más amables con nosotros mismos, y también con los demás.

»Al final reflejamos en el exterior lo que está sucediendo en nuestro mundo interior. Cuando ves a alguien que transmite serenidad y calma, no tiene que ver con que sus circunstancias sean perfectas, sino con el reflejo de la serenidad interna, con el autoconocimiento, la aceptación, la gratitud, que son ingredientes de esa receta de la que hablábamos y que nos ayudan a estar más en el presente, a tener una mejor relación con nosotros mismos, a sentirnos mejor y en calma.

—Pues sí —afirmó Sofía de forma contundente mientras asentía—, nunca lo había visto de esa manera, pero ahora entiendo la importancia de esa relación con uno mismo.

—Así es —dijo Maya—. Ya que vamos a pasar el resto de nuestra vida con el okupa, es decir, ese otro yo, no estaría mal si nos llevásemos un poquito mejor con nosotros mismos, ¿no crees?

—Ojalá pudiese domesticar esa voz para que dejase de lanzarme tantas inseguridades y preocupaciones —dijo Sofía— y se convirtiera en una voz más agradable que me aportase más confianza, una mayor calma. Que fuera un buen compañero de viaje. ¿Y tú qué haces cuando aparece esa voz negativa que no se calla?

—Lo primero es darme cuenta de que el okupa ha comenzado de nuevo su particular discurso y con su preocupada voz ha comenzado a sembrar dudas, algo que se le da de maravilla porque tiene mucha práctica. Cuando aparezca no intentes evitarla ni huyas de ella, porque entonces cobrará más fuerza. Todo aquello de lo que huimos nos persigue y nos debilita.

»Cuando aparezca esa voz simplemente reconócela, dale la bienvenida al okupa como al personaje que es. Le puedes hablar y le puedes decir "no te preocupes, estoy bien, no hay ningún peligro, muchas gracias por preocuparte, pero ya puedes relajarte" —dijo Maya, exagerando con gracia.

Sofía la miraba sorprendida, pero le gustó la idea de hablarle a su mente en vez de dejarse arrastrar por ella.

—Es muy importante reconocerla y aceptarla porque siempre aparece, ya que es la voz del miedo. Sin embargo, cuando dejas de huir, cuando la reconoces y la aceptas, entonces pierde su poder y poco a poco la conquistas. Si tú no frenas esa voz, esa voz te frenará y tomará el control. Cuando te das cuenta y eres más consciente de esto, serás tú quien comenzará a hablarle a tu mente para detener su hipnotizador monólogo de siempre. En vez de dejar que te hable a ti escuchando de forma sumisa, eres tú con tu nueva conciencia quien tiene que ponerse al mando.

»Tienes que saber que eres tú quien tiene la capacidad de acallar esa voz, de redirigir tu atención y elegir los pensamientos que te ayudan, los que generan la confianza y las emociones que quieres sentir. La clave está en que te des cuenta y que digas basta, que le hables a tu mente para retar a tus pensamientos negativos como a tu enemigo, que es lo que son, y tomar el control.

»El cambio llega cuando comienzas a escuchar la voz que hay en tu mente como si fueses un observador externo que analiza, sin juicios ni condenas, sino con curiosidad. La liberación llega cuando te das cuenta de que esa voz no eres tú, es la voz del ego, la voz del miedo. Esa voz te quiere hacer creer que es la realidad, cuando en realidad tú eres simplemente quien la escucha.

»Esa evolución de la que hablamos, eso que buscamos, tiene que ver con ir menos despistados por la vida. Cuando somos más conscientes adquirimos un mayor control de nuestro mundo interior y eso se refleja en resultados en el mundo exterior. De esa manera vamos creando las circunstancias internas que hacen posibles las externas, y los buenos resultados comienzan a alinearse con nuestra vida.

Sofía estaba fascinada, con cada conversación sentía que había nuevas piezas de comprensión que iban encajando en su interior. Lo que hasta ese momento le había parecido algo tan complejo Maya lo transmitía con tal sencillez y claridad que todo parecía evidente, aunque lo que más le impresionaba era que se identificaba tanto con todo lo que decía que parecía que estuviese hablando de ella.

EL MOMENTO DE ACEPTAR

En ese momento apareció Nacho con la bandeja de la cena, pero le hizo un gesto a Sofía como diciéndole «lo siento, no es para ti». Se trataba de la comida de Maya, aunque esta no debía de tener mucho apetito, porque no le hizo mucho caso.

Sofía no pudo evitar ver a Nacho de forma muy distinta tras conocer la historia que tenía detrás. Y él, sin saber por qué, percibió un brillo especial en sus ojos.

—¿Qué tal la mariscada? —preguntó Sofía con sorna.

—Buenísima, estaba buenísima, ni te lo imaginas —contestó Nacho, siguiéndole el juego.

Luego le preguntó qué tal se encontraba y Sofía le confirmó que, aparte del hambre que tenía por no poder comer nada hasta que le hicieran todas las pruebas, estaba estupendamente. Además reconoció que era una suerte que le hubiera tocado una compañera de habitación como Maya, cosa que Nacho confirmó hablándole de ella con un excepcional cariño, el mismo con el que Maya había hablado de él.

Charlaron un breve instante, tiempo suficiente para que Sofía pudiera sentir la calidad humana que Nacho transmitía y su gran cercanía. De alguna forma, ambos sentían una especie de familiaridad, como si se conociesen de antes. Nacho se fue, pero prometió regresar en cuanto le avisasen de que ya podía hacerse las pruebas.

Sofía se quedó pensativa, reflexionando con curiosidad sobre toda la situación que estaba viviendo. Lo que inicialmente fue un gran susto pareció transformarse en un original regalo. En su mente comenzó a repasar las conversaciones con Maya. Por nada del mundo quería olvidarlas y pensó que hubiese sido genial grabarlas para tenerlas siempre presentes. Recordó algo que quiso preguntarle a Maya y que se quedó en el aire.

—Estaba recordando algunas de las cosas que me has contado. Antes hemos hablado de la búsqueda de la seguridad y la consecuencia de la inseguridad, pero cuando lo pienso hay algo que siempre he sentido dentro de mí. Es como una especie de ansiedad, como si siempre me faltase algo.

—Sí, ya lo imagino —dijo Maya.

—¿Cómo que ya lo imaginas?, ¿tan evidente es?

—Bueno, más que evidente es porque la ansiedad está muy unida a la búsqueda de la seguridad y la necesidad de control. Es una especie de bucle, ya que llegamos a creer que la inseguridad se debe a que nos falta algo y que cuando tengamos ese algo nos sentiremos seguros.

»Una cosa es tener aspiraciones, perseguir un sueño, lo cual sirve como fuente de motivación, de ilusión y es algo que nos llena de energía. Otra cosa es perseguir algo porque te sientes incompleta, insegura, porque sientes que te falta algo, y crees que ese algo te va a completar y aportar la seguridad que buscas, lo cual es muy distinto, porque la energía que te está impulsando en este caso es el miedo y la ansiedad.

—Entonces, ¿cuál es el camino para desprenderse de esa sensación de ansiedad, esa especie de intranquilidad, de sentirse incompleto? —preguntó Sofía con intriga.

—Ese problema surge por la falta de aceptación la cual viene generalmente precedida de la comparación. Surge porque no me acepto, no me gusta algo de mí, porque comparado con algo o con alguien no estoy a la altura, me siento inferior, me falta algo y así parece que nada de lo que hacemos es suficiente. Gran parte del dolor y la ansiedad la provocamos al compararnos y valorarnos injustamente. Sin ser conscientes hacemos una comparación entre cómo soy y cómo creo que debería ser, entre cómo me siento y cómo me debería sentir, entre cómo es mi vida y cómo debería ser. Comparamos nuestra apariencia, nuestra personalidad o nuestra situación actual con la que asumimos que deberíamos de haber logrado a estas alturas de la vida. Otras veces nos centramos en un rasgo de nuestra personalidad o nuestro aspecto que no nos gusta, que lo sentimos como un defecto y creemos que debemos ser de manera distinta de lo que realmente somos, porque pensamos que así encajaremos mejor o que causaremos una mejor impresión, como si nos avergonzásemos o rechazásemos esa parte de nosotros.

Sofía asintió. Estaba completamente de acuerdo con eso.

—Además, en la actualidad constantemente estamos expuestos a perfectos modelos de la vida que supuestamente podríamos tener. Así nos exigimos cada vez más, empujados a perseguir el aparentemente idílico escenario ante el que estamos expuestos, pero lleno de trampas en forma de enormes expectativas que condicionan nuestra sensación de valía. Esa comparación provoca una baja autoestima y a su vez una percepción distorsionada de uno mismo, de que hay algo que está mal en nosotros, la sensación de carecer de una serie de cualidades que parecen imprescindibles, lo cual nos hace sentirnos llenos de defectos e imperfecciones. Nos convertimos en nuestros peores jueces y eso es terrible, porque cuanto más nos juzgamos y comparamos más pequeños nos sentimos, provocando una sensación de fracaso.

»La falta de aceptación provoca autorrechazo y genera una tensión que como un veneno invade nuestro cuerpo y nos llena de inseguridad, paralizándonos por el miedo al fracaso, el miedo al rechazo, a no encajar. Es como si tuviésemos que ganarnos ese derecho demostrando algo primero. Esa emoción se convierte en una espiral en la que a veces nos sumergimos sin ser conscientes de ello y es la raíz de los mayores conflictos emocionales, que, como una plaga, afectan cada vez a más personas —dijo Maya en un tono tristón, mientras Sofía escuchaba hipnotizada.

—Es increíble —dijo de pronto Sofía—, porque escuchándote me doy cuenta de que es como vivir en una trampa sin saber que estamos en ella. La pregunta es cómo salir de ese laberinto.

—Cierto, esa es una buena pregunta —contestó Maya—. La clave está en dejar de exigirnos tanto, dejar de intentar ser alguien distinto.

»Aun sabiendo que la perfección no existe, parece que nuestra mente nos la exige, porque constantemente estamos expuestos al precioso escaparate de la vida actual, ante personajes ideales, a modelos de personas aparentemente perfectas y ante sus supuestamente idílicas vidas con los cuales nos comparamos, aumentando el problema y generando una mayor ansiedad e insatisfacción.

»Mientras no nos aceptamos, ocultamos una parte de nosotros, intentamos ser de otra manera supuestamente mejor, actuando en cierta medida, ya que pensamos que ese otro yo será mejor, más popular o más admirado que quien somos en realidad.

»Sin embargo, la vida es imperfecta y cuando asumimos que es imperfecta y que nosotros somos imperfectos, que las circunstancias no son como queremos y deseamos, sino que son como son, cuando las aceptamos y aprendemos de ellas, es cuando dejamos de sufrir y encontramos la armonía.

Sofía ya no tenía sensación de hambre. Era como si las palabras de Maya la alimentaran. El conocimiento que compartía le aportaba un nuevo nivel de comprensión, además con su voz parecía que la acariciaba y le dada un gran sosiego.

—Asumir nuestras imperfecciones y aceptarlas es el primer paso para liberarse de la ansiedad y encontrar la paz, porque si no reconocemos nuestras imperfecciones, si miramos hacia otro lado y las negamos, entonces seguimos ocultando o huyendo de lo que no nos gusta en nosotros —afirmó Maya como si hablase de una injusticia—, pero no podemos librarnos de ello, porque es una parte de nosotros y esa liberación tan solo llega con la aceptación.

»Los problemas, los defectos, las circunstancias adversas, las imperfecciones... siempre van a estar presentes y aparecerán a lo largo de nuestra vida; no son una sorpresa. Sin embargo, nos liberamos de esos conflictos cuando somos valientes, cuando aceptamos y reconocemos los problemas que causan el sufrimiento, porque cuando pretendemos ignorarlos, los estamos empujando hacia dentro para que no salgan a la superficie. Estamos reteniéndonos emocionalmente porque no nos permitimos ser libres tal como somos y eso hace que perdamos parte de nuestra espontaneidad y nos sintamos cohibidos.

»El problema actual es que muchas personas se exigen demasiado y no desarrollan la compasión hacia sí mismas, sino que se exigen demasiada perfección, llegando a sentirse inferiores o creyendo que aún no son merecedoras.

Se hizo un silencio, mientras Maya observaba la mirada perdida de Sofía. Cada reflexión se convertía en una revelación que la ayudaba a darse cuenta de algo nuevo y con esa comprensión las piezas parecían seguir encajando en su interior.

—Ahora me doy cuenta —confesó Sofía—. Es como si hubiese vivido con miedo de que viesen algo inadecuado en mi interior, miedo de no gustar, de no estar a la altura, como si tuviese que ser otra persona, ocultando mis supuestos defectos, intentando mostrar cualidades que creía que me faltaban, por miedo a no encajar.

—Es lo que ocurre cuando vives demasiado pendiente de la aceptación y la aprobación de los demás, que te conviertes en esclavo de sus opiniones y de tu miedo al rechazo —dijo Maya—. En realidad, cuando buscamos la aceptación y la aprobación de los demás es porque no tenemos la nuestra y esa es la única que importa.

—Por momentos creo que no me he permitido ser yo, ser libre, y parece que he sido una buena actriz —prosiguió Sofía con su reflexión—. He convencido a la mayoría de que tenía seguridad y confianza, cuando en ocasiones mi vida era un caos y me sentía llena de inseguridades. He aparentado ser fuerte, cuando en realidad me sentía frágil y vulnerable. Podríamos decir que me «he sido infiel a mí misma» y la gran mayoría de las veces ni me he dado cuenta.

Hubo unos momentos de silencio mientras Sofía seguía reflexionando. El silencio compartido con Maya no era en absoluto incómodo, sino todo lo contrario. Al cabo de un rato Sofía continuó hablando:

—Ahora veo que esa infidelidad ante mí misma, esa manera de no dejar que me vean tal como soy, es lo que ha estado provocando una dolorosa frustración que no sabía de dónde nacía. Ha sido un lastre que me ha retenido y es algo agotador. Es como si llevase años queriendo ser otra persona, y últimamente parecía que por fin era esa otra persona, pero esa persona no soy yo.

—¿Quién has tenido que ser? —preguntó de pronto Maya.

Sofía se sorprendió ante la pregunta y se quedó pensativa, con la mirada perdida.

—Te pregunto quién has tenido que ser —prosiguió Maya— porque a veces nos encontramos condicionados por un padre o por una madre. Tal vez hemos tenido que ser o comportarnos de determinada manera para seguir su modelo, para recibir su aprobación, su reconocimiento o su amor. Puede que en ocasiones nos hayamos comportado de manera distinta a como realmente somos para encajar en un grupo, para gustarle a nuestra pareja, para evitar conflictos o por algún miedo. Esa falta de autenticidad tan solo causa vacío y frustración, es como si mantuviésemos escondida una parte de nosotros para que no se vea, como si tuviésemos miedo a que descubran algo en nosotros que parece inadecuado.

—¿Quién he tenido que ser? —repitió Sofía la pregunta—. Pues no lo tengo muy claro —dijo respondiéndose a sí misma—, pero sí he tenido la sensación de tener que ser algo distinta, de vivir un tanto condicionada. Supongo que siempre he tenido un conflicto entre quién soy y quién o cómo debería ser; entre mi aspecto y el que debería o me gustaría tener; entre dónde estaba y dónde debería estar en la vida. Imagino, tal como has dicho, que a lo mejor me he estado comparando y juzgando, y eso ha provocado que haya algo en mí que no acepto o creo que no es lo suficientemente bueno, como si fuese una parte defectuosa que tuviese que cambiar. ¿Por qué nos cuesta tanto aceptarnos?

—El problema es nuestro propio pensamiento, la convicción sobre cómo suponemos que deberían ser las cosas, la idea de lo que debemos lograr —explicó Maya—. Es como si primero tuviésemos que demostrar nuestra valía ante el mundo, lograr ciertos objetivos, tener más reconocimiento o ser de una manera determinada. Sin ser conscientes, a veces nos imponemos unas condiciones crueles sobre lo que tiene que ocurrir para que seamos felices.

»Y tú, Sofía, ¿qué se supone que tienes que lograr?, ¿cuáles son las condiciones que supuestamente crees que se deben cumplir para aceptarte totalmente y sentirte en paz?

—¡Madre mía! —exclamó Sofía tras una breve reflexión al darse cuenta—, creo que mi lista de condiciones es interminable y supongo que también tiene que ver con esa búsqueda de seguridad.

—¿Crees que estás siendo justa contigo misma al exigirte todas esas cosas, toda esa interminable lista de condiciones?

De nuevo el silencio se impuso en la habitación.

—La verdad es que no demasiado, porque ahora me doy cuenta de todas las condiciones que me he exigido o que creía que tenía que cumplir. Es como una historia que nunca se acaba, es como perseguir una promesa que jamás se hace realidad mientras el presente se sigue escapando —dijo Sofía con una dolorosa expresión en su rostro al ser consciente de lo dura que había sido consigo misma.

—A veces nos exigimos más a nosotros mismos que al resto del mundo —dijo Maya mirando a Sofía con una cálida sonrisa en un tono comprensivo lleno de empatía—, llegamos a maltratarnos a base de rígidas exigencias que supuestamente deberíamos cumplir, pero ¿acaso les exiges todo eso a tus amigos para que puedan serlo? —preguntó Maya.

—Desde luego que no, sería de locos —afirmó de forma contundente Sofía—. A lo mejor es que tratamos mejor a los demás que a nosotros mismos.

—Si eres más amable y comprensiva con los demás, ¿crees que podrías serlo contigo misma?

Sofía no pudo más que sonreír al pensarlo.

—La verdad es que estaría genial si me tratase como si fuese mi mejor amiga —dijo Sofía.

—Imagino que a tu mejor amiga la aceptas tal como es y no le exiges que sea perfecta —dijo Maya con una entrañable dulzura—, no la criticas si se equivoca y, cuando se siente mal y te necesita, estás ahí para ayudarla y darle ánimo con cálidas palabras de comprensión. Además, imagino que tu amiga no ha tenido que lograr algo grandioso, ni ha tenido que demostrar algo increíble para ser merecedora de tu amistad, de tu comprensión y tu cariño.

—Pues sí, así es —afirmó Sofía asintiendo con una irremediable sonrisa.

—Es hora de abandonar esa idea de que todavía tenemos algo que demostrar, otro lugar al que llegar o algo más que alcanzar antes de sentirnos merecedores de una vida mejor, con más armonía en nuestro interior.

—¿Cómo podemos apreciar más lo que somos y cómo somos? —preguntó Sofía—. ¿Dónde está el equilibrio?

—La forma de encontrar el equilibrio es aceptando tu presente y tus circunstancias, con todo lo que te rodea, sin tener que esperar a que las cosas sean de otra manera. Si ponemos condiciones a la aceptación estamos manteniendo el dolor y retrasando la paz para otro momento. El secreto es aceptar de forma incondicional las partes de nuestra vida, de nuestro cuerpo o de nuestra personalidad que hasta ahora hemos visto como defectuosas o inadecuadas, partes que hemos llegado a rechazar o procurado esconder. Tenemos que aprender a aceptarnos, a no machacarnos y perdonarnos. No podemos cambiar lo que no aceptamos, porque la negación impide el cambio, por eso aquello que ocultamos por algún miedo o por vergüenza permanece enraizado en nuestro interior.

Sofía se quedó pensativa.

—Pero... ¿eso no nos llevaría siempre a aceptar todas las situaciones negativas sin tratar de cambiarlas, a conformarnos con una vida en la que somos infelices?

Maya le aclaró:

—Aceptar no es conformarte, no es resignarte o pensar que algo que no te gusta tenga que gustarte. Aceptar significa que tienes la madurez para dejar de luchar contra algo, para aceptarlo, para soltar el dolor, dejar de sufrir y así poder cambiarlo. Cada persona tiene la opción de decidir rechazar, renegar de algo o aceptarlo, pero el rechazo mantiene el dolor y la aceptación es el remedio. La diferencia es que la resignación es involuntaria, es forzada, nos resignamos cuando no hay o no vemos otra opción, mientras que la renuncia es voluntaria, renuncias conscientemente a algo porque es mejor para ti.

»Yo no me conformo, eso sería anclarme donde estoy, resignarme a no mejorar, pero sí me acepto como soy, porque esa aceptación me ayuda a sentirme en el presente, en calma, en paz, me acepto sin tener que demostrar nada a nadie y desde esa aceptación siempre podemos mejorar, sin tener que ser otra persona, sino una versión que constantemente podemos actualizar para mejorarla.

Sofía asintió en señal de comprensión, y Maya continuó:

—Nadie nos ha dado un manual para la vida —dijo—, nadie nos ha enseñado a ser más tolerantes con nosotros mismos; es más, hacemos lo opuesto, nos exigimos y comparamos a veces de forma despiadada.

»En vez de enseñarnos a aceptarnos, el entorno nos lleva a una especie de desaprobación de alguna parte de nuestra vida, de nuestro físico, de nuestra personalidad o de nuestra situación personal.

»Sin embargo, cuando aceptamos nuestro presente es cuando podemos comenzar a cambiarlo, porque la aceptación nos libera del cruel yugo de la comparación. Cuando nos aceptamos llega el día que dejamos de pretender ser la persona que "se supone" que deberíamos ser y comenzamos a descubrirnos, a darnos permiso para ser auténticos.

—Aparentemente es algo muy sencillo —dijo Sofía un tanto sorprendida—, pero parece que hemos adquirido una maravillosa habilidad para complicarnos la vida. Debería ser fácil aceptarnos y querernos tal como somos, es algo que todos podríamos hacer. Sin embargo, lo hacemos tan difícil con tantas exigencias y comparaciones...

—Así es —dijo Maya—, el problema es que vivimos en una sociedad que genera ansiedad a nuestro alrededor y parece empujarnos hacia el lado contrario de la aceptación. Al parecer no es suficiente con ser nosotros, parece que tenemos que ser, o al menos parecer, más de lo que somos. Ese es el gran desafío al que nos enfrentamos en la actualidad, ser auténticos en una cultura que pretende moldearnos para encajar y que así al menos desde afuera todo parezca correcto, pero esa vida es como un lobo hambriento que se alimenta de inconformismo y siempre exige más.

Sofía respiró hondo, llenando sus pulmones. Aquella charla era lo que tanto había necesitado. Antes había pensado que era una lástima no haberla grabado, pero ahora sabía que no olvidaría ninguna de las preciosas palabras de Maya.

—El reto al que nos enfrentamos es cómo poder sentirnos suficientes siendo nosotros mismos, cómo mantener nuestra autenticidad sin la necesidad de tener que estar a la última en todos los aspectos, abandonando la necesidad de tener que impresionar, porque de lo contrario estaremos intentando ser otra persona para sentir que encajamos, que estamos a la altura o para sentirnos suficientes. Por eso la aceptación es tan importante —afirmó Maya de forma insistente—, porque aceptarse es reconocer y respetar tu valía, no por tus logros, sino por quién eres, por tus valores. Imagínate cómo te sentirás en este momento queriéndote sin condiciones, cómo te sentirías si no tuvieses ningún tipo de ansiedad sobre tus supuestas imperfecciones, si no tuvieses ningún tipo de angustia, simplemente sintiéndote en armonía contigo y tus circunstancias, aceptando las imperfecciones que todos tenemos. ¿Cómo te sentirías si te aceptases totalmente, con tu vida, tus circunstancias, tal como eres?

—Creo que me sentiría en un oasis de armonía, me sentiría con mucha más paz —contestó Sofía con un tono de alivio al pensar en ello—, y creo que muchas de las preocupaciones y la ansiedad desaparecerían o al menos se reducirían mucho.

—Exacto, porque la aceptación lleva la armonía a tu mundo interior, nos ayuda a estar más conectados con nosotros mismos, sin ansiedades sobre nuestras imperfecciones. Esa calma que buscamos nace cuando valoramos lo que somos y cómo somos en la actualidad, cuando aceptamos dónde estamos y nos queremos.

»La aceptación es el viaje de la vida, la transición desde la preocupación de cómo me ven, qué pensarán, de la duda de si seré suficiente, hasta la aceptación de nuestra historia, del pasado, de nuestros errores y defectos. Es el antídoto que calma nuestro corazón y pacifica nuestra mente. Es lo que nos ayuda a integrar las partes de nosotros que están divididas, es quererse siendo lo que uno es, sin culpa ni vergüenza, sin tener que cumplir o alcanzar previamente una serie de condiciones. ¿Crees que podrías tener una buena relación con alguien a quien no aceptaras del todo? —preguntó Maya.

—La verdad es que lo veo difícil —contestó Sofía—, porque

siempre habrá algo de tensión y no existirá la necesaria comprensión ni la química que hace que una relación funcione.

—Exacto. Pues esa persona de la que estoy hablando es uno mismo. Si no hay aceptación hay tensión, por eso la relación que tenemos con nosotros mismos, con nuestra voz interior, es la que más tenemos que cuidar. La aceptación es la clave de nuestra paz interior y es la necesaria decisión para tener una buena salud mental y emocional. Tampoco es una decisión única y definitiva, es un proceso constante a lo largo de la vida, una filosofía de compasión y evolución permanente, un mecanismo para aliviar nuestras luchas internas y mucho más en este cambiante mundo que no deja de traernos constantes sorpresas y retos.

—Nunca me había dado cuenta de la importancia de la aceptación —dijo Sofía— y ahora veo que la convicción o el empeño en que las cosas sean de una manera determinada, las suposiciones, las expectativas y las comparaciones, unidas a la falta de aceptación, son la causa de todos esos conflictos.

—Así es —confirmó Maya—. Hace años descubrí que era más feliz, que vivía con mucha más paz y armonía, cuando aceptaba lo que la vida me traía. Desde entonces ante los imprevistos de la vida procuro aprender alguna lección, transformarlos en una experiencia más, en vez de luchar contra lo que ocurre y sufrir de manera innecesaria.

»Esa aceptación es la forma de ganarnos nuestro propio respeto, el amor hacia nosotros mismos, sentir que sí somos suficientes, mirarnos a los ojos en el espejo y con franqueza decirnos "me acepto y me quiero". Es el pilar desde el que somos más estables, más fuertes y desde el que podemos construir un futuro más sólido y mejor.

»Es cuando te permites ser real, ser auténtica, te permites equivocarte y reírte de ti misma, cuando abandonas la necesidad de impresionar y tener que demostrar nada a nadie. Cuando afirmas al universo ¡me doy permiso para ser yo!, cuando ya no permites que el mundo te moldee y convierta en lo que no eres, cuando ya no te preocupas por encajar, ni de aquellos que te pueden juzgar, porque las etiquetas son de quienes etiquetan, no de los etiquetados.

Sofía observaba a Maya con admiración. Sus ojos brillaban de sorpresa y agradecimiento y suspiró profundamente. Fue un suspiro de liberación gracias a la comprensión, y mirando directamente a los ojos de Maya pronunció un sentido y profundo:

—Gracias. Creo que a partir de ahora voy a ser más cariñosa conmigo misma. Ya va siendo hora de aceptarme, de dejar de exigirme tanto y de tener más compasión conmigo misma —dijo Sofía, totalmente relajada.

—Me alegra oír eso —respondió Maya con una sonrisa—. Aunque hay algo más que a muchas personas les lleva toda una vida aprender y otras nunca lo aprenden, y es que la aceptación va unida a la vulnerabilidad, y requiere coraje y confianza. Podríamos definir la vulnerabilidad como la valentía de atrevernos a exponernos, a mostrarnos como realmente somos.

Maya descansó un momento, y después retomó sus sabias palabras:

—Llega un momento en la vida en el que te das cuenta de lo que realmente importa. Lo sabemos teóricamente, sin embargo nos cuesta asimilarlo y a veces esa revelación llega demasiado tarde o por alguna desgracia. Es cuando por algún motivo nuestra vida da un completo vuelco, entonces despertamos y lo que valoramos y nuestras prioridades cambian totalmente. De pronto dejamos de estar tan ensimismados y estamos más atentos a nuestras relaciones, a la familia y los amigos, al sentimiento de pertenencia y de la necesaria conexión humana. Es cuando te das cuenta de que la gente, tu familia y tus amigos no te recordarán por cuánto les impresionaste, ni por tus títulos, tus logros ni tu posición, y que tu trabajo no va a cuidar de ti en los malos momentos, pero tus amigos y tu familia sí. Sabes a lo que me refiero, ¿verdad?

Sofía asintió.

—Lo que verdaderamente importa y lo más valioso que tienes es tu humanidad, tus relaciones y tu forma de ser, por eso debes dejar de tener miedo de ser tú y dejar que te vean como realmente eres. Así podrás sentirte libre y los demás podrán ver la persona que a veces se esconde detrás del protector caparazón que sin darnos cuenta a veces desarrollamos. El verdadero impacto es el que deja tu calidad humana, lo que nos ayuda a conectar es la humildad y la autenticidad, y lo que realmente deja huella por dónde vas es cómo haces sentir a los demás. Atrévete y date permiso para ser tú, para ser libre, para que todo el mundo pueda ver lo que yo estoy viendo ahora, que eres una persona maravillosa —afirmó Maya asintiendo con un dulce gesto.

—Ahora entiendo más lo que transmites —dijo Sofía, realmente emocionada—, porque eso es lo que tú haces.

★★★★

Justo en ese instante se abrió la puerta y apareció Nacho con su especial energía.

—Pero bueno, ¿qué está pasando aquí?, ¿a ti también te sudan los ojos? —preguntó este al ver a Sofía emocionada con los ojos húmedos—. Seguro que es cosa de Maya, siempre hace lo mismo, es que se le da muy mal contar chistes.

Sofía no pudo evitar sonreír ante la ocurrencia de Nacho y, sobre todo, al comprobar su maravillosa actitud y su forma de ser a pesar de lo que había sufrido.

Nacho fue a buscar a Sofía para acompañarla hasta la sala donde tenía que hacerse la resonancia magnética y las pruebas de imagen que había solicitado el médico. Estaba totalmente recuperada y se sentía perfectamente, por lo que agradeció el pequeño paseo y la compañía de Nacho, con quien se sentía extrañamente cómoda. Charlaron y se rieron un rato antes de comenzar las pruebas, ambos conectaban muy bien, hasta que Nacho, de forma muy cariñosa, se despidió de ella porque ya acababa su turno.

—Si todo va bien te soltarán mañana, pero no te preocupes que no te librarás de una visita mía antes de irte.

Al separarse de él, Sofía se quedó sorprendida de lo a gusto que se sentía con Nacho.

Tras las pruebas, regresó a la habitación a tiempo de ver cómo otros amigos de Maya se despedían de ella. Al parecer, amigos no le faltaban.

Ambas siguieron charlando un rato animadamente, aunque se estaba haciendo tarde y el cansancio hacía mella, sobre todo en Maya. Era el tipo de cansancio que te deja sin energía precisamente a causa de estar tumbado y no hacer nada.

—¿Qué te parece si descansamos un rato? —propuso Maya.

Pero de pronto el monitor que registraba su ritmo cardíaco se aceleró. Esta cerró los ojos, y empezó a respirar profundamente intentando relajarse, pero quien se puso realmente cardíaca fue Sofía.

Era algo que le había sucedido de vez en cuando, y esas arritmias esporádicas habían sido el motivo de que acabara de nuevo en el hospital. Al instante apareció una enfermera y poco después se suponía que todo estaba controlado, pero Sofía seguía alterada, parecía que su corazón competía con el de Maya.

Sofía sintió miedo. Se estremeció ante la idea de que algo grave le pudiese suceder a Maya. Lo cierto es que le había tomado un enorme cariño. Tenía la sensación de que la vida había puesto a esa maravillosa persona en su camino, como si algo de todo esto estuviese predestinado, como un regalo del destino para enseñarle algo. La sintió en su corazón como la abuela que jamás había tenido, como a una persona especial que siempre quieres tener a tu lado, y verla sufrir esa arritmia la aterró pensando que pudiera pasarle algo.

Instantes después todo volvió a la normalidad, y fue cuando Maya vio la cara de preocupación de Sofía y con la más absoluta calma y una increíble sensación de paz le dijo:

—No te preocupes, todo está perfecto. De vez en cuando me pasa, ya estoy acostumbrada y aunque nunca se sabe estoy muy tranquila, todo está bien —dijo Maya totalmente relajada.

—Pues la verdad es que me he llevado un buen susto —dijo Sofía suspirando ya algo más calmada al ver a Maya tan tranquila. Al parecer, la única que se asustó fue ella.

—Hace años la vida me dio un aviso, tuve una enfermedad que pudo haber sido el final, sin embargo me sirvió como una gran lección y desde entonces he vivido preparada para ese momento.

Sofía se quedó desconcertada y Maya pudo ver su atónita cara ante esa inesperada afirmación.

—Sé que puede sonar muy extraño. No me malinterpretes y pienses que quiero morir, todo lo contrario, tengo la intención y muchas ganas de vivir —afirmó Maya sonriendo—. Pero ser consciente de que en cualquier momento esto se puede acabar es la mejor medicina de la vida para valorar y vivir el presente. Me recuerda que en la vida no existen garantías.

Se hizo un silencio. La calma de la noche era total. Ningún ruido rompía la paz. Mientras, Maya continuó diciendo:

—La muerte no es un tema de conversación habitual, es algo de lo que no hablamos y ni siquiera queremos pensar en ello. Como no nos gusta esa idea, huimos de ella como si fuese un monstruo que nos pudiese atacar. O tal vez creemos que si no pensamos en ella podremos aplazarla —dijo Maya con cierta ironía—. Es como cuando alguien está en la cama y se asusta por culpa de alguna pesadilla. Su corazón se acelera y le entra el miedo, y es entonces cuando muchos utilizan el infalible remedio de refugiarse bajo la sábana. Así se sienten más seguros, porque creen que ya nadie les podrá hacer daño gracias a la increíble protección de esa sábana acorazada. No querer pensar en esa posibilidad tiene el mismo efecto.

Sofía, que estada sentada en cuclillas sobre su cama, estiró la sábana y se cubrió entera hasta la altura de sus ojos.

—Ya estoy segura —dijo, riendo.

—Ahora sí que está todo perfecto, ya estás protegida —dijo Maya, también riendo—. Es un tabú social, sin embargo esa percepción cambia radicalmente en otras culturas. No es cuestión de hablar de algo macabro o negativo, sino de perderle el miedo, de reconocer que es algo que está ahí y que nos puede enseñar a vivir y valorar la vida mucho más, en vez de vivir como si fuésemos eternos. Tener presente que a lo mejor nuestro tiempo se acaba es la mejor manera de no aplazar las cosas para más adelante, es una buena manera de tomar mejores decisiones, ser más valientes, apreciar mejor cada día y vivir más el presente.

La enfermera regresó para comprobar que todo estaba en orden. Como era veterana en el hospital y ya conocía a Maya de otras ocasiones, enseguida pudo percibir que no callaban.

—Maya tiene que descansar, así que te hago responsable de que se duerma —le dijo a Sofía con una leve sonrisa, pero con tono de advertencia.

—De acuerdo —contestó Sofía convincente.

—Buenas noches —se despidió la enfermera.

—Buenas noches —contestaron ambas.

—Seguiremos la conversación mañana —afirmó Sofía, muy a su pesar en cuanto salió la enfermera.

—Claro —contestó Maya—, pero quiero que comprendas el enfoque correcto de lo que te estoy diciendo. Reconocer que la muerte puede estar a la vuelta de la esquina no es ser negativo, no te hace vivir peor. Al contrario, te hace vivir mejor, más despierto, con mucha más atención, con más valentía y pasión. En vez de vivir a la espera, te ayuda a vivir de forma mucho más consciente en el presente.

Tras un silencio de reflexión sobre un tema que Sofía jamás se había planteado, ambas se dieron las buenas noches dispuestas a dormirse. No obstante, la mente de Sofía seguía dando vueltas a lo sucedido y a las palabras de Maya.

EL AVISO

A la mañana siguiente Maya se despertó muy temprano, como era habitual en ella. Se sintió bien, con energías renovadas. Tenía la experiencia de las otras veces que había estado ingresada por el mismo motivo, por lo que estaba segura de que ese mismo día volvería a casa. Miró a Sofía, que aún dormía plácidamente. Aprovechó ese momento de calma para meditar en la cama, algo que hacía a menudo, y tras su meditación decidió terminar las últimas páginas del libro en el que estaba sumergida, *El viejo y el mar*, de Ernest Hemingway. Al poco rato, Sofía se despertó.

—Buenos días, bella durmiente —dijo una sonriente y renovada Maya.

—Buenos días, ¿qué tal te has despertado?

—Muy bien —respondió Maya con energía—. Creo que esta misma mañana nos mandarán a las dos a casa.

—Seguro que sí, además tienes muy buen aspecto. Yo tengo el vuelo de vuelta para Valencia esta tarde, ya me toca regresar a la rutina —respondió Sofía desperezándose aún medio dormida.

—Sí, supongo que tienes que volver al trabajo y también que todos vean que estás perfecta.

—Pues sí, pero voy a echar mucho de menos estas charlas que hemos tenido. La verdad es que quiero mantener el contacto sea como sea y verte de nuevo. Además, dentro de poco se celebrará la segunda parte del congreso y tendré que volver, aunque esta vez espero poder dar la conferencia sin desmayos —dijo Sofía sonriendo.

—Seguro que sí, así que si no nos vemos antes, nos veremos cuando vengas al congreso, además vivo muy cerca del hotel en donde se celebra. De hecho, si nos dan el alta pronto y tienes tiempo te invito a comer a mi casa y así ves dónde vivo —dijo Maya lanzando su invitación con ilusión.

—Por mí, encantada —aceptó Sofía al instante—. Mi vuelo sale tarde y me encantará poder hablar ya vestidas normales y fuera del hospital —dijo Sofía un tanto aliviada.

—Pues sí, además estaremos mucho más cómodas y con mejores vistas, eso seguro.

Poco después de concretar sus planes, apareció Nacho por sorpresa para llevarles el desayuno. Aunque eso no estaba dentro de sus obligaciones, por algún motivo se las arregló para hacerlo.

—Muy buenos días —anunció Nacho con toda su vitalidad y energía positiva—. ¿Qué tal han descansado mis queridas huéspedes?

—Muy bien —afirmaron ambas casi al mismo tiempo.

—Además, es un placer arrancar el día con tu visita y esta buena dosis de energía —respondió Sofía—, aunque estaría bien que hubiéramos tenido tiempo para arreglarnos un poco.

—No hay nada estropeado, así que no hay nada que arreglar —dijo Nacho sonriendo a Sofía con una mirada cómplice que más bien parecía un cumplido.

Sofía respondió sonriente, devolviéndole la mirada.

—Muchas gracias por tus cariñosas palabras, si es que son también para mí —dejó caer Maya añadiendo más picante a ese momento.

—Hoy no he podido traer el desayuno especial del palacio, pero para compensar os he traído un regalo —dijo Nacho mientras entregaba a cada una un pequeño paquete perfectamente envuelto en un precioso papel de regalo.

—¿Y esto? —preguntó Sofía, gratamente sorprendida, mientras Maya sonreía encantada una vez más ante las ocurrencias de su querido Nacho.

Ambas se miraron con cara de intriga intentando adivinar qué podría ser.

—¿Lo podemos abrir ahora? —preguntó Sofía.

—Por supuesto, pero con mucho cuidado, no se vaya a romper —advirtió Nacho.

Las dos comenzaron a abrir sus respectivos regalos con delicadeza.

—¡Ooohhh! —gritó Sofía arqueando las cejas sorprendida mientras reía al ver su regalo, gesto que también repitió Maya al ver el suyo—. ¡¡Es un donut!! —afirmó Sofía encantada levantando su cajita.

—¡No hay mejor manera de comenzar el día que endulzándolo! —dijo Nacho sonriendo como si fuese una irremediable obviedad.

—Ven aquí —dijo Maya haciéndole un gesto con la mano, tras lo cual le dio un buen abrazo y un sonoro beso.

Sofía no podía ser menos, así que cuando Nacho se giró ella abrió sus brazos reclamándole con una gran sonrisa, agradeciéndole el regalo con un beso y una sentida mirada de verdadero aprecio.

—Esto te va a costar un mordisco —dijo Nacho.

—¿El qué? —preguntó Sofía algo confusa.

—Me refiero al donut —dijo Nacho, riendo exageradamente mientras Maya sonreía al ver cómo crecía la complicidad entre ambos.

—Bueno, se acabó el cachondeo, que como no habéis pagado la estancia en el palacio lo más seguro es que os vayan a echar de aquí hoy mismo —dijo Nacho con su particular estilo—. Dentro de un rato vendrá el médico a contaros cosas y yo me pasaré después, así que portaos bien.

Maya observó cómo Sofía seguía a Nacho con su mirada.

Mientras esperaban a que el médico pasase para darles el alta Sofía y Maya charlaron animadamente, conociéndose mejor, conectando cada vez más y Sofía no dejaba de sorprenderse con la historia de Maya y con todo lo que esta le contaba. Por un lado quería volver a casa y por otro se sentía tan a gusto estando con ella que le apenaba tener que despedirse en breve. Sentía como si fuese a perderse algo realmente muy valioso. En realidad, todo ese tiempo con ella fue como un extraño pero maravilloso regalo, una serendipia que el destino había puesto en su camino, porque Maya era la clase de persona que siempre le gustaría tener a su lado.

Maya se levantó para ir al baño y justo en ese instante apareció el médico que había visto a Sofía cuando ingreso en el hospital. Ella le saludó con buen ánimo, pero el médico le devolvió un saludo seco y preocupante.

—No tengo buenas noticias —dijo el médico en un tono desolador.

De pronto todas las buenas sensaciones de Sofía desaparecieron al instante y se transformaron en una profunda ansiedad.

—Hemos encontrado algo inesperado en las pruebas de la resonancia abdominal. En las imágenes se ve un tumor en el páncreas, y es un tipo de tumor no operable —dijo el médico en un tono solemne, queriendo mantener una distancia, como si estuviese dando las noticas en vez de hablar con una persona real.

—¿Y eso qué significa? —preguntó Sofía, aterrada.

—Es un tipo de enfermedad que solo se manifiesta cuando está muy avanzada. No tiene nada que ver con el mareo, ha sido una casualidad, pero lo más probable es que los síntomas comiencen dentro de muy pocas semanas. Siento mucho tener que ser tan directo, pero lo más probable es que te queden solo unos pocos meses de vida.

De repente un ensordecedor silencio invadió la habitación y bloqueó todo su cuerpo. El mundo dejó de girar y se detuvo por completo, el *shock* fue tal que el aire parecía no llegar a sus pulmones. No podía ser, eso no le podía estar pasando a ella, eso era algo de lo que había oído hablar, algo que les pasaba a algunas personas, pero no a ella. Se quedó muda, sin saber qué decir ni qué hacer. Un incomprensible vacío estremeció todo su cuerpo, como si un agujero negro estuviese a punto de engullir su vida. En su interior algo se aceleró, como si la cuenta atrás de una terrorífica bomba se hubiese activado, aunque todo pareció estallar en pedazos de incomprensión.

Es chocante, cuando de pronto la vida te anuncia de forma inesperada que has llegado a tu destino, que el viaje se acaba.

De golpe, la incredulidad de quien ha vivido su vida como un inmortal, a la espera de disfrutar de un futuro mejor más adelante, choca con la cruda realidad al descubrir que ha desperdiciado una buena parte del camino sin apenas levantar la cabeza durante el viaje, dándose cuenta de que se ha perdido gran parte del maravilloso paisaje. A veces vivimos así, como si el objetivo del viaje fuese llegar a otro lugar, pero el propósito no es llegar, es el viaje.

A todos y cada uno de nosotros el destino nos otorga un tiempo, pero no sabemos cuánto. Lo único seguro es que ese espacio de tiempo que es nuestra vida no se puede parar, rebobinar ni recuperar, y el contador sigue avanzando sigilosamente, sin saber cuándo llega nuestra fecha de caducidad, hasta que de pronto llega el inesperado aviso.

Nadie nos para un día por la calle y nos pregunta «¿Qué estás haciendo con tu tiempo y con tu vida? Porque eso es lo que estás haciendo con tu vida» o «¿Cuánto tiempo te queda para vivir la vida que deseas?».

Ocurre justo lo contrario, porque estamos rodeados de irresistibles cantos de sirena que por unas pocas monedas ofrecen la promesa de un brillante futuro, un poco más adelante eso sí, revestido con la atractiva pero terrible fórmula para perderse la vida, la eterna promesa de un mañana mejor, cuando en realidad nos están robando el presente.

El tiempo tiene un escaso valor para la eternidad, pero nosotros no somos eternos, aunque a veces por nuestra manera de vivir lo parezcamos.

No calculamos el valor del tiempo; abrimos el grifo del tiempo y dejamos que corra, porque no tenemos que pagar esa factura cada mes. Lo malgastamos porque parece gratis, abundante, hasta infinito, aun sin saber cuánto queda en el depósito, porque asumimos que todavía queda muchísimo. En nuestra ilusa ignorancia pensamos que ya tendremos tiempo y así vivimos como inmortales.

Cuando un bien es escaso siempre es caro, sin embargo de aquello que abunda y hay mucho, no se aprecia y vale poco. Así ocurre con el tiempo, el material del que está construida nuestra vida: lo valoramos cuando descubrimos que se agota.

Lo podemos aprovechar o desaprovechar, utilizarlo sabiamente o malgastarlo, pero una parte del sentido de nuestra vida se basa en cómo utilizamos y aprovechamos nuestro tiempo. La cuestión no es contar el tiempo, sino hacer que el tiempo cuente.

A lo largo de la historia, gran parte de la humanidad ha rendido culto al mismo Dios, al Dios de la seguridad y la preocupación del futuro. Ese Dios que ha destruido tantas vidas jugando con el tiempo, robando los buenos recuerdos del pasado, dilapidando el presente con sus seductoras promesas de un futuro mejor, eso sí, a cambio del presente, hasta que de pronto un día, probablemente tarde, nos demos cuenta de que la vida se escurre entre nuestras manos a la espera de ser vivida.

Son tantos los que descubren el valor de la vida, los que aprenden a vivir, justo cuando comienzan a morir. De pronto un día descubrimos que ya es muy tarde para hacer todas las cosas que quisimos hacer. Hasta entonces andamos distraídos persiguiendo otro momento, mientras la vida se escapa en el presente.

Por desgracia descubrimos el valor de las cosas cuando las perdemos, ocurre tanto con el tiempo como con las personas, tal vez sea que somos incapaces de valorarlas mientras las tenemos, por eso la gratitud tiene un valor incalculable, cuanto más agradecidos somos más tenemos. Sin el agradecimiento y el sincero aprecio nada parece valioso, nada parece suficiente, mientras que si somos agradecidos y valoramos el presente, siempre nos sentiremos más llenos.

Cuando la muerte se presenta en nuestra puerta no nos pide el currículum, ni un listado de nuestros logros, es más, nos despoja de todo para recibirla, porque no podemos llevarnos nada, tan solo le interesa una cosa, saber si realmente hemos vivido y qué hemos dejado a nuestro paso. Es cuando descubrimos que lo único que podemos llevarnos es lo que hemos dado.

Sofía se llevó las manos a la cara, incrédula, sus vidriosos ojos llegaron al límite de la contención, hasta que parecieron explotar. Era incapaz de soportar el dolor de la inesperada puñalada que la vida le acababa de dar. El diagnóstico fue claro, pero en ese momento no era un diagnóstico lo que necesitaba, sino comprensión. Se sentía en caída libre y nadie la podía recoger.

En ese momento Maya salió del baño. El médico se sorprendió al verla, no sabía que estaba ahí y que había escuchado toda la conversación. Maya se acercó a Sofía, se sentó en la cama a su lado, la abrazó con todas sus fuerzas, sosteniéndola como a un indefenso bebé, sujetando su cabeza contra su pecho mientras ella lloraba desgarrada de forma incontrolable. Maya hizo al médico un gesto que significaba que ya hablarían después, y este se despidió diciendo que si necesitaba cualquier cosa le llamasen.

Sofía seguía en estado de *shock*. Nada tenía sentido, el vacío y la dolorosa incomprensión se apoderaron de ella mientras Maya procuraba consolarla en el más absoluto silencio tan solo roto por sus llantos.

Maya puso sus manos en el rostro de Sofía y, situando su cara frente a la de ella, la miró fijamente a los ojos con la mirada más directa y profunda que Sofía jamás había visto. Con una indescriptible energía y una voz rota que surgía de lo más profundo de su interior, Maya dijo:

—Estoy aquí contigo, no sé por qué, pero siento que hay algún motivo y te prometo que voy a estar contigo. Venga lo que venga voy a estar a tu lado, no te vas a librar de mí tan fácilmente.

Sofía no sabía cómo interpretar lo que eso significaba, pero en ese momento se sintió más arropada, se sintió protegida por la profunda comprensión que emanaba de Maya y por la honestidad de su intención.

Comprendió que Maya había vivido muchas vidas en una misma vida, había vivido experiencias extremas, tanto para bien como para mal. Eran esas experiencias las que le otorgaban un don especial para comprender lo que cualquier persona podía estar sintiendo, más aún si estaba sufriendo, y lo sabía porque ella misma había sufrido. Tan solo había una cosa que Maya no toleraba, era ver el sufrimiento emocional, porque sabía muy bien lo que era y cuando veía a alguien sufriendo, estaba dispuesta a lo que fuese para ayudar a aliviarlo.

A pesar de seguir conmocionada ante tal inesperada noticia, Sofía fue recomponiéndose poco a poco.

—No entiendo —balbuceó Sofía con la voz quebrada—, hay veces en la vida en que te quieres morir y la vida sigue y hay momentos en los que realmente quieres vivir y la vida se acaba.

Nacho, que se había enterado de la situación, estaba en la puerta, sin que pudieran verle. Deseaba entrar para consolar a Sofía, pero no quiso ser invasivo y dejó que Maya la ayudase en ese momento.

—Curiosamente, ayer hablamos de esto —dijo Maya, tras lo cual mantuvo un breve silencio—. A veces el destino tiene inexplicables maneras de cruzar momentos, caminos y personas. No sé por qué, pero ahora siento que tenía que estar aquí. Lo digo porque también pasé por algo así. Tuve un cáncer, viví el momento en el que se suponía que todo estaba perdido, pero todo cambió y aquí estoy, contigo. El primer día, en el momento de la noticia fue descorazonador, justo como tú te sientes ahora. También fue algo totalmente inesperado, es un momento muy duro y difícil de digerir —afirmó Maya sosteniendo las manos de Sofía mientras la miraba fijamente—, por eso comprendo cómo te sientes.

Sofía trató de salir de su lugar de dolor y desconcierto para recibir las palabras balsámicas de Maya.

—No hay muchas cosas que se puedan decir ahora. Hace falta un tiempo para digerir el golpe, para tomar perspectiva y no convertir el dolor en sufrimiento. En estas situaciones tan solo se puede hacer una cosa: creer, tener fe para mantener la energía necesaria —afirmó Maya con una profunda intensidad—. Tenemos que creer porque solo hay una cosa que no se puede perder en la vida y es la esperanza, porque no hay nada definitivo y todo puede cambiar, como ocurrió conmigo.

Sofía miró a Maya con cierta extrañeza en su rostro, mientras Maya reflejaba una enorme calma y una sensación de absoluta comprensión, la cual calmó un poco a Sofía.

—Sin embargo, y aunque ahora mismo te pueda parecer muy extraño, recuerdo que al día siguiente de la noticia fue cuando comprendí el poder de la aceptación. Acepté lo que estuviese por venir y recuerdo los días posteriores a la noticia como uno de los momentos de mayor paz de mi vida. Fue algo asombroso, porque de pronto desaparecieron todas las preocupaciones sobre el futuro que tanto tiempo y energía me habían robado, ya no tenían poder sobre mí, porque ya no tenían ningún sentido, tan solo quedaba el presente. Recuerdo la increíble sensación de estar en el más absoluto presente. Me sentaba en la terraza de mi casa y sentía una paz como nunca antes la había sentido, como si todo estuviese en orden, observando todo con admiración, con una actitud de sorpresa. De pronto, todo mi mundo estaba en calma. Ese fue un nuevo inicio para mí, la búsqueda de esa sensación, de ese estar en el presente. Esa presencia plena es algo que he intentado cultivar y en muchas ocasiones lo logro y lo disfruto, pero nunca tanto como en aquel momento, porque creo que la cercanía de la muerte despierta la vida y todos sus sentidos.

También sé que hay muchas personas que pasan por experiencias similares, pero al poco tiempo las han olvidado, como si nada hubiese pasado, y vuelven a vivir igual que antes sin aprovechar el aprendizaje.

—¿Crees que todos los problemas tienen algo positivo? —preguntó Sofía con cierta incredulidad.

—No, ni mucho menos —respondió Maya contundente y segura—, ni tampoco tienen un porqué, y a veces no llegan ni a tener sentido, pero de lo que sí estoy segura es de que esas situaciones, de algún modo, inevitablemente llegan a nuestra vida, y aunque no tengan nada positivo y por dolorosas que puedan ser, todas las situaciones encierran alguna lección de la cual podemos aprender.

»Te voy a pedir algo que te va a parecer muy extraño, pero te pido por favor que confíes en mí —dijo Maya con una asombrosa mirada del más absoluto amor incondicional y toda la comprensión imaginable, mientras sostenía la mano de Sofía entre las suyas—. Aunque me acabas de conocer, te pido que me dejes ayudarte en este momento.

Sofía que quedo aún más confusa, porque no sabía a qué se refería.

—Sé que hoy tienes previsto regresar a casa, pero antes de que hagas nada, quiero invitarte a mi casa y pedirte que retrases un día el vuelo, para que pasemos juntas un día más en mi casa.

Sofía, que quedó sorprendida, no supo cómo reaccionar ni qué decir. Aún seguía conmocionada por la noticia, pero era consciente de que cada minuto que había pasado con Maya había sido un regalo, que jamás se había sentido tan comprendida y que a lo mejor, por desgracia, esa podría ser la última vez que pudiese disfrutar de su presencia y su sabiduría.

En medio que aquel confuso y dramático momento, las palabras de Maya penetraron hasta un lugar muy profundo. Su tono de voz, la seguridad y el amor que todo su cuerpo transmitía, la sensación de su intención más pura de ayudar le hicieron sentir algo en su interior que le impulsó a confiar y dejarse llevar, aceptando esa invitación, sin saber lo que podría pasar.

Sofía vivía sola, no tenía ninguna urgencia, sabía que en el trabajo no tendría problema y las difíciles conversaciones que le esperaban podían esperar un día. La bomba que tenía que soltar entre los suyos podía esperar unas horas.

En ese momento Nacho entró en la habitación, esta vez con un gesto más serio, sin esa alegría que le caracterizaba. En su mirada Nacho reflejaba toda la sensibilidad y compresión imaginables. Se dirigió a ella, la cogió de la mano, la miró con una especial ternura, lo dijo todo sin decir nada, simplemente se mantuvo ahí junto a ella, hasta que Sofía no pudo contenerse y nuevamente comenzó a llorar desconsolada.

—Nos vamos a mi casa, hoy Sofía se va a quedar conmigo —dijo Maya queriendo desviar la atención del momento—. Cuando acabes, si puedes, pásate por casa.

—Sin problema, luego me las arreglo para ir a veros —confirmó Nacho y entre ambos la consolaron para sacarla de ese momento. Sin perder tiempo, algo que ahora no sobraba, comenzaron a recoger sus cosas para dirigirse a recepción y firmar el alta antes de abandonar el hospital.

—Antes de que os vayáis quiero llevar a Sofía a un sitio —dijo

Nacho, para sorpresa de ambas—, así que os doy tiempo para cambiaros y vuelvo en cinco minutos.

Maya y Sofía recogieron sus cosas con la intriga de saber adónde quería ir Nacho. Cuando este volvió a aparecer las acompañó a administración para firmar el alta y dejar el hospital.

Al terminar, Nacho preguntó:

—¿Lista?

—Sí—contestó Sofía un tanto confusa sin saber a qué se refería, con una expresión que revelaba su desolación.

—Volvemos en un rato —le dijo Nacho a Maya.

Maya no sabía qué iba a hacer Nacho, pero confiaba plenamente en él y al igual que Nacho respetó el momento en el que Maya estaba hablando con Sofía, esta vez lo hizo ella.

—¿Dónde vamos? —preguntó Sofía.

—Ahora mismo lo vas a ver.

Bajaron una planta y se dirigieron a una sala donde había niños jugando, era como una guardería.

—Ven conmigo —le dijo Nacho con una cariñosa mirada.

Nada más entrar, en cuanto los niños vieron a Nacho, le saludaron con una increíble alegría. Parecía que hubiera llegado Papá Noel o una especie de héroe. Nacho se arrodilló abriendo los brazos, saludando efusivamente y muchos pequeños se lanzaron encima de él a abrazarle con un cariño entrañable.

Sofía no se podía creer la increíble reacción de los niños, en ese momento se dio cuenta de que estaba en la sala de juegos de oncología infantil. Esos niños tenían cáncer, como ella.

Aunque no era su trabajo, Nacho pasaba mucho de su tiempo libre con los más pequeños. Muchas veces, en sus días libres, se pasaba por el hospital a ver a «sus chicos», como él los llamaba. Era casi como una especie de necesidad para él, aunque la necesidad era mutua, porque los niños le adoraban. Jugaba con ellos, hacía el payaso como nadie, se ponía a su altura y por un rato se olvidaban de todos sus problemas.

Quienes lo agradecían aún más eran los padres, también por las conversaciones que Nacho tenía con ellos, pero sobre todo al ver sonreír y divertirse a sus hijos, hasta el punto de que un grupo de padres envió una carta al hospital para reconocer el incalculable trabajo que hacía Nacho y pedir formalmente que pudiese pasar más tiempo con los niños.

—Os presento a mi amiga Sofía. Ella también quiere un abrazo, si no va a tener mucha envidia —dijo Nacho gesticulando como si fuese un niño más.

Los más pequeños fueron los primeros en abalanzarse sobre ella con un inmenso cariño, para sorpresa de Sofía. Fue un momento mágico, en el que se olvidó de sí misma, en el que recibió la alegría y el amor más puro, llenos de inocencia. Entre abrazos y gestos de cariño tuvo que hacer un gran esfuerzo para contener sus lágrimas ante las intensas emociones que estaba sintiendo.

Estaba asombrada ante aquella situación que Nacho acababa de provocar con los niños, sintió algo muy especial, como si algo hubiese llenado el vacío que momentos antes invadía todo su cuerpo.

Pasaron un rato jugando con los niños, riendo con las locuras de Nacho y por momentos Sofía se olvidó completamente de su problema, a la vez que estaba asombrada con Nacho y su forma de conectar con los pequeños y sacarles la sonrisa. Su amor por los niños no era incondicional, era infinito.

Después de estar un rato con ellos llegó la hora de marcharse y volver con Maya. Tras una efusiva y más que agradecida despedida, salieron de la sala de juegos y se quedaron un momento observando desde afuera.

Un torrente de emociones entremezcladas recorría el cuerpo de Sofía, pero su gesto había cambiado. Observaba a los niños asombrada, con un especial brillo en su mirada y una cálida sonrisa de afecto. Estaba sorprendida por lo que acababa de pasar. Entró en esa sala completamente rota, sin embargo ahora sentía algo muy distinto que no sabía cómo describir. En realidad nada había cambiado, pero de alguna forma salió de sí misma, se sentía más aliviada.

—Los niños solo están mal cuando les duele algo —dijo Nacho—. Cuando deja de dolerles se olvidan del problema y disfrutan del presente. Sin embargo, la mayoría de los adultos se quedan anclados en el problema, en la preocupación, sufriendo por el miedo al futuro, anticipando lo que tal vez pueda suceder. Los niños son mis mejores maestros, me enseñan y sobre todo me ayudan a estar en el presente. Por eso este lugar es especial para mí, les debo mucho, porque hubo un momento en mi vida en el que este lugar era mi refugio, eran ellos los que me ayudaban a mí.

Sofía sabía que se refería al momento en el que perdió a su mujer. Sin decir una palabra ambos mantuvieron una intensa mirada, una mirada que expresaba una emocionada y profunda comprensión, y en ese instante Sofía le dio un cálido abrazo a Nacho agradecida por lo que acababa de vivir. Era un abrazo de comprensión mutua, el abrazo de quien comprende el dolor, de quien sabe lo que es el sufrimiento, un abrazo lleno de energía del más puro y tierno afecto. Un abrazo protector del cual les costó despegarse, porque parecían encajar como dos piezas sueltas que se completaban entre sí.

—Gracias, Nacho; gracias de verdad por traerme aquí y por este momento —dijo Sofía con la voz rasgada, al tiempo que tenía la extraña sensación de que, sin decir nada, Nacho comprendía todo lo que sentía en su interior.

—En el tiempo que llevo trabajando en el hospital he visto a mucha gente irse —dijo Nacho reflexionando—. Muchos de ellos sin ningún trastorno aparentemente grave. En algunos casos no era tanto por la enfermedad, sino por la falta de esperanza, la falta de atención humana, por la sensación de soledad, la falta de palabras de cariño, de amor. También he visto a otros muchos superar situaciones imposibles porque tenían ganas de vivir y poderosas razones para hacerlo, sueños por cumplir, tenían personas que los querían a su alrededor y mantenían la esperanza. He aprendido que nunca se sabe, que un mismo caso no siempre acaba igual.

Sofía se quedó en silencio, reflexionando sobre las palabras de Nacho, cada uno de sus gestos y sus palabras aliviaban su corazón y lo cargaban con un poco más de esperanza. Tras vivir esa entrañable experiencia se dirigieron hacia la recepción para reencontrarse con Maya. A medida que Sofía se acercaba, Maya pudo percibir un cambio en su energía y su expresión.

—¿Cómo estás? —preguntó Maya.

—Estoy mejor —dijo Sofía con un gesto más entero—, acabo de vivir una experiencia preciosa y de momento voy a vivir hoy, este momento, aquí, porque ya he desperdiciado demasiados años y energía preocupándome por el mañana, arruinando el presente, así que cuando quieras estoy lista.

—Eso me suena mucho mejor —dijo Maya, asintiendo con una cálida sonrisa.

Quedaba una conversación pendiente con el médico, pero Sofía quiso dejarla para el día siguiente. Ambas se despidieron de Nacho, aunque a Sofía le costó hacerlo. Nacho les dijo que no se preocupasen, que él hablaría con los médicos de ambas para comunicarles el alta y que ya se pondrían en contacto con ellos. También confirmó que en cuanto acabara su turno iría a verlas a casa de Maya.

Maya había hecho una llamada para que no la fuesen a recoger, como estaba previsto. Tomaron un taxi hacia su casa y poco después llegaron a su destino, una enorme casa elevada frente al mar.

—¿Esta es tu casa? —preguntó Sofía, sorprendida.

—Sí, a lo mejor me pasé un poco, pero fue un sueño hecho realidad. Me encanta invitar a mis amigos y compartir buenos momentos en un bonito entorno, es lo que más gusta, cuando los veo disfrutar y podemos pasar preciosos momentos juntos. Cuando la diseñé la hice pensando en eso, en compartirla con amigos.

Era una casa que mezclaba los estilos mediterráneo y rústico con una especial sutileza, con mucha piedra, madera y materiales naturales que generaban un entorno de una gran calidez y armonía, con unos enormes ventanales que inundaban la casa de una preciosa luz, además de unas impresionantes vistas al mar que dejaron sin habla a Sofía.

Los espacios eran enormes, toda la planta baja era un impresionante salón unido a un espectacular comedor, todos eran espacios abiertos con vistas al mar y unas enormes puertas de cristal plegables que, al abrirlas, se integraban con la increíble terraza y una gran piscina que se fundía al fondo con el mar.

—Nunca he visto nada igual —dijo Sofía, realmente impactada, nada más entrar—. Es precioso, la verdad es que no me esperaba ni me podía imaginar algo así.

—Gracias, me alegro de que te guste.

Más que una casa parecía un pequeño hotel con todo lujo de detalles. Tal como había dicho Maya, se notaba que era una casa para disfrutar con amigos, con unos enormes sofás en la terraza, hasta con su chimenea exterior para disfrutarlo en invierno y una caseta como un pequeño bar para celebrar fiestas.

Maya la acompañó hasta su habitación y al entrar en ella no pudo reprimir una sonrisa de admiración. Como toda la casa, la habitación era muy especial, transmitía una gran calidez y armonía, eso sin mencionar las vistas.

—Espero que estés cómoda aquí —dijo Maya.

—¿Cómoda? Me vas a tener que echar de aquí, esto es un lujo, es preciosa.

—Me alegro de que te guste, ponte cómoda y cuando quieras nos vemos abajo.

Sofía dejó sus cosas sobre la cama y abrió el ventanal que daba a la terraza justo encima de la piscina. Las vistas eran increíbles. Respiró profundamente absorbiendo fascinada todo aquel entorno, mientras un torbellino de contradicciones recorrió de pronto todo su cuerpo.

La asaltaron las dudas de si debía estar allí o debía regresar a casa, si debía hablar con el médico, si debía llamar ya a sus padres o esperar. Su mente comenzó a viajar al futuro, como de costumbre envuelta en preocupaciones, esta vez con serias razones.

Entonces volvió al presente, miró a su alrededor, pensó en las conversaciones que había tenido con Maya, en toda la imprevisible situación, en la forma en la que le pidió que se quedase un día más con ella. Además, sentía una enorme curiosidad por saber por qué Maya había querido que se quedase, por saber a qué se refería cuando le dijo que le dejase ayudarla, por saber qué podría contarle, y también por descubrir por qué tenía unas misteriosas ganas de volver a ver a Nacho.

REVELACIONES DE LA VIDA

Mientras, Maya aprovechó ese momento para encargar algo de comida a un restaurante asiático y envió un mensaje a Nacho para pedirle que cuando acabase su turno lo recogiera de camino a su casa.

—¿Ya te has instalado? —preguntó Maya al ver a Sofía.

—Sí, está todo perfecto. La verdad que estoy sorprendida con lo bonita que es tu casa, esto es un paraíso, así que muchas gracias por tu invitación.

—Gracias a ti por confiar en mí y aceptar la invitación. ¿Qué te parece si nos sentamos fuera, en la terraza? Hace un precioso día primaveral —sugirió Maya.

—Me parece perfecto —respondió Sofía.

—Espera, ¿te apetece tomar algo? —pregunto Maya.

—Pues me tomaría un café, un cortado si es posible.

—Eso está hecho —respondió Maya.

Ambas se dirigieron a la preciosa cocina, Maya preparó el café para Sofía y una infusión para ella, además de una botella de agua y dos vasos, y con todo listo se sentaron cómodamente en la terraza mientras Sofía seguía fascinada con las vistas y el maravilloso entorno.

—¿Cómo te encuentras? —preguntó Maya en un delicado tono de sincero interés.

La pregunta trajo a Sofía al presente y provocó que respirase profundamente reflexionando por un momento con su mirada perdida.

—Descolocada —respondió, soltando el aire retenido—. Creo que he vivido las veinticuatro horas más intensas de mi vida, primero el desmayo al comenzar la conferencia, luego despertarme en el hospital... Y la suerte de conocerte, las conversaciones que hemos tenido... —Sofía hizo una pausa, por un momento se quedó en silencio mirando al suelo y después dijo— y ahora estoy aquí contigo.

Ambas se miraron con una gran complicidad, las dos sabían perfectamente lo que había ocultado ese silencio.

Los pensamientos más imprevisibles cruzaron la cabeza de Sofía como los rayos de una gran tormenta. Detrás llegaban los ensordecedores truenos en forma de temerosas emociones.

Con voz temblorosa Sofía dijo:

—Aún no lo he asimilado, sigo sin poder creerlo. Todo parece un sueño que se convierte en pesadilla, ojalá me despertara y fuera solo eso. Me siento como si estuviese amenazada por una gran tempestad que se acerca.

—Es lo normal —asintió Maya mientras colocaba su mano sobre la de Sofía—, pero lo peor que podemos hacer en estos momentos es correr despavoridos bajo la tormenta, porque la probabilidad de que los rayos nos alcancen y nos hagan daño aumenta. Lo mismo ocurre si huimos de nuestros pensamientos, nos perseguirán y las consecuencias serán peores.

»Por extraño que parezca lo mejor que podemos hacer es observar atentamente la tormenta, admirar los rayos, ver que están lejos, ver que son solo pensamientos, que esos rayos tiene el poder de hacernos sentir muchas cosas, de empujar nuestras emociones hasta límites insospechados, pero solo si huimos de ellos. Sin embargo, si dejas de huir, cuando te paras y observas los rayos, es cuando pasas del miedo que te impide ver y disfrutar de la tormenta, a observarla con curiosidad. Cuando los observamos y nos enfrentamos a ellos pierden todo su poder de asustarnos y entonces podemos encontrar la belleza en el lugar más inesperado.

»Con el tiempo llega un momento en el que aprendes a observar las tormentas con admiración, a descubrir el mensaje que se esconde tras ellas. Es cuando convertimos cada tormenta en una oportunidad, en una lección de superación que nos puede revelar muchas cosas sobre nosotros y sobre la propia vida.

»Y sé muy bien que es difícil encontrar la respuesta y el sentido cuando hay cosas que no tienen sentido. Pero el motivo de invitarte aquí conmigo es porque pasé por algo muy parecido y en aquel proceso aprendí algunas lecciones que me gustaría compartir contigo.

Sofía no sabía hacia dónde se dirigía esa conversación, ni en qué podría acabar. Seguía perdida, pero lo cierto es que Maya volvió a atrapar su atención. Su curiosidad crecía, como si Maya hubiese comenzado a abrir una desconocida puerta y por esa rendija se colase un rayo de esperanza.

—¿Qué te pasó? —preguntó Sofía intrigada.

—Me diagnosticaron un extraño tipo de cáncer que en aquellos años era casi una muerte segura. Sin embargo, parece que la vida tenía otros planes para mí. Por eso, aunque algo pueda parecer definitivo, tenemos que mantener la esperanza porque nunca se sabe —dijo Maya, encogiéndose de hombros—. Como te dije en el hospital, el primer día es un auténtico *shock* difícil de digerir. La sensación de incomprensión inunda todo tu cuerpo, porque de pronto toda una vida, todos tus sueños y todas tus esperanzas se desmoronan frente a ti. Es el momento en el que estás ahora.

Sofía asintió.

—Hay personas que pasan por injustas situaciones por las que nadie jamás debería pasar, pero también sé que a veces el destino pone esas pruebas en el camino solo a quienes tienen la fortaleza para utilizarlas de la mejor manera, para revelar algo que permanecía oculto. Ahora vas a vivir un proceso en el que puedes convertir este momento en una dolorosa situación o en algo muy especial —dijo Maya ante la extrañeza de Sofía—. La vida te ha colocado en una situación en la que vas a tener que tomar una decisión. Siempre existen dos opciones, lamentarse, dejarse vencer y abandonarse, o hallar un propósito a pesar del dolor, reconociendo que no es fácil encontrar el sentido en los momentos en los que nada parece tener sentido, pero debemos transformar el dolor en significado y así otorgar un mayor sentido a nuestra vida.

»Ese es el objetivo ahora, porque lo mejor para salir de esa espiral, de ese sentimiento que nos atrapa en una situación así, es tener un proyecto y encontrar un propósito.

»Vas a vivir un proceso en el que te puedes anclar y llorar la injusticia, o puedes decidir que vas a utilizar esta situación para dejar una huella imborrable, para tocar las vidas de otras personas de manera profunda y convertir esta situación en la mayor lección, pero sobre todo puedes hacer que ocurra algo muy especial —dijo Maya hablando de forma tan entrañable como misteriosa.

Sofía miró a Maya totalmente desconcertada, se sentía perdida porque no comprendía lo que quería decir y su confusión crecía ante sus palabras.

—Necesito que me expliques esto porque no entiendo a qué te refieres —dijo Sofía un tanto confusa.

Maya sonrió con un gesto de comprensión ante el evidente desconcierto de Sofía.

—Tal vez seamos muy distintas y pienses que lo que te cuento es una absurda locura, pero en el fondo creo que tenemos muchas cosas en común, por eso te quiero explicar mi experiencia, lo que viví, las cosas de las que me di cuenta y aprendí cuando pasé por la misma situación en la que tú estás ahora.

—De acuerdo —dijo Sofía, asintiendo con cierta intriga.

—Existe el típico cliché, la vieja pregunta: ¿qué harías si supieses que te quedan solo unos meses de vida? —preguntó Maya con energía—. Son muchos los que se han planteado esta pregunta en algún momento, pero raramente con la suficiente profundidad.

Sofía recogió la taza caliente entre sus manos y ese gesto la reconfortó. Mientras, Maya siguió hablando con su suave voz:

—En ese momento muchos piensan en hacer las cosas que querían haber hecho hace tiempo y no hicieron, eso que dejaron para más adelante, para el momento adecuado, ese viaje soñado, lanzarse a por su sueño, vivir la gran aventura que por algún miedo nunca se atrevieron. Algunos cambiarían muchas cosas, otros nada. Las respuestas y las reacciones son muy variadas.

»Hasta que de pronto un día, puede ocurrir que esa pregunta no sea una suposición y sea una realidad, como a lo mejor, podría ser este momento —dijo Maya sin darlo por hecho—. Esa fue la situación en la que me encontré de forma inesperada. La moneda del destino podría haber caído sobre la otra cara, pero nadie elige su destino, ni puede controlar las circunstancias, tan solo puede decidir cómo se va a enfrentar a ellas. De la forma más inesperada, ese fue el momento clave de mi vida, un momento revelador, y en medio de esa situación descubrí lo que creo que es más importante, o al menos lo es para mí.

—¿Y qué descubriste? —preguntó Sofía, intrigada.

Maya suspiró dirigiendo su vista hacia el mar. Reflexionando, retrocedió en el tiempo y una leve sonrisa se dibujó en su rostro, hasta que de nuevo dirigió su brillante mirada hacia Sofía.

—Descubrí que lo más importante son las relaciones y la profunda conexión humana, la importancia de completar lo incompleto, de tener las conversaciones que quedaron pendientes, de curar heridas y reconciliarse, de vivir sin cadáveres en el armario. Descubrí la gran oportunidad que es compartir, el gran poder que tenemos de elegir cómo respondemos ante esas situaciones y cómo podemos utilizarlas para ser una influencia positiva en la vida de los demás.

»Me di cuenta de la importancia de vivir y respetar tus valores como guía de tus decisiones. Que nuestra humanidad debe ser la luz que debe guiar nuestra vida. Aprendí la importancia de vivir con la conciencia tranquila, de curar, de perdonar, de dar siempre un paso al frente, de aparecer cuando más falta haces y conectar de forma más profunda con los demás.

»Y de pronto descubrí lo que realmente era estar en el presente, era un nuevo nivel de conciencia, de aprecio, porque la posibilidad de la muerte me despertó la vida. Es como si algo que sabes, algo que has escuchado muchas veces, pero en realidad lo sabes en teoría, de pronto lo comprendes y lo integras, ya no solamente lo sabes, sino que lo sientes.

Sofía escuchaba fascinada mientras Maya hablaba con una gran energía recordando aquel momento de su vida como algo memorable.

—Sabemos muchas cosas, pero saber no es suficiente —dijo Maya—. Conocemos la teoría, pero esta no basta, porque sabemos muchas cosas desde el aspecto intelectual, pero al final no importa tanto lo que sabemos, sino lo que hacemos con lo que sabemos, cómo integramos eso que aprendemos, porque el conocimiento no es más que un discurso que podemos pronunciar hasta que no pasa de la cabeza al corazón.

»En realidad, el conocimiento que acumulamos en nuestra mente es como un libro en una estantería, queda muy bien, pero lo importante es leerlo. Con el conocimiento ocurre lo mismo, no basta con tenerlo, la cuestión es cómo lo aplicamos. No importa lo que sabemos, lo que importa es cómo vivimos y a veces el día a día nos va arrastrando y desviando de nuestro camino. Es como si poco a poco fuésemos perdiendo de vista lo importante y dando preferencia a las urgencias del día a día que parecen ser primordiales, y esas constantes urgencias se convierten en nuestra forma de vida.

»Aquel primer día tras la noticia fue muy duro, pero los siguientes días fueron increíbles, era como si hubiese estado dormida y de pronto hubiera despertado, fue como una revelación llena de aprendizajes en la que comienzas a darte cuenta de pequeñas cosas que antes eran imperceptibles.

»La posibilidad de la muerte se puede convertir en el despertar de la vida, nos revela matices ocultos, nos muestra el verdadero valor de las cosas, reordena todas nuestras prioridades. Nos ayuda a distinguir entre lo que parece importante y lo que realmente lo es, a diferenciar lo superficial de lo profundo.

»Me di cuenta de que estaba viviendo a tal velocidad, aunque fuese mental, que no me daba tiempo a ver la vida, aunque pensaba que estaba viviendo, creía que eso era lo normal y cada día corría más para cumplir más obligaciones, para alcanzar otra cosa o intentar llegar a otro lugar.

»En esos momentos tuve una sensación extraña: por un lado el tiempo se acelera porque eres más consciente de que se acaba y por otro lado todo se ralentiza porque estás mucho más presente. Eres capaz de estar más atento, de percibir mejor las emociones, valoras mucho más los gestos de humanidad, de conexión, porque la parte humana cobra más importancia. Ahí comprendí la enorme importancia y el valor de la aceptación y el agradecimiento. De pronto comencé a apreciar y valorar las cosas más simples, a maravillarme observando un nuevo día con verdadero asombro, porque la posibilidad de la cercanía de la muerte nos trae al presente como ninguna otra cosa.

»Te ayuda a dejar de preocuparte por los posibles problemas del futuro que de momento tan solo han existido en nuestra mente. Los miedos y la preocupación desaparecen porque a lo mejor ya no llegaremos a ese futuro que tanto nos preocupaba.

Esa última frase impactó a Sofía de manera profunda, precisamente por esa preocupación por el futuro que siempre la había acompañado a lo largo de su vida. Se quedó grabada en su mente y se la repitió para sí misma: «Los miedos y la preocupación desaparecen porque a lo mejor ya no llegaremos a ese futuro que tanto nos preocupaba».

—Esto de lo que te hablo no es sobre cómo morir —dijo Maya—, sino sobre cómo aprender a vivir, porque ante situaciones como estas, algunos se sienten traicionados por el destino, convirtiéndose en víctimas, portadores de un constante lamento que reparten a diestro y siniestro. Pero morir solo es doloroso cuando te fallas a ti mismo. Una cosa es perder cuando lo has dado todo, con la dignidad y el orgullo intacto, y otra cuando te decepcionas a ti mismo porque te has abandonado.

»Hay quienes pueden vivir menos, pero en vez de sentirse traicionados por el destino, se sienten ante la oportunidad de alcanzar la gloria ante sí mismos. Son los que toman la decisión de mantener su dignidad y su entereza, de atravesar con valentía y dignidad hasta el mismísimo infierno, porque por dolorosa que sea la travesía, cada persona es libre para decidir y elegir su actitud ante los desafíos del destino.

»Son las personas que adoptan una actitud estoica, que con honor y dignidad deciden abandonar los lamentos, que con su actitud se convierten en un ejemplo, mostrando con entereza la nobleza de su humanidad en medio de su particular o desconocida batalla. Es algo que en nada tiene que ver con el logro, sino con la victoria moral de jamás darse por vencido.

»Es cuando decides que abandonar no es una opción, que no te vas a rendir, que vas a luchar hasta el final, no para demostrar nada a nadie, sino porque el valor de la dignidad ante uno mismo es la mayor de las victorias. Ese es el honor que engrandece tu corazón, que lo llena de plenitud y sentido. Esa decisión convierte a tu corazón en un corazón valiente, ese que mira a los viejos miedos que le retenían y ahora los ve como preciosos retos, porque cuanto más grande es el reto, más grande es la gloria.

»Es cuando sientes que con tu historia, con tu actitud y tu ejemplo puedes marcar la diferencia. Cuando decides aprovechar tu experiencia y contribuir con ella, cuando muestras tu valor, tu humanidad y con tus actos de atención y generosidad, impactas y dejas tu huella en el corazón de los demás.

Sofía pensó que eso era exactamente lo que hacían personas como Maya y Nacho. Se dio cuenta de que tenía ganas de volver a ver a Nacho, pero no quiso que eso la distrajera de las palabras de su nueva y entrañable amiga.

—Es entonces cuando ganas —afirmó Maya—, porque en la vida real, fuera de la competición, ganar no es derrotar a otra persona. En la vida ganas cuando conectas emocionalmente al nivel más profundo con otra persona. No son las cosas las que nos llegan al alma, sino las emociones más puras, los momentos de profunda conexión humana. Ganas cuando surge esa química emocional en la que te identificas con otra persona, cuando comprendes y te sientes comprendido.

»Ganamos cuando dejamos de intentar impresionar y procuramos conectar desde nuestra humanidad con autenticidad. Esos mágicos momentos de comprensión y conexión emocional son los verdaderos triunfos de la vida, cuando siembras esperanza, cuando consigues tocar, aliviar o inspirar el corazón de otra persona. Eso es lo que de verdad nos llena y lo único que nos llevamos en esta vida, porque en la vida, al final solo nos llevamos aquello que damos.

Sofía estaba hipnotizada ante las palabras de Maya, pero más aún por la energía con la que las trasmitía, porque más que hablar surgían con una poderosa fuerza de lo más profundo de sus entrañas.

—Donde yo veo dolor tú ves belleza, donde yo veo cicatrices tú ves experiencias —dijo Sofía reflexionando sobre todo lo que Maya estaba contando.

—Puede que sí —afirmó Maya—, la experiencia que te dan los años y las historias vividas es lo que te aporta la capacidad de ver las cosas con otra perspectiva, lo que te permite encontrar el valor y el significado ante las dificultades y los desafíos del destino.

De pronto, una gaviota se posó en la barandilla de la terraza frente a ellas. Parecía observarlas con curiosidad inclinando su cabeza de un lado a otro, como un reflejo de la curiosidad que sentía Sofía.

Con un pequeño aleteo se situó frente a ellas, las miraba como si estuviese reclamando algo, hasta que, de pronto, con el sonido de su típico graznido, la gaviota pareció despedirse retomando el vuelo hacia el mar, mientras ambas la siguieron con la mirada. Tal vez había aparecido para dar un respiro a Sofía y permitirle reflexionar sobre todo lo que le estaba diciendo Maya.

—Han pasado muchos años desde entonces —dijo Maya tras un breve silencio—. En este tiempo ha ocurrido de todo y he visto de todo, pero si algo he aprendido, es que al final de nuestros días hay cosas que pesan y otras que alivian.

»Lo que pesa en nuestra conciencia es habernos fallado a nosotros mismos, no haber cumplido nuestros propósitos. Lo que nos pesa es la duda de no saber qué habríamos sido capaces de hacer si hubiésemos sido más valientes, si hubiéramos sacado todo lo que llevábamos dentro. Lo que nos pesa es habernos decepcionado a nosotros mismos. Nos arrepentimos de no haber cuidado mejor nuestras relaciones, a los buenos amigos, de no haber solucionado malentendidos, de no habernos atrevido a tener las conversaciones incompletas que deberíamos haber tenido. Y lo que nos alivia y nos llena es completar lo incompleto, haber cumplido ante nosotros mismos, haber hecho lo más difícil, dar el paso al frente cuando era necesario, aparecer cuando más falta hacía, saber que hemos hecho lo correcto. Lo que nos llena es saber que hemos aprovechado nuestra vida, que hemos tocado otras, saber que nos hemos sacrificado por algo que realmente merecía la pena, saber que hemos aprovechado el tiempo, sentir que hemos aprendido y evolucionado.

»Lo que nos serena, lo que calma nuestra mente y llena nuestro corazón, es saber que de alguna forma hemos dejado nuestra huella, saber que alguien ha vivido mejor gracias a nosotros —dijo Maya en un tono sentido y profundo—, saber que en algún momento hemos marcado la diferencia en la vida de alguien.

En ese momento algo comenzó a vibrar en el interior de Sofía, una desconocida energía recorrió todo su cuerpo. No entendía qué estaba sucediendo, fue como si de pronto se hubiese revelado algo oculto, tal vez alguna clave sobre el verdadero sentido de la vida, tal vez la respuesta a aquello que tanto tiempo estuvo buscando, la duda era saber si tendría el tiempo suficiente para averiguarlo.

—Esta mañana, mientras aún dormías —dijo Maya— estaba terminando un maravilloso libro de Ernest Hemingway, *El viejo y el mar*, y me he quedado con una frase que el protagonista del libro, un viejo pescador, se dice a sí mismo en su batalla personal cuando comienza a perder la esperanza: «Es estúpido no tener esperanzas, además tengo entendido que es pecado».

Sofía sonrió al escuchar esa cita, mientras Maya la observaba con su brillante mirada.

—No sabemos qué puede pasar, ni cuáles son los planes que el destino guarda para nosotros —dijo Maya levantando sus hombros a modo de interrogante—, pero es estúpido lamentarse y abandonar de antemano. El abandono es el suicidio emocional, y como dijo Hemingway, puede que incluso sea pecado —afirmó sonriendo.

El gesto de Sofía fue transformándose poco a poco. De un rostro roto por la incomprensión pasó a uno de profunda reflexión, mientras una extraña curiosidad comenzaba a recorrer su cuerpo. En ese momento sonó el timbre interrumpiendo la conversación.

—Seguro que es Duna —dijo Maya mientras se levantaba para abrir la puerta.

Sofía no sabía que esperaba a alguien, ni sabía quién era Duna, era un nombre extraño, pero lo cierto es que debía de ser alguien importante en su vida, porque su rostro se iluminó de ilusión.

De pronto un precioso perro, un Golden Retriever apareció corriendo por la terraza y con curiosidad se dirigió hacia Sofía queriendo jugar con ella, y detrás apareció Maya.

—Bueno, ya veo que has conocido a Duna —dijo Maya.

—Sí, es preciosa —dijo Sofía, acariciándola mientras la perra se revolvía en el suelo—. Pensaba que esperabas a alguna persona.

—No, envié un mensaje para avisar de que ya estaba en casa y me la trajesen, ya la echaba de menos.

Tras un rato husmeando por la terraza y buscando las caricias de ambas, Duna se tumbó tranquilamente a los pies de Maya y reanudaron su conversación.

—¿Qué piensas? —preguntó Maya ante el silencio de Sofía.

—Me siento en medio de este inesperado y desconocido cruce de caminos, sin saber qué debo hacer ni cómo actuar. Ahora mismo siento tantas contradicciones, tantas fuerzas tirando de mí en direcciones opuestas que parece que me voy a romper en pedazos. Por otro lado estoy aquí contigo, encantada, y nada parece real. Estoy dándome cuenta de tantas cosas que es como un despertar a la vida. He comprendido que se puede ver lo mismo de una forma muy diferente, que se puede ver un final como un principio, que se puede interpretar y encontrar un significado distinto a una misma situación y verla desde puntos de vista tan distintos, que los problemas pueden encerrar una oportunidad en sí mismos. Al mismo tiempo todo mi interior y mi cabeza están totalmente revueltos, porque tengo la duda de si debería estar aquí o ya debería estar en casa y habérselo comunicado a mis padres. Aunque la realidad es que mi avión sale dentro de unas horas y si nada hubiese cambiado, aún estaría aquí. A la vez estoy pensando en todo lo que has dicho que me parece increíble, y aún sigo incrédula ante esta realidad que se avecina, así que tengo un mar de dudas en mi interior, pero por encima de todo estoy agradecida por este regalo que me estás haciendo.

Sofía contempló el cielo. A lo lejos había una nube gris. ¿Sería capaz ella de hacer con sus ideas lo que estaba proponiendo Maya, y espantar esas nubes negras de los miedos para quedarse solo con el despejado cielo azul?

—Si no hubieses aparecido, si no fuese por ti —dijo Sofía, con las emociones a flor de piel—, ahora mismo estaría hundida y sumergida en un mar de lágrimas, y sin embargo a pesar de todo tengo una extraña serenidad.

—Tienes razón en que es todo muy extraño —dijo Maya—, y también debo reconocer que me está sorprendiendo tu entereza, y eso tiene que ver con tu madurez emocional y que eres mucho más fuerte de lo que piensas.

»¿Sabes una cosa, Sofía...? —dijo Maya cambiando totalmente de tono, recordando el pasado—. Cuando creí que llegaba al final de mi vida, fueron días de profundas reflexiones, en las que llegué a algunas conclusiones. Decidí que no tenía tiempo para lamentos, porque iba a estar muy ocupada viviendo cada momento.

»Me di cuenta de que tenía que cerrar algunos capítulos que habían quedado abiertos, reconciliarme con alguna persona, pero sobre todo quise conectar con las personas más importantes de mi vida, así que pensé en dos cosas que sentía que debía hacer.

»La primera fue que si tenía que despedirme, quería que fuese con todo dicho, no dejar a nadie realmente importante en mi vida sin decirle lo importante que había sido para mí. Pensé en hacer algunas llamadas, pero al final decidí que sería mejor escribir algunas cartas personales.

—Imagino que fue algo impactante para las personas que recibieron esas cartas —dijo Sofía.

—Ni remotamente te puedes imaginar el impacto que tuvieron esas cartas y todo lo que provocaron después —recordó Maya con ojos soñadores—, fue una experiencia realmente extraordinaria.

»La segunda era que tenía que reunirme con las personas más importantes que habían pasado por mi vida, no para dramatizar sino para agradecer, disfrutar y celebrar lo vivido juntos. Así que organicé una fiesta íntima para vivir una experiencia única llena de humanidad, para tener la oportunidad de compartir un momento especial, para conectar de verdad y compartir lo aprendido en esos momentos. No era una despedida ni un funeral en vida, fue una emotiva y divertida celebración de la vida por todo lo alto con amigos íntimos.

—La verdad es que nunca había oído hablar de una «celebración» así, pero me imagino que fue una montaña rusa de emociones —dijo Sofía.

—Si te soy sincera es el momento más bonito, el más emotivo y especial que he vivido en mi vida; fue una experiencia única e irrepetible —dijo Maya sonriendo con un brillo especial en sus ojos.

En ese momento Maya miró a Sofía con una dulce sonrisa, pero de alguna forma insinuaba una especie de reto.

—Es increíble pensarlo, pero estás exactamente en la misma situación que yo viví y tienes una oportunidad única, y eso mismo es lo que te propongo que hagas en este momento, que planifiques algo así —dijo Maya con una profunda emoción—. Además, tras aquella experiencia te puedo ayudar a mejorarla.

Sofía arqueó las cejas totalmente sorprendida, se quedó muda, con una sonrisa de asombro sin saber qué decir. Todo iba muy rápido y tenía mucho que digerir.

—Me ha gustado la idea de la carta —respondió, titubeante—, pero lo de la celebración me ha dejado algo descolocada.

—La verdad es que cuando lo propuse todos pensaron que me había vuelto loca, pensaban que era como celebrar un funeral en vida, aunque no era esa la idea, pero si lo piensas bien a lo mejor es eso precisamente lo que deberíamos hacer.

¿Por qué tenemos que esperar a estar muertos para que la gente venga a despedirse y entonces se apenen, muestren su aprecio y tengan esas amables palabras, gestos de cariño y buenos recuerdos? ¿Por qué no lo hacemos en vida, no crees que sería mejor? —preguntó Maya.

Sofía se reía ante la idea y la forma en la que se expresó Maya, pero le dio que pensar.

—Son demasiados los homenajes que se hacen a muchas personas una vez desaparecidas —dijo Maya—. Son muchas las entrañables y emotivas palabras desperdiciadas por no haber sido pronunciadas. Palabras, sentimientos y emociones que podrían haber escuchado y sentido en vida. Pero la mayoría se despiden sin recibir ese regalo, se van sin ellas, de vacío, puede que sin saber realmente cómo sus acciones han influido o impactado en la vida de otras personas. Como dijo Séneca, debemos mostrarle nuestro afecto al amigo en vida, no en la muerte.

»No sabemos con absoluta certeza lo que puede suceder, ni qué dictará el destino, pero lo que sí sé es que las flores, los abrazos y las palabras bonitas es mejor recibirlos en vida.

»Pocas cosas hay más importantes que saber que gracias a ti alguien ha podido vivir mejor, que tu existencia ha servido y ha tenido una influencia positiva en la vida de alguien, saber que has dejado huella. Pero las palabras y los sentimientos no expresados son regalos desperdiciados que ya no se podrán entregar. Hay que ser valiente y generoso para entregar esos valiosos regalos a tiempo.

Duna se había acurrucado a los pies de Sofía y le trasmitía una gran calidez. Era semejante a su dueña, ya que le hacía sentirse muy a gusto.

—Las cartas y esa «fiesta» tienen ese propósito, compartir lo que tantas veces guardamos por vergüenza o porque pensamos que ya llegará el momento oportuno. El objetivo es compartir, es aparcar los miedos y expresar nuestros sentimientos, expresar el agradecimiento, poder decir a un amigo un «te quiero» de verdad, profundo y sincero —dijo Maya emocionada, hablando con intensidad—. El objetivo es conectar y sentir lo que realmente es más importante en la vida. Sentir la amistad y nuestra verdadera humanidad, esa conexión que nos llena el corazón de emoción, es vivir y sentir una experiencia que nos llena de sentido, de paz y plenitud.

La carga emocional de sus sentidas palabras atravesó el corazón de Sofía, y a pesar de toda la incertidumbre, esta sintió que debía dejarse llevar y confiar en las palabras de su nueva amiga. Sofía se levantó, se acercó a Maya y la abrazó con fuerza mientras rompía a llorar, pero no eran lágrimas de desolación, sino del más profundo agradecimiento.

Permanecieron unidas un buen rato, era el abrazo de la más absoluta comprensión, de esa especial conexión humana de la que acababa de hablar Maya, de una preciosa sensación de plenitud y calma, hasta que de pronto ya no se abrazaban solas, eran tres, porque Duna empezó a empujar con su cabeza intentando colarse entre las dos.

—Sí, sí, a ti también te abrazamos —dijo Maya, riendo ante la insistencia de Duna.

—Parece que tiene un poquito de envidia —dijo Sofía en lo que fue una divertida manera de desviar la atención de tantas emociones mientras ambas acariciaban a la perra.

Sofía se dirigió hacia la barandilla del fondo de la terraza, respiró profundamente admirando maravillada las impresionantes vistas y con un mar de emociones revueltas, simplemente suspiró y dio gracias por ese momento.

—¿Y ahora qué? —preguntó.

—Ahora es el momento de vivir el presente y aprovechar el tiempo, de tomar decisiones y de planificar qué quieres hacer —respondió Maya con seguridad—. Esto no tiene que ver con minimizar o negar los problemas, sino con la decisión de afrontar lo que la vida nos depara de la mejor manera posible. Tiene que ver con la decisión de asumir la responsabilidad de intentar controlar lo único que depende de ti y está bajo tu control, que es la forma en la que tú respondes, tu actitud. Tiene que ver con la decisión consciente de enfocarse en lo bueno, de negarse a dramatizar, de no dejarse arrastrar por el abatimiento y tomar la decisión de enfocarse en lo positivo que podemos encontrar y en aquello que nos puede aportar un mayor sentido.

»Ahora mi consejo es que pienses bien, que repases detenidamente tu vida y elabores una lista de las personas con las que realmente tienes una conexión especial, las personas más importantes que han estado a tu lado y que de alguna forma han marcado tu vida.

—De acuerdo —dijo Sofía—, lo pensaré y haré esa lista que sugieres. Me ha encantado la idea de la carta, creo que es algo genial y en algún caso concreto me puede venir muy bien para reparar algo que ya debería haber hecho y sacarme una espina que se quedó clavada.

—Esas espinas que se quedan por ahí clavadas son como esa minúscula piedra que se te mete en el zapato —dijo Maya—. Es tan pequeña que al ser solo una molestia mínima la dejas ahí y no le haces mucho caso. Pero si no la sacas, cada vez molesta más, cada vez parece más grande, porque comienza a hacerte una herida pequeñita, hasta que al final eso a lo que no dabas importancia provoca una herida de verdad y termina causando un gran dolor.

—Pues sí, es una buena analogía. Supongo que es algo que la mayoría deberíamos hacer.

EL PLAN

—Respecto a esa fiesta o celebración de la vida que hiciste, no sé cómo llamarla, si te soy sincera al principio me ha sonado un poco marciano —dijo Sofía con gesto de extrañeza—, pero después de contarme cómo lo viviste, lo que supuso ese momento y ver tu cara recordándolo, a pesar de que suena a una verdadera locura me has convencido. Creo que puede ser algo emotivamente entrañable, aunque tengo algún miedo de reunir a mis mejores amigos...

—Es muy normal que tengas un montón de dudas, porque es algo inusual, pero te aseguro, y lo digo de corazón, que puedes hacer algo que impactará a tus amigos, a tus personas más queridas, para el resto de sus vidas. Te aseguro que será una experiencia memorable en la que aprenderán algo que muchos han olvidado o aún no han comprendido, que es el enorme valor y la importancia de las relaciones personales. Descubrir la conexión de la amistad profunda.

»Las personas más felices son aquellas que tienen mejores relaciones, más cercanas y profundas, aquellas que sienten que tienen buenos amigos, que van a estar ahí cuando haga falta, personas con quienes sienten una conexión emocional especial, con quienes se sienten valoradas, aceptadas y comprendidas, lo cual genera una sensación de protección y de pertenencia.

»Esas amistades, las fuertes relaciones personales, son más importantes y valiosas de lo que pensamos, ya que añaden un mayor sentido a nuestra vida, porque la buena vida no tiene que ver con los logros, la buena vida se construye de buenas relaciones, de buenos momentos compartidos. No hay nada como compartir alegrías, miedos, sueños y abrazos, los sentimientos y las emociones que generan esa necesaria conexión humana.

Sofía estaba aprendiendo todo aquello no solo con la teoría, con las palabras, sino con el ejemplo viviente de Maya. Ella transmitía como nadie aquello de lo que hablaba.

—Esas relaciones son algo fundamental en nuestra vida y, sin embargo, cada vez hay más personas viviendo solas, pero aún muchas más las que se sienten solas —dijo Maya en un tono triste—. Hoy en día vivimos cada vez más ocupados y con menos tiempo. Tenemos un estilo de vida en donde la prioridad, lo que más tiempo y energía nos ocupa tanto física como mentalmente, es el trabajo. Vivimos bajo la presión de la competencia, de la productividad, con una interminable lista de tareas y responsabilidades, con la exigencia de estar a la altura, con infinidad de obligaciones que absorben nuestra atención, nuestro tiempo y, con ello, nuestra vida. Este modelo de vida nos lleva en ocasiones a autoexigirnos de manera inhumana. Nuestra propia autoexigencia se ha convertido en nuestro despiadado verdugo, en donde nos comparamos y nos juzgamos en ocasiones de forma inconsciente, pero a veces cruel. Todo el *marketing*, el entorno y la presión social nos empujan a más, a comprar más, a trabajar más, a necesitar más, ante la casi aparente obligación de tener que triunfar y ser feliz, ante uno mismo y ante la sociedad, la cual dicta las normas, los cánones que deberíamos cumplir para supuestamente encajar, la cual nos valora, nos compara y nos etiqueta en función de las apariencias o los supuestos resultados.

»Este modelo de vida nos condiciona y nos lleva a exprimirnos con interminables jornadas de trabajo, porque el peso del éxito o del fracaso recae sobre nuestros hombros, depende de nosotros. Esa inmersión en la responsabilidad del trabajo es como una penitencia, o tal vez una forma de tranquilizar la conciencia, de sentir que estamos pagando el precio del esfuerzo que nos puede llevar a encontrar aquello que buscamos, o tal vez para no enfrentarnos a la realidad y escondernos de nuestras emociones.

»Mientras que por otro lado, a nuestro alrededor existe una

exaltación de la positividad, en donde aparentemente la vida es fácil y está llena de infinidad de oportunidades, lo cual provoca una contradicción y un conflicto emocional aún mayor.

Sofía escuchaba muy atenta a Maya. A pesar de ser una experta en *marketing* digital y conocedora de las estrategias para captar la atención y crear constantes necesidades, no se había adentrado profundamente en las repercusiones que estas pueden tener a nivel emocional.

—En ocasiones, en el simple día a día, porque las cosas no han salido como esperábamos, por una separación, un fracaso, un cambio de trabajo o por otras circunstancias, además de toda la presión del trabajo y la vida actual, nos vamos aislando —dijo Maya, un tanto apenada—. Desbordados y sumergidos en nuestras obligaciones y, casi sin darnos cuenta, vamos perdiendo vida social, nos vamos separando de la vida.

»En ocasiones nos encerramos en nosotros mismos como mecanismo de protección, para que no se vean nuestras imperfecciones, para escondernos del mundo y ocultar nuestros supuestos defectos, creando nuestro micromundo para sentirnos más seguros.

Pero ese mecanismo defensivo se convierte en un círculo cada vez más pequeño que va asfixiando la vida. Las ilusiones se van alejando y la soledad nos abraza como si fuese nuestro inevitable compañero de viaje.

»Cuanto más solos estamos, cuanto menos compartimos y más nos aislamos, más se centra nuestra atención en los problemas, más pensamos en nosotros mismos, en lo que sentimos. El sufrimiento entonces aumenta y cada vez se reduce más la capacidad de salir de uno mismo para conectar con los sentimientos de los demás. Entonces la sensación de incomprensión y soledad se magnifica y, como dice el budismo, gran parte del sufrimiento emocional viene de la incapacidad de dejar de pensar en uno mismo.

»Este es un creciente mal en la actualidad, la sensación de soledad se expande como una epidemia en nuestros días. Las separaciones aumentan, los matrimonios disminuyen, las familias se fragmentan, el aislamiento social crece y el número de personas que se sienten solas es cada vez mayor. Aunque cueste admitirlo, es una dolorosa evidencia.

»Esa soledad no tiene que ver con estar solos, una persona puede sentirse sola estando en pareja, en el trabajo, inclusive estando rodeada de gente, porque ese sentimiento nace de la sensación de que nadie comprende nuestro mundo interior. No es una soledad física, es una soledad emocional provocada por la incomprensión, la sensación de no encajar, de sentirse fuera de lugar, de no pertenecer, de que a lo mejor no somos lo suficientemente buenos, de miedo a no encontrar el amor o no ser queridos.

»El aislamiento social también es producto de no saber desconectar, de infinitas jornadas laborales, de pasar mucho tiempo mirando pantallas digitales y la ausencia o las escasas relaciones significativas con familia y amigos, de una pérdida de conexión con la vida real que aumenta la sensación de aislamiento social.

—Si te soy sincera, tengo que reconocer que en más de una ocasión me he sentido así —reconoció Sofía en un tono triste—, siempre rodeada de gente y a la vez sintiéndome sola.

—Mucha gente se siente así en distintos momentos, es mucho más habitual de lo que puedas imaginar —dijo Maya—, pero muchas personas esconden ese sentimiento, no hablan de esa sensación de soledad, porque no está bien vista. Podríamos decir que no es algo muy popular, lo que se lleva es mostrar solo lo bonito, la felicidad. Cuando se ve a alguien solo se le identifica como alguien con algún problema psicológico, se le considera un perdedor o alguien deprimido, lo cual es irreal y es realmente desafortunado. Por el miedo a esas etiquetas y a las críticas, y por querer encajar, muchas personas esconden o niegan ese sentimiento de soledad que a veces experimentan. Pero somos seres «humanos» y estamos sedientos de humanidad y autenticidad, de una verdadera conexión, que es lo que necesitamos y lo que siempre recordamos, porque recordamos aquello que sentimos en nuestro corazón.

Sofía estaba sorprendida por las reflexiones de Maya. Sintió sus palabras como si hubiese abierto una nueva ventana de comprensión, la ayudó a ser más consciente del motivo que provoca esa sensación de soledad. Esa especie de aislamiento por falta de comprensión era algo que percibía a su alrededor, algo que a veces había llegado a sentir, sin embargo nunca había profundizado en ello.

—Supongo que por eso los momentos más bellos —dijo Sofía—, esos que jamás olvidamos y más recordamos, son aquellos en los que por alguna razón conectamos emocionalmente con alguien de la forma más profunda, cuando lloramos, nos abrazamos, nos emocionamos y sentimos esa conexión tan especial que permanece en el recuerdo.

—¡Exacto! —afirmó Maya—. Eso es lo que ocurrió en esa celebración a un nivel que no te puedes ni imaginar, porque hay cosas que no se pueden explicar, tan solo se pueden sentir. Esos momentos en los que nos desnudamos emocionalmente, en los que sentimos al otro, empatizamos, comprendemos sus emociones y nos sentimos comprendidos. Son esos momentos especiales compartidos en los que se revela nuestra verdadera humanidad, son el mejor regalo de la vida y algo que deberíamos aprender a crear más, y esa es la oportunidad que tienes ahora.

Sofía recordó unos datos que conocía por su trabajo.

—Hay muchos estudios que confirman todo esto. La ciencia ha demostrado que el factor más importante de la felicidad a largo plazo tiene que ver con las relaciones personales. No con la cantidad de amigos que tenemos, sino con la calidad de las relaciones. Hoy se sabe que las buenas relaciones nos ayudan a tener mejor salud, que protegen el cerebro y que nos hacen más felices.

»Sin embargo, mucha gente utiliza la tecnología para compensar esa sensación, esa falta de conexión humana. La conexión virtual satisface en cierta medida las necesidades de nuestro cerebro, nos hacer creer que estamos más unidos porque conectamos con otros, sin embargo crea una contradicción, porque en realidad no satisface la necesidad de la verdadera afectividad. A pesar de esa hiperconectividad, la triste realidad es que el sentimiento de soledad sigue creciendo porque todos necesitamos un abrazo de verdad, sentirnos comprendidos, saber que importamos, el contacto humano real, y un sentimiento de pertenencia.

—Hay personas que utilizan las redes sociales en su beneficio y otras que son víctimas de ellas —pensó en voz alta Sofía. Maya estuvo de acuerdo.

—La conexión virtual nos ayuda a conectar con otras personas, lo cual es genial, y para algunos supone un buen entretenimiento. Podemos encontrar muchísimas cosas positivas e inspiradoras, ideas, conocer destinos, personas interesantes, pero al mismo tiempo puede provocar, como lo hace en muchos casos, justo el efecto contrario, una sensación de separarse de la vida real, aumentando la sensación de aislamiento. Y me imagino que tú debes de saber mucho de esto —se interesó Maya.

—La verdad es que a veces dista mucho lo que parece de lo que es —asintió Sofía—. He participado en varias campañas de *marketing* y posicionamiento de personas con muchísimos seguidores, personas que se dan baños de masas virtuales, mientras en su vida real se enfrentan a esa soledad que mencionas. En muchos casos poco tienen que ver sus perfiles o su imagen virtual con su vida real, por lo que pueden llegar a sufrir aún más la soledad. Hay una gran incongruencia entre cómo se muestran, cómo son percibidos por los demás, y cómo se sienten.

—Sí, es algo que ocurre a menudo y cada vez a más personas —afirmó Maya—. Vivimos en un momento en donde muchas fuerzas opuestas nos llenan de contradicciones. Por un lado, vemos un mundo lleno de incertidumbre, un mundo que se ha acelerado, un mundo en constante cambio en un entorno cada vez más complejo. Cada día nos muestran los peores problemas y conflictos del mundo. Recibimos dosis masivas de preocupaciones y miedos, advirtiéndonos de los constantes peligros, las amenazas presentes y el temor al futuro. Por otro lado, estamos inundados de mensajes positivos, de imágenes de *glamour*, expuestos a perfectas portadas y poses de felicidad y éxito. Nunca antes las expectativas sobre lo que podíamos lograr en nuestra vida habían sido tan altas como hoy en día. Estamos ante la exaltación de la positividad, con ese perfecto mundo paralelo que pueden ser las redes sociales, dando una imagen de lo aparentemente fácil que es lograr el éxito y la felicidad, lo que termina provocando el efecto contrario, porque si tu vida no es así parece un desastre y es la terrible mentira que muchos llegan a creerse. La mayoría de nosotros vivimos atrapados en medio de esos dos mundos, confusos ante ambos extremos, entre esas dos fuerzas que nos empujan en direcciones opuestas. Al mismo tiempo, podemos ver esa poderosa corriente que empuja a una gran parte de la sociedad a mostrar su maravillosa vida. Pero generalmente solo se muestra una parte, la positiva, los momentos que reflejan felicidad, frases, paisajes, risas, poses, anhelos de lo que deseamos que sea nuestra vida.

—En el mundo virtual podemos presentarnos como queremos —aseguró Sofía—. Podemos editar y retocar nuestra vida antes de ser publicada, podemos borrar, reescribir, copiar y pegar para mostrar el instante perfecto. Por momentos parece que nos hemos convertido en modelos, gracias a los retoques y a las poses perfectas.

Las dos se rieron al reconocer esa realidad.

—Antes de la era digital hacíamos pocas fotos, necesitabas tu cámara y teníamos un carrete con un número limitado de fotos, de veinticuatro a treinta y seis fotos. Además, tenías que esperar a revelarlas para ver el resultado, no podías verlas ni saber cómo habían quedado, era una sorpresa —dijo Maya sonriendo, recordando viejos tiempos—. Cuando revelabas el carrete y veías las fotos por primera vez te encontrabas con muchas fotos malas, era una parte de la realidad, y gracias a eso valorabas más las buenas. Ahora no hay fotos malas, todo lo que no nos gusta se borra al instante, no admitimos la realidad si no es bella, tal vez porque nos muestra una parte de nosotros que no nos gusta, algo que queremos evitar a toda costa, o tal vez algo que rechazamos de nosotros mismos. Tan solo queremos exponer lo bueno, ocultando lo negativo. Antes para poder ver la foto «se revelaba el negativo»; ahora en cambio «se borra lo negativo» para ocultar ciertas realidades y «mostrar solo lo positivo». Utilizamos filtros y pequeños retoques que eliminan las imperfecciones, ya que estas no se aceptan o no están bien vistas, sesgamos la realidad y creamos una realidad paralela, como si fuese otra vida.

—Pues sí que es curioso eso del revelado y del borrado —dijo Sofía, pensativa.

—Antes no podíamos recrearnos en las fotos en el instante presente. Si estabas viendo una puesta de sol, sacabas una foto para el recuerdo, esperando que saliese bien, y seguías viendo la puesta de sol. Vivías ese momento en el presente —dijo Maya con cierta nostalgia—. Aquí al lado hay un precioso lugar desde el que se puede ver un impresionante atardecer sobre el mar. Muchísimas veces veo gente sacando fotos y algunos se pasan la puesta de sol mirando su pantalla digital, poniendo un filtro, eligiendo con ansiedad la mejor foto, retocándola para publicarla y mostrarla al mundo en ese mismo instante.

»Mientras tanto un mágico momento se diluye ante sí, se le escapa el presente porque tiene la imperiosa necesidad de mostrarlo al mundo, perdiéndose el maravilloso atardecer que tiene delante, queriendo retransmitir o dejar constancia del momento en vez de vivirlo.

—Es como el okupa que nos distrae de nuestra verdad... —observó Sofía.

—Así es, querida. En ese instante el okupa entra en acción y está pendiente del alcance, del reconocimiento que recibe. Solo le importa el veredicto de la sociedad que dicta sentencia con sus «Me gusta» mientras el ego ansioso en busca de reconocimiento comprueba si ha gustado o si se siente ignorado, en una balanza entre la aprobación o la decepción.

»Ese juego en muchos casos crea una dependencia, una adicción al reconocimiento, porque nuestro ego pretende impresionar, pensando que así vamos a gustar más, pero a veces en ese intento nos hacemos menos humanos y nos alejamos de los demás. Nos pasamos la vida intentando impresionar, algo que al parecer está en la naturaleza humana, porque queremos ser admirados. Por momentos da la impresión de que lo importante es "aparentar" en vez de "ser". En general, detrás de ese comportamiento se oculta una necesidad mucho mayor, algo que todos buscamos, la de sentir que somos suficientes, lo suficientemente buenos para sentirnos merecedores de ser amados.

—Antes se decía «pienso luego existo», ahora es «comparto luego existo» —explicó Sofía—. Lo que nos lleva a estar más enganchados con máquinas que parecen escucharnos y supuestamente nos ayudan a conectar y sentirnos más acompañados. De la misma manera, hoy en día cuando alguien se siente solo, la tendencia es buscar el móvil para surfear y ver qué pasa, para evadirnos de la posible soledad o tal vez para librarnos de nuestros pensamientos.

—Lo que veo en esta época de sobreexposición en donde triunfa la imagen —prosiguió Maya— es que se procura mostrar solo lo bello. Cada vez hay más personas que exponen su vida como si fuese un producto. La persona es su propio producto, por lo que procura mostrar su mejor versión, su gran vida, se exhibe y hace publicidad de sí misma, mostrando una parte sesgada de su realidad.

Sofía sonreía porque Maya estaba describiendo perfectamente lo que experimentaba cada día en su trabajo.

—El lado oscuro de todo esto es el conflicto interno que provoca la diferencia entre la realidad y la apariencia —dijo Maya—, porque podemos engañar al resto del mundo, pero no a nosotros mismos. El peligro nace de la contradicción entre cómo nos mostramos al mundo y cómo nos sentimos, entre lo que somos y lo que aparentamos ser, entre cómo nos ven y nuestra verdadera identidad.

»La gente no suele mostrarse como es, sino como quiere ser vista y percibida —continuó Maya—. Las redes sociales magnifican la necesidad de significado, de reconocimiento, pero hasta que no abandonamos la necesidad de impresionar, significa que el ego nos sigue dominando, que en lo más profundo de nosotros hay una voz que nos susurra que a lo mejor no somos lo suficientemente buenos.

»A pesar de saberlo, nuestro subconsciente tiende a comparar y en todas las comparaciones salimos perdiendo, porque tendemos a comparar nuestras imperfecciones, carencias y defectos con esa supuesta maravillosa vida de los demás. El impacto de todo esto es que muchas personas se sienten excluidas de esa vida que no parece a su alcance, que parece reservada a unos pocos privilegiados, lo cual aumenta la sensación de no dar la talla, de sentirse aislados.

—Sí. Cuando veo las redes sociales, me da la sensación de que todo el mundo está de vacaciones, encantado de la vida, feliz, mostrando una vida ideal. A veces tengo la impresión de que la única persona que trabaja soy yo —observó Sofía, riendo.

—Por mi trabajo sé perfectamente que las redes sociales están diseñadas para ser lo más adictivas posible —dijo Sofía—, para captar y desviar constantemente nuestra atención hacia ese escaparate de la comparación que termina por hacernos sentir inadecuados o insuficientes.

—Exacto —dijo Maya sonriendo ante la explicación de Sofía—, aunque tengamos una buena vida, debido a esa comparación, nuestra mente puede distorsionar la realidad, nos puede llegar a hacer sentir que aún no hemos logrado lo bastante, que no estamos donde deberíamos y nuestra vida es un desastre. Esa sensación es un problema que sigue creciendo en la actualidad.

»Tenemos que pasar menos tiempo mirando a una pantalla y pasar más tiempo con personas mirándonos a los ojos. Tenemos que recuperar nuestra esencia, nuestras relaciones, conectar y compartir más entre nosotros. Por eso los vídeos de historias emotivas son siempre los más compartidos, porque el mayor deseo de la humanidad es tener esa conexión emocional que nos une.

A Sofía le llegaron pensamientos de angustia, pero hizo lo posible por controlarlos disfrutando de estar en aquel precioso lugar con una compañía privilegiada, y siguió centrándose en la sabiduría de Maya.

—Todo esto no es nada nuevo —prosiguió Maya—. A lo largo de la historia hemos sobrevivido y evolucionado como especie unidos, en tribus, comunidades, grupos, familias, colaborando, ayudándonos, protegiéndonos unos a otros, compartiendo en modelos de convivencia donde no teníamos que destacar, ni aparentar, en donde el sentido de pertenencia era algo innato.

»Tenemos que parar, pensar y reflexionar más sobre lo que es realmente importante para cada uno, porque si no mantenemos el equilibrio en nuestra vida, nos aleja de nuestra verdadera esencia humana, esa necesidad de conectar y compartir con los demás que nos aporta un mayor sentido, porque esa conexión es una forma de amor que nos llena.

»Con el tiempo te das cuenta de que la calidad de vida depende en gran medida de la calidad de nuestras emociones, y nuestras emociones dependen mucho de la calidad de nuestras relaciones. Por eso cada vez son más las personas que buscan mejorar su vida social, recuperar el sentido de la verdadera amistad, de la conexión, porque todos tenemos esa necesidad de humanizarnos y porque es un factor fundamental en el bienestar emocional, en la salud y la felicidad.

Maya observó la mirada perdida de Sofía observando el mar y comprendió que mentalmente se había ido a otro lugar. Sofía estaba pensando en todo lo que había dicho Maya, en todos esos momentos en los que se había sentido sola, incomprendida a pesar de estar rodeada de gente.

Como si se hubiese abierto el telón de un escenario, de pronto el misterio quedó revelado. Se dio cuenta de lo absorbida que había estado en su trabajo, de que no había prestado la suficiente atención a sus relaciones personales, de que demasiadas veces ella misma se había aislado dando prioridad a lo que parecía urgente en vez de a lo realmente importante. Ahora tenía la oportunidad de hacer todo lo contrario.

—Cuando me has hablado de la celebración que hiciste —dijo Sofía volviendo al presente—, de esa fiesta con los amigos y las personas más especiales de tu vida, me ha parecido la mayor locura que jamás había escuchado. Aunque aún me provoca cierto recelo, ahora comienzo a verlo como una oportunidad única.

—Así es —dijo Maya—, quizá no tendría mucho sentido en una situación normal, pero cobra todo el sentido del mundo cuando hablas de una situación especial como esta. Y, como bien acabas de decir, es una oportunidad única. Por todo lo que hemos hablado, esa celebración es la mejor ocasión que puedas imaginar para vivir una experiencia entrañable. Sinceramente creo que puedes hacer algo que impactará a tus amigos, a las personas más cercanas de tu vida y permanecerá en su recuerdo durante el resto de sus vidas. Será una experiencia que agradecerán y en la que podrán sentir lo más importante de la vida: el enorme valor de las relaciones personales, el valor de la conexión y de la amistad más profunda.

Los ojos de Sofía brillaban pensando en ese posible momento. Infinidad de emociones se entremezclaban en su interior. Una extraña pero agradable serenidad recorría su cuerpo, hasta que todo lo que se le venía encima se agitó en sus entrañas como en un mar revuelto.

De pronto Duna se levantó y se acercó a Sofía, y de una manera muy cariñosa, apoyó la cabeza sobre sus piernas, mirándola como si entendiese lo que sucedía. Sofía comenzó a acariciarla con suavidad.

—Bueno, creo que es hora de cambiar de tema y pensar en comer algo, ¿no crees? —preguntó Maya estirándose mientras se levantaba.

—No tengo mucho apetito, pero imagino que habrá que comer algo —contestó Sofía.

—Voy a sacar unos cubiertos porque enseguida llegará Nacho con la comida.

—¿Sí? —preguntó Sofía, un tanto sorprendida.

—Llegará en un momento. Acababa su turno a las tres, hace un rato le he enviado un mensaje para que recoja la comida de camino. He encargado algo de *sushi* y comida asiática, no te he preguntado, espero que te guste —dijo Maya dudando.

—Sí, me parece perfecto —respondió Sofía, encantada.

Maya fue a la cocina a buscar todo lo que necesitaban para la comida. Sofía montó la mesa en un rincón de la terraza, con unas vistas inmejorables. Al terminar se tumbó en una hamaca al borde de la piscina y observó el mar con Duna, su fiel compañera, a su lado.

A pesar de que aún tenía alguna duda al respecto, comenzó a pensar en los amigos a los que le gustaría invitar a esa fiesta. Al pensar en esas personas con las que sentía una conexión especial, un vínculo cercano, empezó a revivir algunos de los preciosos momentos que había compartido con cada una de ellas. Imaginó lo que ese emotivo encuentro podría suponer y las emociones no tardaron en aflorar. Ese evento podría ser una celebración realmente especial, cargada de humanidad, una fiesta distinta a todas y un recuerdo imborrable para el resto de sus vidas.

De pronto, Duna ladró y salió corriendo al escuchar el timbre a lo lejos.

—Ese es Nacho —dijo Maya, gritando desde la cocina—. Solo él toca el timbre así.

Cierto hormigueo recorrió el estómago de Sofía. Nacho apareció en la terraza con dos bolsas de comida en las manos, mientras Duna no dejaba de dar saltos a su lado. Cuando dejó las bolsas sobre la mesa, empezó a jugar alegremente con la perra. Era evidente que se llevaban muy bien y que se tenían mucho cariño, algo que a Sofía le recordó el rato que habían pasado juntos jugando con los niños en el hospital.

Al verlos jugar con ese entusiasmo tan efusivo y ese enorme cariño, un extraño pensamiento cruzó la mente de Sofía: «¡Ojalá me recibiesen siempre así! —pensó—. No estaría mal ser un perro por un día para ser recibido con esa actitud de asombro llena de cariño, con esa inocencia y ese afecto». Jamás pensó que un día pudiese sentir envidia de un perro.

Nacho se acercó a Sofía y, antes de cruzar palabra alguna, intercambiaron una tierna y profunda mirada de comprensión. Nacho fue a abrazarla, pero se detuvo de pronto, sonriendo, y dijo:

—Te voy a llenar de pelos de Duna.

—No te preocupes, creo que tengo más que tú —respondió Sofía.

Ambos sonrieron y se abrazaron con un especial cariño.

—¿Qué tal estás? —le susurró Nacho al oído, mientras aún estaban envueltos en un cariñoso abrazo.

—Bien, estoy bien —contestó ella con una serenidad que sorprendió a Nacho.

—Normal, es que mira dónde estás —dijo él, señalando las vistas—. No se está mal aquí, ¿verdad? —preguntó Nacho, aunque más bien fue una afirmación.

—He estado en sitios peores —respondió Sofía, bromeando.

—Ahora sí que has conocido un verdadero palacio y no es el hospital —dijo Nacho entre risas—. Además, con la mejor anfitriona del mundo.

—Pues sí, la verdad es que es un verdadero palacio, todo un lujo para los sentidos.

—¿Y qué habéis hecho? —preguntó Nacho curioso.

—Hablar de la vida —respondió Sofía con un suspiro—, de la amistad, de la soledad, de la importancia de las relaciones y la conexión emocional, de completar lo incompleto... Han sido muchas reflexiones sobre temas de los que normalmente no se habla mucho, al menos en mi entorno.

—La verdad es que es un buen resumen —dijo Maya, que acababa de llegar con una bandeja.

—También hemos hablado de escribir alguna carta y de hacer una fiesta.

—¿Una fiesta? —preguntó Nacho, sorprendido—. Eso me interesa.

—Bueno, eso es una idea un poco loca de Maya. Más que una fiesta sería una celebración especial, pero mejor que te lo cuente ella.

—Lo que te voy a contar es que me rugen las tripas del hambre que tengo —dijo Maya—, así que vamos a comer y ya hablaremos de eso.

— Me parece perfecto —respondió Nacho. Y se sentaron en la mesa.

—No importa cuántas veces venga a esta casa. Siempre me impresionan estas maravillosas vistas —dijo Nacho, oteando el horizonte.

—La verdad es que es precioso —dijo Sofía—. La tranquilidad y la energía que se respiran son algo muy especial.

—Ya, pero no te creas, esa energía especial que se respira es por mí —dijo Nacho, bromeando y haciéndolas reír.

Se sentaron a la mesa y mientras comían charlaron relajados durante un buen rato, acompañados de una suave brisa y disfrutando del momento.

—Es todo tan extraño que parece irreal —dijo Sofía, ya con un café en la mano tras la comida—. Estoy aquí, en este maravilloso lugar, compartiendo este momento con vosotros y es como si os conociese desde hace años. Y me parece increíble porque nos conocimos ayer.

—A veces hay personas que están a tu lado durante años y te da la impresión de que apenas sabes nada de ellas. Y en otras ocasiones conoces a alguien y momentos después da la impresión de que lleva ahí toda la vida —dijo Maya—. Son personas con las que conectas por algún motivo, con las que te sientes cómoda, en las que puedes confiar y a las que quieres tener a tu lado.

Sofía sonrió al escuchar esas palabras, porque le había ocurrido eso mismo en más de una ocasión.

—Esos encuentros son misterios que el destino pone en nuestro camino —dijo Nacho, mirando a Maya con una expresión que denotaba su agradecimiento por haberse cruzado en su camino. Entonces levantó su copa—: Brindo por esos misteriosos pero maravillosos encuentros del destino, porque este es uno de ellos —pronunció Nacho con una sonrisa.

Esta vez miró a Sofía, y los tres brindaron por esos inesperados encuentros.

—Bueno, y retomando temas más serios que me interesan, ¿qué hay de esa misteriosa fiesta o celebración especial que has mencionado? —preguntó Nacho, intrigado.

—No sé si recordarás —dijo Maya— que poco tiempo después de conocernos te conté que había padecido una grave enfermedad que creí que no iba a superar. Decidí organizar una especie de fiesta con la intención de reunir a mis mejores amigos, a las personas más importantes de mi vida, para compartir lo que al final fue una preciosa celebración de la amistad y de la vida.

—Sí, es cierto. Cuando me lo contaste pensé que debió de ser uno de los momentos más bonitos y emotivos de tu vida —dijo Nacho, emocionado al recordarlo.

—Puedo asegurarte que fue el momento más especial de mi vida; una experiencia que llevo grabada en el corazón y jamás olvidaré. Y eso mismo es lo que le he propuesto a Sofía.

Ambos miraron a Sofía al mismo tiempo esperando ver su reacción.

—¿Qué? —preguntó Sofía con una leve sonrisa viendo que estaban esperando su respuesta, que se hizo de rogar.

—¿Qué te parece la idea? —preguntó Nacho, que ya no aguantaba la intriga.

—Al principio me ha sonado a locura, pero después de todo lo que hemos hablado le he encontrado un verdadero sentido. Pienso que puede ser algo muy especial y entrañable. Me inquieta un poco la idea porque no sé cómo va a reaccionar la gente, pero creo que debo intentarlo. Pero no sé ni por dónde empezar —confesó dubitativa.

—Me alegra mucho oír eso —dijo Maya—, te aseguro que no te arrepentirás.

—De todas maneras, supongo que tampoco tengo nada que perder.

—¡Exacto! —afirmó Maya— . Cuando aquello que más tememos se hace realidad, los miedos pierden su poder y descubres la determinación de quien ya no tiene nada que perder y todo que ganar.

Sofía se quedó en silencio, reflexionando sobre lo que acababa de decir Maya, mientras Nacho la observaba. Podía sentir toda la incertidumbre que emitía su cuerpo, cómo los momentos de serenidad se mezclaban con las dudas y los miedos. Sin embargo, a pesar de la dureza de la situación, mantenía su entereza. Era una muestra de su verdadera fortaleza interior, de la cual probablemente ni ella era consciente, lo que generó en Nacho un mayor grado de admiración.

—¿Y por dónde empiezo? —preguntó Sofía, confusa.

—Lo primero es escribir la carta de la que hemos hablado. Esa que servirá para completar lo incompleto, para expresar lo que necesites, para agradecer a cada persona lo que consideres oportuno. Tendrás la oportunidad de explicarles la situación, el motivo por el que quieres organizar esa íntima celebración, e invitarlos a ella.

Aunque acababa de afirmar que no tenía nada que perder y, en cambio, mucho que ganar, el solo hecho de pensarlo provocó que las lógicas contradicciones cruzaran de nuevo la mente de Sofía. Sin darle tiempo a pensar demasiado, Maya prosiguió con sus explicaciones:

—Pero para asistir a la fiesta hay una condición —dijo de pronto Maya—. Cada invitado debe llevar escritas tres cosas en un papel.

—¿Cuáles son? —preguntó Sofía intrigada.

—La primera es el momento más entrañable, más importante o más emotivo que hayan vivido contigo. La segunda es su mayor sueño, su mayor ilusión; eso que, sí o sí, tienen que hacer al menos una vez en la vida. La tercera es una lista de al menos tres motivos por los que están agradecidos. El objetivo es que todos compartan esas tres cosas, y te aseguro que será el inicio de algo muy especial —dijo Maya.

—¡Ooohhh, creo que eso puede ser increíble! —exclamó Nacho, entusiasmado.

Sofía se quedó en silencio, sorprendida. No esperaba algo así, pero en el instante en que comenzó a imaginar la situación y lo que podría suceder al compartir entre todos ese momento, una sonrisa iluminó su rostro y esa pequeña luz la ayudó a disipar sus dudas.

—Pues sí —dijo Sofía con un suspiro—, creo que puede ser algo muy especial.

—Lo será —afirmó Maya con una rotunda seguridad.

—Lo que no sé es cómo y dónde podría organizar algo así, tendría que buscar algún sitio en Valencia.

—Soy yo quien te ha metido esta idea en la cabeza, así que ahora no puedo dejarte sola —dijo Maya—. Te voy a hacer una propuesta que, de entrada, quizá te parezca una locura. Pero no respondas enseguida, déjame explicártelo y te lo piensas, ¿de acuerdo?

—De acuerdo —respondió Sofía, un tanto sorprendida.

—¿Qué te parece si lo hacemos aquí?

La sorpresa se dibujó en el rostro de Sofía, pero Maya hizo un gesto con la mano para que no dijese nada y la dejase continuar.

—Espera. Imagino que la mayor parte de las personas que invitarás son de Valencia. —Sofía asintió—. Desde allí hay muchos vuelos baratos hasta Palma y es un vuelo corto. Hay buenas conexiones desde casi cualquier lugar. Me encantaría que lo hicieses aquí, creo que es un escenario ideal, así no tendrías que preocuparte por nada y puedes centrarte en lo que tengas que hacer. Yo me encargaría de prepararlo todo, del *catering*, de la música y lo que sea necesario. ¿Qué te parece?

Sofía se quedó muda, no sabía cómo reaccionar ni qué decir,

porque ni remotamente se esperaba algo así, hasta que tras un breve silencio reaccionó.

—No sé, me parece que este gesto es demasiado bonito para ser verdad —respondió aún sorprendida y confusa—. El lugar y el entorno son maravillosos, a todo el mundo le encantaría, pero ¿cómo te voy a pagar todo esto? —preguntó Sofía.

—¿Pagar esto?, ¿estás loca? Sería yo la que debería pagar por tener el privilegio de que confíes en mí y poder hacerlo aquí. Si hay algo de lo que no te tienes que preocupar es de lo que puede costar o de organizar nada, de eso me encargo yo, y si necesito algo Nacho me puede ayudar.

—Lo que haga falta —dijo Nacho, encantado.

—Además, a cinco minutos de aquí hay un hotel cuyos propietarios son muy buenos amigos míos, y estoy segura de que para esta ocasión me harían un precio muy especial —dijo Maya.

»Lo único que necesito es saber a cuántas personas quieres invitar, que me des una *playlist* con tu música favorita y ya está, lo demás es cosa mía. Te aseguro que tengo experiencia, no es la primera fiesta que monto en mi casa.

Nacho lo confirmó asintiendo.

—Perdona —dijo Nacho—, pero creo que a Maya se le ha olvidado mencionar una condición indispensable para la fiesta, y es que los dos podamos asistir —dijo riendo con su particular estilo.

Sofía, visiblemente emocionada, se llevó las manos a la cara, ocultando una inevitable sonrisa, mientras miraba incrédula a Maya, que no dejaba de sorprenderla.

—Es que no me lo creo, no sé qué decir...

—Normalmente se suele decir «gracias» —dijo Nacho sonriendo mientras disfrutaba viendo la reacción de Sofía.

—¡Exacto! —exclamó Maya—. Con ver tu cara todo lo demás sobra.

Sofía suspiró profundamente, se acercó a Maya y se abrazó a ella con un sincero y sentido agradecimiento.

—Pero ¿eres tan rica? —preguntó de pronto Sofía.

—Soy rica en lo que realmente importa, en amistades de verdad, en relaciones profundas. Soy rica en mi corazón por momentos maravillosos como este, soy rica en plenitud por todo lo que recibo al dar. Porque recuerda una cosa: lo mejor de la vida son los buenos momentos que compartes con buena gente, esa es la verdadera riqueza, de eso trata la vida y de eso trata la fiesta, de compartir un momento entrañable con personas que para ti son especiales.

Sofía no pudo contener las lágrimas por más tiempo ante la humanidad y la generosidad que transmitía Maya.

—No sé por qué o de dónde has salido —dijo Sofía emocionada—, pero la verdadera riqueza es haberte conocido.

—Las dos ganamos —dijo Maya—, porque con los años puedo detectar fácilmente a la buena gente, a la gente con una gran calidad humana, y tú la desprendes por todos los poros de tu cuerpo.

Como una entrañable abuela, con todo el cariño imaginable, Maya sujetó la cara de Sofía entre sus manos. Casi tocando frente con frente, la miró fijamente a los ojos y le dijo:

—Tranquila, confía. Simplemente confía.

No solo fueron sus palabras, sino la manera de decirlas, la increíble energía que Maya transmitía, la serenidad y la seguridad que generaba simplemente estando a su lado. Era como si el mundo se parase y de pronto todo estuviera bien, en calma.

—Con vuestro permiso, yo voy a mantener mi rutina doméstica, porque a este cuerpo le hace falta un descanso, así que me voy a echar una siesta. Así os dejo un rato tranquilos para que podáis charlar.

Maya sabía que ambos iban a agradecer ese rato a solas.

—Nacho, ya sabes dónde está todo, así que estáis en vuestra casa.

—Gracias, Maya. Descansa, nos vemos dentro de un rato —respondió Nacho.

Tanto él como Sofía se despidieron de ella con un efusivo agradecimiento.

★ ★ ★ ★

Ambos se sentaron cómodamente en el sofá de la terraza con una copa de vino en la mano. Se hizo un breve silencio mientras observaban el horizonte, cautivados por el paisaje.

—Esto es una locura, parece todo irreal —dijo de pronto Sofía.

—Lo sé, es como el guion de una extraña película, pero confía en Maya.

—Ese es el único motivo por el que he aceptado. No sé por qué ni cómo explicarlo, pero me transmite algo tan auténtico, tanta humanidad... Se ha desvivido y entregado de tal forma para ayudarme que es imposible no confiar en ella.

—Desde que la conozco siempre ha actuado así. Es incapaz de quedarse pasiva ante el sufrimiento ajeno y es capaz de darlo todo. Se desvive por ayudar a alguien cuando siente que realmente lo necesita.

—Imagino que también lo hizo contigo. Lo digo porque debo confesarte que Maya me contó tu historia, y siento mucho lo que sucedió —dijo Sofía de manera muy sentida.

—Gracias, no te preocupes —respondió Nacho con naturalidad—. Presentía que te lo había contado. Ya ha pasado mucho tiempo y estoy bien.

—¿Lo has superado? —preguntó Sofía.

—Sí, está superado —dijo Nacho con confianza—, aunque es algo que siempre está ahí en el recuerdo, porque el corazón tiene una gran memoria y la memoria tiene poco corazón, pero ahora estoy muy bien, sobre todo gracias a Maya.

Nacho dio un trago a su copa, buscando las palabras.

—Fue muy duro —reconoció—. Al principio me derrumbé totalmente, pero tenía una responsabilidad: mi hija Lidia. Ella era mi porqué, la razón para hacer lo que fuera necesario. Aun así estaba hundido, no dejaba de fustigarme y si no hubiese sido por Maya te aseguro que hoy mi vida no sería así. Caí en una espiral negativa, incluso destructiva. A veces de forma inconsciente nos abandonamos y dedicamos nuestro tiempo y nuestra atención a cosas triviales, a compadecernos, a criticar, a cosas sin importancia, y vivimos como si fuesen importantes, cuando muchas veces son insignificantes. Nos sumergimos en una vida a la que le falta sentido, una existencia vacía en donde la negatividad parece la normalidad. Supongo que nos ensimismamos y, sin darnos cuenta, a veces vivimos así, perdiéndonos las maravillosas cosas que ocurren a nuestro alrededor, lo que realmente es importante, lo que nos llena y nos hace más felices.

Nacho hizo otra pausa, pensativo.

—Por eso le debo tanto a Maya. Fue como una madre, una gran amiga, una mentora, lo fue todo. Me levantó muchas veces y creyó en mí cuando yo había dejado de creer en mí mismo. Me siento un verdadero privilegiado y doy las gracias por que apareciese en mi vida. A día de hoy, aparte de mi hija, es la persona más importante en mi vida.

—Ojalá todos tuviésemos a alguien así a nuestro lado, porque yo nunca había conocido a nadie tan especial —dijo Sofía—. Da la impresión de que ha ayudado a mucha gente en su vida, parece algo que está en su naturaleza.

—Sí, a veces pienso que es como un ángel caído del cielo —afirmó Nacho.

—Ella también te tiene un aprecio muy especial. Tendrías que haberla oído hablar de ti cuando estaba en el hospital... Aunque tengo que reconocer que tu entrada fue sorprendente, me rompiste un poco los esquemas.

—De eso se trata —dijo Nacho, riendo—, de sorprender un poco y sacar a la gente de su ensimismamiento.

—Pues de verdad que lo lograste, pero me sorprendió aún más Maya cuando me contó tu historia, ver todo lo que ha pasado desde entonces y comprobar que estás tan bien.

—Sí, la verdad es que las cosas han cambiado mucho.

—¿Y no ha aparecido nadie nuevo en tu vida? —preguntó Sofía.

—No, supongo que no era el momento ni es algo que haya buscado. Creo que aún no estaba preparado, pero últimamente ya he comenzado a sentir que lo estoy —sonrió Nacho.

—Me alegra oír eso, es una buena señal —respondió ella con una sonrisa.

—Supongo que gracias al trabajo en el hospital, a los momentos que comparto con los niños y, sobre todo, a mi hija, recibo mucho afecto. Me he sentido completo y no sentía aún la necesidad, por decirlo de alguna manera, de encontrar pareja. Tampoco es que tenga una necesidad ahora, tener necesidad sería terrible, sería dependencia, pero lo que sí tengo ahora son ganas de encontrar a alguien con quien compartir momentos, un camino, la vida —dijo Nacho, con cierta ilusión, mientras Sofía escuchaba fascinada por su sinceridad.

—Todo este tiempo ha sido una fase de aprendizaje, de evolución. Mi vida ha cambiado mucho gracias a Maya. Me ayudó a aliviar el dolor, a resolver mis conflictos, a sentirme más pleno... y me enseñó que sentir y recibir más amor dependía exclusivamente de mí y de nadie más.

—¿Y cómo es eso? —preguntó Sofía intrigada.

—Lo primero que me enseñó fue la importancia de la contribución, a centrarme más en lo que podía aportar a los demás, a ser una influencia positiva en otros, lo cual me ayudó a salir de mí, a superar mis problemas, porque estaba encerrado en mí mismo. Me había quedado atascado en el pasado. Lo que jamás llegué a imaginar era todo lo que iba a recibir de vuelta. De pronto, todo comenzó a cobrar más sentido, tuve una mayor sensación de propósito, y a través de la contribución, me enfoqué más en lo que podía aportar en vez de estar tan centrado en mí. De ese modo comencé a estar más en el presente, y la sensación de plenitud fue llenando el vacío que sentía.

—Eso es precioso —dijo Sofía en un tono cariñoso—, y lo pude comprobar al ver cómo reaccionaban los niños contigo.

—La verdad es que me dan muchísimo y me ayudan a minimizar los problemas —afirmó él—. Lo segundo que me enseñó Maya fue más sorprendente, o al menos así lo viví, porque es algo que tiene que ver con el amor.

Sofía no dijo nada, pero su gesto denotó su curiosidad al respecto.

—Creo que aunque no seamos conscientes, parece que en algún momento nos han convencido de que lo que nos va a llenar verdaderamente es el amor que recibimos. Asumimos que cuando alguien nos ame, cuando encontremos a la persona perfecta, todo encajará: la inseguridad, los miedos o los vacíos desaparecerán y así nos sentiremos más seguros y completos.

»Y sí, es cierto que el amor que recibimos nos satisface, nos llena, nos da un mayor sentido y seguridad. Pero el amor que recibimos no lo es todo, o no es suficiente. Ese amor que proviene del exterior no nos llena y colma nuestro espíritu totalmente, al menos no tanto como creemos.

Sofía se quedó pensativa ante esa reflexión, con la curiosidad de seguir escuchando.

—Muchas personas esperan ese amor que proviene de fuera, desean ansiosas ser admiradas por alguien que les entregue cariño, pero el amor que importa y a veces olvidamos es el que nace y surge de uno mismo. No importa cuánto te quieren, sino si eres capaz de quererte a ti mismo, porque lo que marca la diferencia es el amor que sale de ti.

»Lo que también necesitamos y nos llena es el amor que nace de nosotros, el amor que proviene de nuestro interior, el amor que se da. Por mucho que una persona reciba, si no es capaz de dar amor, puede sentir un gran vacío.

»Maya me enseñó que tienes que dar lo que quieres recibir. El amor, los gestos de bondad y cariño, no son algo que se agote, sino todo lo contrario: al darlos crecen en ti. Son como un regalo de esos que hace más ilusión entregarlos que recibirlos al ver el efecto que provocan en los demás. De la misma forma, cuanto más feliz eres capaz de hacer a alguien, más feliz eres tú, su alegría te contagia.

La alegre expresión de Nacho reforzaba sus palabras.

—Creo que muchas personas están sedientas de amor, de afectividad, y hacen todo lo posible para sentirse merecedoras de ese amor, intentan impresionar pensando que así lo atraerán. Pero si queremos sentir más amor no tenemos que esperar a que alguien nos quiera, podemos comenzar a dar más amor, a tratar a los demás mejor, con más compasión, que es una forma de amor.

Nacho hizo una pequeña pausa y continuó:

—«¿Quieres más amor en tu vida? Pues enamórate de ti mismo», me dijo Maya. «No de forma pedante ni engreída, sino con un amor humilde que nace de la aceptación de uno mismo, de poder ser tú, sin las apariencias o las reglas sobre cómo deberías ser. Tiene que ver con ser más auténticos y valorarnos, simplemente querernos como somos, esa es la respuesta, porque cuando te quieres a ti mismo estás demostrando que eres suficiente, que eres merecedor del amor. No buscas que alguien te complete por el amor que te falta, ya no desprendes carencia sino amor, porque cuando te quieres a ti mismo desprendes un magnetismo que atrae el amor de los demás, que desean eso que tú tienes.»

Sofía escuchaba atenta, estaba realmente sorprendida, parecía que seguía escuchando a Maya, y lo cierto es que se notaba su gran influencia. En nada tenía que ver la primera impresión de Nacho que se llevó en el hospital con lo que este transmitía en ese momento.

—Por supuesto que todos queremos el amor de una relación, sentirnos queridos —dijo Nacho—, pero el amor que nos completa es el que comienza en el interior, porque es difícil dar lo que no tenemos, o recibir lo que no damos. Es un amor que surge de la aceptación de uno mismo a pesar de nuestras imperfecciones, defectos y errores, y que desde ahí brota hacia fuera. Ese amor que sale de ti no depende de nadie, está en uno mismo y al darlo se expande en tu interior y te llena. Recuerdo que Maya me preguntó: «¿Cuánto amor sale de ti?, ¿cuánto amor das?» y eso me hizo reflexionar —afirmó Nacho—. Entonces me dijo: «Comienza a sembrar lo que quieres cosechar» y eso es lo que he intentado hacer en el hospital y en general, y lo que ha sucedido ha sido increíble. Lo que he recibido ha superado ampliamente lo que he podido aportar.

Se hizo un breve silencio, que más bien fue un momento de reflexión.

—Quizá tengas razón —dijo Sofía, sorprendida—. Quizá sea cierto que siempre estamos más centrados en lo que esperamos recibir que en lo que podemos aportar y que eso puede ser un problema. Maya me dijo algo así ayer en el hospital, que el mayor sufrimiento del ser humano está en su incapacidad para dejar de preocuparse y dejar de pensar en sí mismo.

—Así es —dijo Nacho—, por eso las mejores vacaciones son aquellas en las que conseguimos olvidarnos de nosotros mismos y librarnos de nuestras historias, es como darnos un respiro de nosotros mismos.

—Supongo que es como si el okupa se fuera de vacaciones y te diera un descanso —dijo Sofía.

—Eso mismo —dijo Nacho con una sonora carcajada al escuchar ese concepto—. Ya veo que has tenido esa conversación con Maya.

—Sí, la verdad que fue muy interesante —afirmó Sofía, sonriendo.

Los dos se sentían cada vez más cómodos el uno con el otro. Tal como había dicho Sofía, parecía que se conocían desde hacía años.

—¿Sabes una cosa? —dijo Nacho—. Estoy en clara desventaja contigo.

—¿Por qué? —preguntó ella, extrañada.

—Porque tú sabes bastante de mí, conoces mi historia y yo no sé nada de ti. Y como dice Maya, no conoces a alguien hasta que no sabes su historia, lo que ha pasado en su vida, lo que ha tenido que superar y cómo ha respondido ante la adversidad. Así que, ¿qué hay de ti?, ¿cuál es tu historia? —preguntó Nacho con una sonrisa pícara y mucha curiosidad, queriendo conocerla más en profundidad.

—Mi vida ha sido muy normal, nada del otro mundo, hasta ayer —dijo de pronto Sofía, tras lo cual hubo un breve silencio.

Sofía comenzó a contarle su historia tal y como ella la había vivido, porque una cosa es lo que vivimos, lo que nos sucede, y otra muy distinta cómo interpretamos todo lo que ocurre en nuestra vida, porque el sentido y el significado que damos a nuestra vida viene dado por esa interpretación que hacemos de lo ocurrido, por la historia que nos contamos sobre ella.

Le habló con orgullo de sus padres, pero también le contó la gran influencia que habían tenido en ella, cómo creció con la preocupación y cierta obsesión por el futuro y cómo esa búsqueda de seguridad le provocó una gran inseguridad que le impidió disfrutar muchas cosas del presente, a pesar de que todo le iba bien.

Le contó cómo, sin ser consciente de ello, había ido siguiendo un plan de vida: sus estudios, el trabajo, la pareja. Le habló de cómo había estado viviendo según lo previsto, según lo esperado de ella y cómo un día despertó y comenzó a sentir que su vida estaba pasando y algo se le estaba escapando. Que, a pesar de lo bien que le iban las cosas, el vacío se fue apoderando de ella. Le explicó los problemas que eso le había acarreado con su pareja, hasta que tomó la decisión de separarse para encontrar su camino personal.

—Este último año para mí también ha sido una fase de aprendizaje, de evolución, de respuestas —le explicó—. Hace poco que por fin he comenzado a encontrarme a mí misma, a tomar las riendas de mi vida, tanto a nivel personal como profesional. Y ahora que estaba en mi mejor momento llega esto...

Se hizo el silencio y sus miradas se cruzaron con una intensidad especial, aunque al mismo tiempo algo pareció apagarse en Sofía. Al instante Nacho pudo percibir el dolor de la incomprensión que recorrió todo su cuerpo, la desolación ante la inesperada situación. No solamente pudo percibirlo, sino que lo sintió en su propio corazón como una puñalada del destino.

Nacho estiró las manos y tomó las de Sofía entre las suyas, la miró con la mayor dulzura imaginable, y fue como si cada uno de ellos pudiese ver el interior y percibir los sentimientos del otro.

—Sé que acabas de recibir esa dura noticia y no de la mejor manera —dijo Nacho con suma delicadeza—, pero aún tienes que hablar con los médicos, y créeme que nada es definitivo. Si algo me ha enseñado la vida es que no se puede dar nada por hecho, que todo cambia de manera inesperada en ambos sentidos. En todo este tiempo trabajando en el hospital he podido comprobar eso mismo muchas veces. He visto de todo, situaciones que se escapan a la comprensión y a toda lógica. A veces de la forma más incomprensible he visto gente que se ha ido por una causa casi ridícula. Y otras, algo que parecía definitivo o incurable, de pronto ha mejorado sin ninguna explicación lógica ni médica. El hospital es como un curso continuo de psicología. También es un recordatorio de la fragilidad de la vida, de lo rápido que pueden cambiar las cosas. Aunque lo que más me asombra, y esa es una de las grandes lecciones que se repite, es la enorme diferencia entre cómo las personas reaccionan y se enfrentan a situaciones similares, pero a nadie le dan un manual de instrucciones de la vida para encarar estos momentos.

Sofía imaginó esas diferentes respuestas: algunas personas experimentaban desesperación, otras negación y para algunas era un despertar. Comprendió el poder que cada persona tiene sobre cómo reacciona ante esas situaciones.

—Lo que sí he visto una y otra vez es que aquellos que han crecido más a nivel emocional, aquellos que han reflexionado sobre la filosofía, sobre la vida, aquellos que han adquirido una mayor fortaleza interior, se enfrentan a esos momentos mucho mejor, con otra madurez y entereza. Suelen ser esos los que a veces superan lo que parecía insuperable. Todo puede cambiar de alguna manera, por eso te pido que intentes no asumir ni dar nada por hecho. La vida viene sin garantías —dijo Nacho con la voz entrecortada—, por eso tenemos que aprender a apreciar cada momento, porque es difícil valorar aquello que damos por hecho, todo lo que asumimos que va a estar ahí, desde la propia vida hasta las personas que creemos que van a estar siempre a nuestro lado. Ahora es el momento de vivir en el presente, de creer, de tener esperanza y de aprovechar el tiempo.

Sofía podía sentir la sinceridad de las palabras de Nacho, palabras que salían con la mejor intención de lo más profundo de su corazón. Él seguía sujetando sus manos mientras la miraba, sin apenas poder contener sus propias emociones. Por momentos la mirada de Sofía caía y él apretaba sus manos queriendo sostener su esperanza. Mientras su propio corazón se desgarraba procuraba transmitirle toda la energía, la esperanza y la confianza que en ese momento necesitaba.

Estaban absolutamente conectados, como si fuesen solo uno. Él podía sentir su dolor, sus miedos, podía escuchar el silencioso llanto de su corazón, mientras Sofía sentía cómo él sufría por ella, sentía su inmenso cariño, pero sobre todo la gigantesca y más pura intención de ayudarla.

Sus palabras abrieron una pequeña rendija de esperanza en la puerta, la ayudaron a creer que de alguna manera, por remota que fuese, cabría albergar alguna posibilidad.

Tal como hacía en el hospital, Nacho cambió de tema para desviar la atención del problema. Siguieron charlando animadamente un buen rato, mientras la comprensión y la conexión seguían creciendo. El tiempo pasó volando y Nacho tenía que ir a recoger a su hija.

—Antes de venir he hablado con el médico —dijo Nacho— y me ha dado cita mañana a las once para que puedas hablar con él antes de ir al aeropuerto. Estaré allí, si quieres llámame cuando estés de camino, así salgo a buscarte y te acompaño.

En ese momento antes de responder apareció Maya.

— ¿Qué tal está la pareja? —preguntó.

—Muy bien —contestaron casi al unísono.

—Vaya siesta que te has echado —dijo Nacho.

—Me he despertado hace rato, pero os he visto tan enfrascados en la conversación que he preferido dejaros seguir.

—La verdad es que ha sido muy interesante —dijo Sofía—. Hoy llevo una buena *masterclass*.

Nacho se despidió de ambas y Sofía le acompañó hasta la puerta.

—Muchas gracias, Nacho. Sé que no tenías por qué hacer todo esto, por eso estoy aún más agradecida. Además, me ha encantado escucharte y conocerte un poco más —dijo Sofía ya en la puerta.

—No tienes que agradecerme nada —dijo Nacho con humildad—. No he hecho nada extraordinario, simplemente estar presente, charlar, intentar ayudar un poco, que es lo que me pide mi conciencia. Además, también me ha encantado conocerte un poco más.

Se despidieron con un abrazo realmente sentido, sabiendo que se verían de nuevo por la mañana. Nacho comenzó a caminar hacia su coche, y al no escuchar cómo la puerta se cerraba tras de sí miró hacia atrás y vio que Sofía le seguía con la mirada y se despedía nuevamente de él con la mano.

—¿Qué tal con Nacho? —preguntó Maya cuando Sofía regresó al salón.

Una sonrisa la delató de antemano.

—Tenías razón con lo de Nacho, es alguien especial y muy cercano.

—Sí, lo es, es muy noble, y alguien en quien puedes confiar completamente, es muy buena persona —dijo Maya con admiración.

—Necesito conectarme un momento con el mundo para ver los correos electrónicos y hacer unas llamadas —dijo Sofía—. Pensarán que he desaparecido, y más después de mi espectáculo en la conferencia.

—Me lo imagino. Puedes usar mi despacho o ponerte donde quieras.

—Creo que mejor subiré a la habitación y así no te molesto.

—Ponte donde quieras, estás en tu casa. Yo también aprovecharé para hacer algunas cosas y cuando acabes podemos picotear algo de cena.

Sofía se puso al día con sus correos electrónicos e hizo un par de llamadas como si fuera un día normal. Los asuntos del trabajo la ayudaron a olvidarse un poco de todo, pero poco después, como el viento que va y viene, la embargaban las distintas emociones. Tras dejar todo zanjado, se reunió con Maya en la cocina.

—¿Ya te has puesto al día? —preguntó Maya, que estaba preparando algo ligero.

—Sí, todo bien, sin novedades. ¿Quieres que te ayude en algo?

—Pues ya que estás, ¿qué te parece si abres una buena botella de vino? —sugirió Maya.

—Me parece una idea estupenda. Por lo que veo me da la impresión de que no hay ningún mal vino por aquí.

—Eso espero, me gusta tener buen vino disponible. Me ha pasado lo mismo que a muchas otras personas: que tiré demasiadas botellas por guardarlas demasiado tiempo para otro momento. Pero eso ya no me pasa. Hay que disfrutar el presente, porque nunca se sabe —dijo Maya mirando a Sofía.

—Sí, ya me he dado cuenta de eso.

Se sentaron a cenar a la mesa de la cocina y brindaron por el presente.

—¿Qué son esas piedras de colores que hay en esa gran copa? —preguntó Sofía con curiosidad.

—Es algo que me ayuda a vivir mejor, a tomar mejores decisiones, a aprovechar mejor el tiempo y vivir en el presente.

—¿Son piedras mágicas? —preguntó Sofía, bromeando.

—No, no tienen ninguna magia, esas piedras representan mi vida. Hace muchos años, un viejo amigo que se llamaba Joshua, me enseñó algo muy importante sobre el valor del tiempo, algo de lo que ya hemos hablado. En general, no valoramos lo suficiente el tiempo, y a veces lo desaprovechamos porque no somos lo suficientemente conscientes de la velocidad a la que pasa, ya que el tiempo es invisible. Me dijo: «Tienes que hacer el tiempo visible», pero no se refería a un reloj que marca la hora, sino a la vida. Entonces me regaló esa curiosa copa de cristal llena de preciosas piedras. Me enseñó muchas cosas, pero lo que te voy a decir ahora no se lo puedo decir a cualquiera —enfatizó Maya—. La mayoría no lo entenderían y muchos hasta se escandalizarían. Por eso muy pocas personas saben el significado de esas piedras.

—Te agradezco la confianza —dijo Sofía y a continuación Maya le explicó la filosofía que escondía el misterioso jarrón lleno de piedras.

—Él hizo su cálculo. Cuando me la regaló estaba casi llena de piedras, ahora ya no quedan tantas, porque cada año tengo que sacar una —dijo Maya—. Las piedras que quedan son más o menos los años que me pueden quedar de vida, y si luego llegan más años, bienvenidos sean.

Sofía abrió los ojos sin poder evitar un gesto de sorpresa.

—Me regaló ese jarrón para que no viviera como si fuese inmortal. Me enseñó que el presente es valioso porque hay un final; de lo contrario, sería una condena. Por eso no quisiera ser inmortal, porque sería incapaz de valorar la vida, no sabría apreciar un amanecer, ni el valor de un día, ni la propia vida al ser eterna.

»Todo el mundo muere, pero no todo el mundo vive. Es la ironía de la vida, que el miedo a la muerte te impide vivir, mientras que tener presente la posibilidad de la muerte te enseña a vivir.

El jarrón con las piedras adquirió un nuevo y profundo significado.

—Te confesaré que al principio la idea me chirriaba muchísimo, no quería oír ni saber nada de la muerte, me sonaba a puro pesimismo y drama. Yo prefería que solo me hablasen de la alegría, los sueños, la ilusión, el amor, la esperanza...

»Pero en vez de reaccionar rechazando esa idea, intenté entender la filosofía que tenía detrás. Al detenerme a reflexionar de manera más profunda, encontré muchos de los secretos para vivir una vida más valiente, con menos miedos y una vida mucho más plena.

»Comprendo que todo esto te pueda parecer muy extraño, pero desde entonces lo he tenido presente y eso me ha ayudado a tomar grandes y mejores decisiones, a dejar de posponer muchas cosas para más adelante, a dejar de desperdiciar el tiempo, a ser más agradecida y apreciar más cada día, a vivir ahora, a dejar de esperar otro momento, a valorar el presente. Me dijo: "Prepárate como si fueses a vivir para la eternidad, pero vive como si fueras a morir mañana".

Sofía tenía muy presente la idea de la muerte. Pero en lugar de reaccionar con angustia, trató de tener la misma serenidad que Maya.

—Podríamos haber evitado esta conversación por algún miedo, pero la hemos tenido —afirmó Maya, segura—. El presente siempre te ofrece la oportunidad de marcar la diferencia, no así el pasado ni el futuro. No puedes volver atrás, solo puedes marcar la diferencia con lo que haces ahora en el presente. Por eso he preferido contártelo, para aprovechar este momento, porque nunca se volverá a repetir, porque este mismo instante ya comienza a ser historia del pasado. A lo mejor esta conversación puede provocar algo, o a lo mejor no, pero jamás lo sabríamos si no la hubiésemos tenido. Estos detalles aparentemente pequeños pueden marcar una gran diferencia y llevar a decisiones que pueden cambiar un destino.

Sofía se quedó muda. Ni remotamente se hubiese imaginado algo así, no supo qué decir, pero le quedó claro que Maya no pensaba como los demás. La intriga pudo con ella y comenzó a hacerle todo un interrogatorio a Maya sobre su vida, lo cual la dejó tan sorprendida como fascinada, porque parecía que hubiera vivido infinidad de vidas totalmente opuestas, increíbles experiencias en una misma vida que la habían convertido en esa extraordinaria persona de mente abierta y una especial sabiduría.

Finalmente Maya desvió el tema y hablaron de la carta que debía escribir, de los detalles de la fiesta, de las personas a las que pensaba invitar y el impacto que tendría en ellas y en su propia vida. Sin embargo, como era lógico, una vez más aparecieron las dudas y los miedos.

—No sé si soy lo suficientemente fuerte y valiente para llevar todo esto adelante —dijo Sofía dubitativa.

—Ser fuerte y ser valiente no tiene nada que ver con no tener miedo. No existen los valientes sin miedo, porque si no tienes miedo no necesitas ser valiente. Lo que sí sé es que una de las mejores cosas de la vida es la profunda sensación de paz que te da el saber que has hecho lo correcto. El reto es ese, hacer lo correcto, hacer lo que en tu fuero interno sabes que tienes que hacer, porque muchas veces no será lo más fácil, será lo más difícil. Sin embargo, la vida adquiere un mayor significado cuando a pesar de las dudas y los miedos te atreves a tomar la decisión de hacer lo más difícil, porque en el fondo sabes que es lo que deberías hacer.

»A veces todo se hace más difícil cuando escoges el camino más fácil, porque lo sencillo es huir de lo más difícil. Pero cuando haces lo que más cuesta, cuando te atreves a tomar las decisiones difíciles, generalmente después la vida es más fácil.

Sofía que quedó un tanto confusa.

—Creo que lo he entendido, pero ha sido como un trabalenguas.

—Simplificándolo sería que las cosas son más fáciles cuando nos atrevemos a tomar las decisiones difíciles, aunque como ahora, las decisiones difíciles son fáciles cuando no tienes otra opción.

—Es sorprendente cómo le das la vuelta a las cosas —dijo Sofía.

—Me alegra oír eso y si te ha ayudado a desenredar cosas para hacer lo correcto, mejor lo dejamos ahí y nos vamos a dormir. Yo estoy cansada, pero tú tienes que estar agotada emocionalmente.

—Gracias, Maya, muchísimas gracias por todo —dijo Sofía mientras Maya la abrazaba cariñosamente.

Se dieron las buenas noches. Sofía recogió lo que quedó de la cena y subió a su habitación. Se acostó, pero su cabeza no descansaba. Estaba revolucionada pensando en infinidad de cosas. Comenzó a pensar en la lista de personas, en la carta que quería escribir, en las palabras de Maya, en completar lo incompleto, en expresar lo que no había expresado, y tras un buen rato dando vueltas en la cama sin poder dormir, se levantó y abrió el portátil.

Comenzó a escribir la lista de personas. Al teclear los nombres afloró una sonrisa y comenzó a emocionarse imaginando lo maravilloso que sería tenerlos a todos juntos. El cansancio y el sueño parecieron esfumarse por la ventana y no dejaba de pensar en qué escribiría en la carta.

Encendió una de las velas que había en la habitación. La llama atrapó su atención, y se quedó observándola un buen rato, hipnotizada por su luz. De pronto se sintió inspirada, por su cabeza pasó la idea de que la vida es como una vela que poco a poco se va apagando, pero que mientras tuviese luz aún podía iluminar algunas vidas, y con esa sensación comenzó a escribir la carta.

Hola, Yolanda:

¿Qué tal estas? :)

Espero que estés de maravilla, aunque imagino que también estarás sorprendida de recibir esta carta. La verdad es que ojalá no tuviese que escribirla, pero siento que es lo que debo hacer, todo mi cuerpo me lo pide.

Sé que no es la mejor manera de comenzar una carta, pero si está en tus manos y la estás leyendo, es porque eres alguien realmente muy importante en mi vida. Puede que mucho más de lo que creas.

Así que no voy a mantener más la intriga, aunque supongo que para este momento tal vez te lo puedas imaginar. Al parecer el universo me reclama, ya no me deja quedarme por aquí mucho más tiempo. No te imaginas lo chocante y difícil que es escribir estas palabras, pero me estoy muriendo.

Me han detectado una rara enfermedad, una de esas incurables, de esas que a veces escuchas que le pasa a alguien lejano, que ni remotamen-

te piensas que te puede pasar a ti, pero la realidad es que me han confirmado que me quedan unos pocos meses de vida. Lo bueno es que vamos a tener tiempo de vernos :)

No te preocupes por mí, aunque te suene extraño estoy bien, puede que más viva y despierta que nunca. Alguna vez escuché decir que hay personas que aprenden a vivir cuando de pronto se dan cuenta de que el tiempo se acaba, ya que entonces la vida revela lo que realmente importa. Ahora puedo confirmar que es cierto. Es una pena perderse tantos amaneceres y despertar a la vida cuando comienza a anochecer, que tenga que pasar algo así para darnos cuenta de algunas cosas.

Lo sorprendente es que pasado el shock *inicial del primer día, ahora me siento muy tranquila. De pronto he encontrado una extraña pero asombrosa calma, en gran parte gracias a una increíble persona que he conocido en el hospital, ya te contaré cuando nos veamos.*

Aunque el motivo principal de esta carta es que hay algo que necesito decirte, algo que quiero que sepas. Lo hago por escrito, así es más fácil, de otro modo nos pondríamos a llorar y no habría quien nos parase, pero sobre todo porque no quiero correr el riesgo de no llegar a decírtelo, por eso quiero dejarlo por escrito.

Ahora más que nunca me siento una verdadera privilegiada, porque he tenido la enorme suerte de que a lo largo de mi vida, y en ocasiones a pesar de la distancia, tu presencia siempre me ha acompañado, siempre te he sentido a mi lado y puedo decir con orgullo que te he tenido como amiga.

Quiero que sepas que muchas veces me has aportado alegría cuando a veces me ha faltado, que siempre he sentido tu cariño y tu apoyo incondicionales, que siempre has estado ahí cuando lo he necesitado, que cuando los demás desaparecían tú aparecías. Quiero que sepas que tu amistad ha sido mi mejor regalo, lo más valioso de mi vida y que contigo he vivido los mejores, los más divertidos y los más entrañables momentos.

Te conozco muy bien y no quiero ni pensar cómo estarás ahora. Siento hacerte esta faena, pero yo no lo he elegido :) y me fastidia, porque no sé quién va a echarte la bronca cuando la líes, ni quién va a darte algún consejo de esos que a veces no quieres oír pero necesitas escuchar..., ya sabes.

Esta carta es para ti, pero a su vez es para mí, porque me está permitiendo darme cuenta de muchas cosas que no he valorado lo suficiente, y de otras que no he sabido expresar. Sabes que te quiero, te lo he dicho alguna vez, pero hoy sé que no lo he dicho las suficientes veces, por eso quiero que lo sepas, que sepas que te quiero, para que te guardes eso contigo para siempre. Estarás en mi corazón eternamente, porque siempre has ocupado un espacio muy especial en mi vida, y un día, cuando las páginas de este libro que es la vida lleguen a su final, ten presente que has estado en los mejores capítulos. En esta vida de mortales con fecha de caducidad, seguimos viviendo como inmortales sabiendo que no es así, pero sabemos tantas cosas que no hacemos. De modo que lo que vamos a hacer es vernos esta semana para que te dé el abrazo más grande que jamás hayas recibido.

No quiero que sufras, ni verte triste, quiero verte fuerte, quiero verte bien, porque ahora es el momento de celebrar lo vivido y lo que nos queda, así que en un par de semanas quiero hacer una celebración muy especial con las personas más importantes de mi vida, y en breve te avisaré de la fecha concreta y los detalles.

Doy gracias al universo por haberte puesto en mi vida y te doy gracias a ti por haberte quedado en ella.

Te quiero con todo mi corazón y ¡¡¡nos vemos ya!!!

Un abrazo eterno,

SOFÍA

VIVIR EL PRESENTE

Sofía no era muy madrugadora, pero a pesar de haberse acostado tarde se despertó muy temprano, con los primeros rayos de luz que comenzaban a iluminar el día. Abrió sus ojos y desde su cama pudo ver el mar sin levantar la cabeza de la almohada. Parecía estar en un idílico sueño.

Estaba muy a gusto en la cama, y más con el regalo del paisaje frente a sus ojos, pero algo la impulsó a levantarse. Se sentía llena de una energía especial, con la sensación de no querer perderse nada. Bajó en pijama, con una manta sobre sus hombros, se hizo un café en la inmensa cocina y salió a la terraza con aquellas impresionantes vistas y la mística luz del amanecer.

Se acurrucó en el sofá, se echó la suave manta por encima y con el frescor del amanecer agarró la humeante taza de café entre sus manos. En el más absoluto silencio comenzó a observar todo con una atención con la que nunca antes lo había hecho. Empezó a sentir justo lo que había descrito Maya en el hospital: todo parecía nuevo, todo tenía una intensidad que jamás había percibido.

Miraba el cielo con el asombro de un niño, como si fuese un milagro de la naturaleza. Observaba cómo las pocas nubes se desplazaban despacio, cambiando de forma, viendo cómo los primeros rayos de sol las hacían brillar. Se quedó hipnotizada siguiendo el vuelo de las golondrinas, viendo cómo dibujaban piruetas en el cielo azul, escuchando el leve y relajante sonido del mar al fondo.

Cerró los ojos y comenzó a ser consciente de todos los sonidos. Era capaz de oír las golondrinas, alguna gaviota y otros pájaros que merodeaban alrededor de la casa, pudo percibir el sonido de la suave brisa acariciando las ramas de los árboles, el olor de la naturaleza, del mar y el intenso aroma de su café.

Abrió los ojos con un gesto del más absoluto asombro, y una relajada sonrisa se dibujó en su rostro. Aquello era puro presente, jamás se había sentido tan despierta, tan en paz. El mundo parecía haberse detenido por completo. Estaba absorta en lo único que existía en ese momento, el hasta ahora escurridizo presente.

Permaneció un buen rato embelesada, observando felizmente el entorno, como en una meditación, atenta a todo lo que la rodeaba, hasta que de pronto le sorprendió su propia risa. No se lo podía creer. De la manera más impredecible un absurdo pensamiento pasó por su mente, aunque tal vez fuese brillante, en realidad no lo sabía, pero no pudo evitar reírse.

Era algo que apenas tenía sentido, una locura, pero como si fuese una broma del destino, de repente sintió que todas las preocupaciones sobre el futuro que tanto la habían perseguido durante años, la incertidumbre, los miedos y esa búsqueda de la seguridad que habían ahogado parte su vida de pronto desaparecieron.

Toda la ansiedad, todas las preocupaciones del pasado se desvanecieron como la oscuridad ante la luz del amanecer y, de pronto, podía ver con claridad. Ya no tenían ningún sentido, ningún poder. Lo que había escuchado y leído tantas veces, lo que le dijo Maya, lo que sabía en teoría sobre la importancia de estar en el ahora, de ser capaz de vivir más en el presente, de pronto lo sentía completamente.

Se rio de sí misma. Rio ante la ironía de todos esos momentos de preocupación por lo que pudiese suceder en el futuro, ya que de pronto ya no había futuro por el que preocuparse.

«¿Será que se tiene que acabar el camino para aprender a valorarlo y darnos cuenta de lo bonito que era?», pensó.

Su mundo se había detenido por primera vez. Solo existía ese momento, tan solo estaba el presente, aunque pensó que no era justo pensar «tan solo», porque en realidad eso es mucho. Es tanto que para muchos parece una ilusión inalcanzable, secuestrados por la constante y exigente demanda de atención de ese cruel dictador llamado preocupación, que nos roba media vida y nos impide vivir plenamente.

Una maravillosa serenidad invadió el cuerpo de Sofía. Se encontraba en un estado de consciencia que nunca había sentido. Como un ciego que pudiese ver por primera vez, lo observaba todo a su alrededor absolutamente fascinada. Era como si la vida se acabara de despertar. Todos sus sentidos estaban conectados en una sensación de verdadero aprecio, en un estado de aceptación y agradecimiento del momento presente, sin ninguna preocupación por el futuro ni por lo que estuviese por venir.

De pronto, escuchó que una voz decía:

—La calma permite apreciar cosas que la ansiedad impide ver.

Sofía miró hacia el lugar de donde provenía aquella voz. Era Maya, que la observaba desde la esquina. Maya sí que era madrugadora, y desde la cocina había visto a Sofía acurrucada en el sofá de la terraza, tapada con la manta. Se había acercado sigilosamente por la esquina sin que Sofía, totalmente absorta y relajada con la mirada en el horizonte, se diera cuenta. Transmitía una preciosa calma, con una leve sonrisa en su rostro y un brillo peculiar en los ojos, asombrada como un niño.

—Buenos días, Maya —saludó Sofía sonriendo sorprendida al escuchar esa frase, que resonó completamente con lo que estaba sintiendo en ese momento—. ¿Qué tal estás?, ¿cómo has dormido?

—Buenos días, cariño. Dame un beso —sonrió Maya, aún renqueante recién levantada—. Yo he descansado muy bien, y tú, ¿qué tal has dormido?

—Mucho mejor de lo que esperaba, aunque supongo que no es de extrañar con la energía de este lugar. Aunque me he levantado temprano, algo que no suelo hacer —reconoció Sofía con una sonrisa.

—Sí, eso ya lo veo. Te he estado observando un rato y estabas hipnotizada mirando el cielo, por eso te he dicho esa frase.

—¿Cómo era?

—La calma permite apreciar cosas que la ansiedad impide ver.

—Qué gran verdad —asintió Sofía—. Jamás había sentido esta

calma, nunca había estado tan atenta y consciente en el presente. De pronto veo el paisaje con una intensidad increíble, con más color, todo está más vivo. Es como si todo estuviese en su lugar, pero jamás hubiese sido capaz de verlo y mucho menos de apreciarlo de esta manera.

»Además, hace un momento me estaba riendo yo sola ante la ironía del destino, porque de pronto todas las preocupaciones que durante tanto tiempo me han perseguido parecen haber desaparecido. Puede parecer una locura, pero es increíble la paz que siento en este momento, estando tan consciente en el presente como jamás lo había estado.

»Lo que ayer fue realmente devastador, hoy se ha transformado en una agradable serenidad, en aceptación, en puro presente, como si el pasado y el futuro no existiesen. »Es realmente extraño, es impensable que me pueda sentir así en un momento como este. No tiene sentido.

—No es ninguna locura —le aseguró Maya—, ocurre más a menudo de lo que te imaginas. Cuando aquello que temíamos se hace realidad, el temor desaparece porque llega la hora de enfrentarse a la realidad y no a la irreal pero poderosa imaginación que nos hacía sufrir con su maquiavélica anticipación del posible sufrimiento. Cuando esa temible realidad llega, nunca es tan terrible como en la imaginación. Por eso de pronto se despiertan los sentidos, que estaban encogidos por los miedos, las preocupaciones pierden todo su poder y desaparecen porque ya no tienen sentido, y de pronto despiertas, eres más consciente, observas a tu alrededor, descubres el poder del ahora y aparece esa inesperada calma de la que hablas porque estás aquí, en el presente.

—Pues sí, supongo que es justamente eso.

—El problema es que a veces vivimos como si el día de hoy tan solo fuese un día más que tiene que pasar, como un trabajo rutinario que debemos cumplir, a la espera de que algún día el futuro traiga ese esperado momento mejor que el actual, en el que por fin podremos disfrutar más. Sin embargo, hoy es el único día que tenemos —dijo Maya—, y la única manera en la que realmente podemos vivirlo es si sabemos apreciarlo y agradecerlo, y eso es justo lo que estás haciendo en este momento.

Sofía no pudo evitar la sonrisa ante la evidencia de la reflexión de Maya.

—Si realmente queremos vivir, tenemos que dejar de levantarnos con el piloto automático de la rutina diaria, dejar de asumir lo que está por venir, de darlo todo por hecho. Dejar de pensar que es solo un día más. Vivir así es desperdiciar la vida porque así se nos pasa la vida esperando a vivir.

»Por eso uno de los grandes aprendizajes de la vida es desarrollar la capacidad de apreciar cada día como un regalo, de despertarnos y ser agradecidos, de verlo como una nueva oportunidad —dijo Maya—, como si viésemos la vida por primera vez como un nuevo amanecer con todos sus colores. Conseguir abrir las puertas a las posibilidades, aceptar el cambio y lo que está por venir.

»Ese es el gran reto y la gran lección de la vida, aprender a dar gracias por un nuevo día, a ser más agradecidos, a recuperar la capacidad de asombrarnos ante la propia vida, ante la simpleza y la complejidad de la naturaleza. Sorprendernos con las nubes, el sol, el cielo, con un abrazo, una sonrisa; estar más atentos a las personas, ver más allá dentro de cada una, conocer sus historias.

»Es la manera de vivir más conscientes, de salir de nosotros mismos para conectar con nuestra esencia, de abrir el corazón y tocar otras vidas, es la forma de vivir en vez de pasar por la vida. Cuando aprendemos a apreciar y agradecer un nuevo día, nuestra vida se ilumina.

—Es increíble y un poco triste que haya tenido que llegar esta situación para darme cuenta de todo esto —dijo Sofía—, aunque creo que la palabra correcta es «integrar», como si todas las piezas del puzle que andaban por ahí sueltas hubiesen encajado. Es como si la posibilidad de la cercanía de la muerte revelase la esencia de la vida.

Maya asintió mientras observaba a Sofía con una entrañable mirada de absoluta comprensión y amor. Un breve silencio acarició el momento, mientras ambas oteaban el horizonte. Llevaron a la práctica lo que acababan de decir, absorbiendo el presente, maravillándose por el entorno, los colores, la luz, sintiendo que todo estaba en orden. Estaban en paz, sin irse más allá, sin perderse en el futuro, tan solo agradeciendo con asombro ese momento presente.

—Anoche escribí la carta —dijo de repente Sofía—, aunque quiero escribir alguna más.

—¡Qué bueno! —exclamó Maya—. Me alegra oír eso. ¿Y qué tal?

—Ha sido toda una experiencia. Poner sobre el papel tantas emociones es darte cuenta de tantas cosas que pensamos y sentimos, pero que muchas veces callamos, que permanecen ahí ocultas y no compartimos, cuando ahora veo que son las más valiosas, probablemente los mejores regalos que podemos dar.

»Escribir la carta ha sido como revelar lo más valioso de la vida, la importancia del gran regalo que es la verdadera amistad, el valor de la profunda conexión emocional. Me he sentido afortunada al escribirla y al mismo tiempo ha sido como un tortazo de "despierta, aprecia y cuida mejor a la gente que tienes cerca".

»Supongo que también tiene que ver con esta calma, porque al sacar algo que llevas dentro, al completar lo incompleto, como decías, se tiene la sensación de haber dado un paso al frente y la tranquilidad de haber hecho lo correcto, así que quiero escribir dos cartas más, algo más complicadas, pero que son necesarias y creo que me harán mucho bien.

—Seguro que será mejor aún para quienes las reciban. Me alegra que lo hayas hecho y, sobre todo, me alegra verte tan serena y tan presente. Lo que venga más adelante ya se afrontará cuando llegue, pero verte ahora así es mi mejor regalo y una preciosa manera de comenzar el día.

—Si me ves así es gracias a ti. Todo habría sido muy distinto sin ti, no quiero ni pensarlo. Me cuesta entender todo esto, no sé por qué has aparecido así en mi vida, lo que sí sé es que estaré eternamente agradecida, aunque no sé cómo podré compensarte.

—Yo sí que lo sé —aseguró Maya.

—¿Y cómo? —preguntó titubeando Sofía.

—Puedes hacerlo preparando un buen desayuno mientras me doy una ducha —dijo riendo Maya mientras se levantaba.

—Eso está hecho —respondió Sofía, sonriendo ante la inesperada respuesta de Maya.

Disfrutaron juntas del desayuno que Sofía había preparado con mimo. Charlaron sobre cómo iba a afrontar la situación de su inminente regreso a casa, sobre todo en el doloroso momento en el que tendría que decírselo a sus padres. Hablaron de muchas cosas, de Nacho y también de los detalles para la fiesta.

Se acercaba la hora de volver al hospital para hablar con los médicos, lo cual no le hacía mucha gracia. La parte positiva era que vería de nuevo a Nacho. Maya y ella quedaron en que una vez hablase con los médicos la informaría de todo, y en que pronto decidirían la fecha definitiva para celebrar el evento en casa de Maya.

Mientras Sofía subía a preparar su maleta Maya llamó a un taxi.

Había llegado la hora, tenían que despedirse, aunque no era fácil para Sofía. La sola presencia de Maya le aportaba la seguridad y la calma que necesitaba en esos momentos. Le apenaba inmensamente despedirse de ella, del lugar, de todo, y con ello se mezclaba el miedo a lo que debía enfrentarse, que hacía aún más difícil despegarse de Maya.

—¡Eh! Mírame —dijo Maya con cariño, mirándola fijamente mientras sujetaba a Sofía por los hombros—. Esto es un hasta pronto, ya te dije que no te vas a librar de mí tan fácilmente, así que nos vemos de nuevo aquí dentro de poco.

Sofía asintió en silencio.

—No anticipes nada y vive cada día como esta mañana, con agradecimiento, como si fuera el último, con asombro. Eres más fuerte de lo que crees —dijo Maya con firmeza—, y vamos a hacer que esto vaya bien.

Se abrazaron de nuevo, agradecidas y emocionadas. A Sofía se le escapó alguna lágrima y sin más palabras se metió en el taxi, despidiéndose con una intensa mirada mientras el coche se alejaba.

★★★★

Sofía envió un mensaje a Nacho para avisarle de que iba camino al hospital. Al llegar, Nacho estaba esperándola en la entrada para abrirle la puerta del coche y recibirla a su manera, como si llegase a una gran gala.

—Bienvenida de nuevo al palacio —dijo Nacho al abrir la puerta, haciendo una reverencia, metido ya en su papel—. No me ha dado tiempo de poner la alfombra roja, pero espero que no sea mucho inconveniente...

—¡Calla, melón! —dijo de pronto Sofía, rompiendo esta vez los esquemas a Nacho mientras ambos sonrieron con una mirada de complicidad antes de fundirse en un cálido abrazo.

—¿Qué tal estás?, ¿cómo lo has pasado con Maya? —preguntó Nacho con intriga.

—La verdad es que muy bien, demasiado bien. Es como si hubiese estado en otro mundo —dijo Sofía con cierta melancolía—. Tan solo han pasado veinticuatro horas desde que salí ayer de aquí y es como si hubiese vivido otra vida. Es difícil creer cómo pueden cambiar tan rápido todas las emociones, cómo de un día a otro puede cambiar la manera de ver las cosas. Esta mañana he vivido un momento realmente mágico. Ha sido como si se hubiera abierto una ventana que siempre hubiese estado ahí cerrada, o que tal vez con las prisas no la veía, y al abrirla es asombroso comprobar cómo cuando cambias la manera de mirar, las cosas cambian.

Nacho sabía muy bien de lo que hablaba Sofía y la miraba fascinado mientras la escuchaba.

—Me alegra mucho oír eso y verte así —dijo Nacho con cariño.

—Gracias, ahora vamos a ver cómo se ven las cosas por aquí —dijo Sofía con un suspiro.

Él la acompañó hasta la sala de espera de la consulta, pero tenía que volver a su puesto, por lo que le pidió que le enviase un mensaje al salir.

Sofía se reunió con los médicos y las noticias no fueron nada buenas. Tras revisar los análisis tan solo pudieron confirmarle lo que ya sabían. Le dijeron que los primeros síntomas aparecerían en pocas semanas.

Cabía la posibilidad de comenzar un tratamiento, aunque no había muchas garantías. Podría alargar algo el tiempo, pero los desagradables efectos secundarios serían visibles casi al instante. Muy a su pesar, lo que el médico le transmitió fue que sus opciones eran nulas.

Tras meditarlo decidió que no llevaría a cabo ningún tratamiento hasta después del encuentro en casa de Maya, con la esperanza de que los primeros síntomas llegasen después del evento y a partir de ahí llevar a cabo los tratamientos que fueran posibles.

Al salir de la consulta Sofía no tuvo que enviar ningún mensaje, ya que Nacho estaba allí esperando. Él ya sabía lo que le iban a decir los médicos, pero no sabía cómo reaccionaría Sofía. Al verla y cruzar las primeras palabras con ella se sorprendió de su entereza.

—Tan solo me han confirmado lo que me dijeron ayer, así que nada ha cambiado de esta maravillosa mañana a ahora —respondió Sofía con una increíble calma.

Quien se moría era Nacho, pero de ganas de darle un abrazo a Sofía ante la asombrosa serenidad que mostraba sabiendo lo que su respuesta significaba.

—¿Qué vas a hacer ahora? —preguntó Nacho.

—De momento he pensado que voy a aplazar cualquier tratamiento hasta después del evento en casa de Maya, y luego me plantearé hacer todo lo que sea posible.

—Creo que es una buena idea —dijo Nacho apoyando su decisión.

—Me fastidia muchísimo que no tengamos tiempo de poder charlar un rato —dijo Nacho apesadumbrado.

—A mí también me encantaría, pero sé que tú tienes que trabajar y yo tengo que ir al aeropuerto.

Nacho no pudo resistirse y en ese momento se abrazó a Sofía con todo el cariño imaginable. La abrazaba con fuerza, con toda su energía, la misma que sentía de vuelta. Permanecieron así un buen rato, era uno de esos reconfortantes momentos que no quieres que se acaben, uno de esos abrazos en los que el mundo se detiene.

Nacho la acompañó fuera del hospital para coger un taxi. Se hacía el fuerte, pero se le estaba haciendo durísimo tener que despedirse de Sofía de esa forma y en ese momento.

—Quién hubiese pensado todo lo que iba a pasar desde que llegué a Mallorca hace tres días —dijo Sofía con incredulidad—. Tres días que han parecido una vida entera, desde que llegué al hotel, me desperté aquí en el hospital, os conocí a los dos —dijo con un gesto de agradecimiento— y poder vivir estos preciosos momentos en casa de Maya. Tengo la sensación de que quien vuelve a casa es otra persona.

—Solo tres días, pero vaya tres días —dijo Nacho con una sonrisa—. También es extraño para mí, porque tengo la sensación de conocerte desde hace mucho tiempo.

—Esa sensación es mutua —reconoció ella—, y te agradezco de corazón cada momento, desde el primer instante hasta ahora, cada palabra, cada gesto, gracias de verdad —dijo visiblemente emocionada.

—Anda, calla, que esto parece una despedida —dijo Nacho al comenzar a sentir que no controlaba sus emociones—, de lo que tenemos que hablar es de la fiesta, que nos vemos de nuevo muy pronto.

Sofía sonrió al ver cómo Nacho cambiaba de tema.

—Sí, nos veremos pronto de nuevo.

—¿Te acuerdas de la visita a los niños? —preguntó Nacho.

—Es imposible olvidarse de ese momento, lo tengo grabado en el recuerdo.

—Acuérdate siempre de ellos —dijo Nacho—. No se llevan el problema todo el día con ellos, solo se quejan cuando les duele, y si no, están siempre en el presente. Recuerda que todo puede cambiar cuando menos lo esperes.

Ambos se miraron. Era evidente que no querían despedirse. Nacho no solo vio algo especial en Sofía, también sintió algo que hacía años que no sentía. Se fundieron en un último abrazo con más intensidad si cabe, hasta que Sofía subió al taxi. Ya sentada en el coche, extendió su mano para coger la de Nacho, hasta que la dejó ir despacio, despidiéndose con un silencio que lo decía todo.

ENFRENTARSE AL DESTINO DEJANDO HUELLA

Sofía llegó a casa. La sensación fue agradable y extraña, todo estaba igual pero nada era lo mismo. La percepción del tiempo parecía irreal, era increíble pensar que había salido de allí hacía tan solo tres días. Tenía la sensación de haber vivido toda una vida en ese tiempo, una vida muy distinta, una gran transformación. Al mismo tiempo se sentía agradecida de estar en casa.

Aún mantenía la agradable calma que había experimentado esa misma mañana en casa de Maya, esa sensación de haber despertado, de estar más consciente, más atenta, en el presente. Eso le llevó a recordar las preciosas vistas y el maravilloso entorno que ya echaba de menos.

Al ser sábado no tuvo que preocuparse por temas de trabajo ni dar explicaciones, eso llegaría el lunes. Lo que sí tenía que hacer era hablar con sus padres. Les llamó por teléfono con el mejor ánimo y quedó para comer con ellos al día siguiente, así tendría tiempo para pensar cómo darles la noticia de la mejor manera posible, si es que existía alguna.

Decidió quedarse en casa para escribir la carta genérica que quería enviar a esa lista de amigos que había hecho. Se basó parcialmente en la que ya había escrito el día anterior, explicando la situación mientras procuraba transmitir toda la calma posible. Adjunta a la carta seguía la invitación, casi más una petición, en la que contaba a sus seres queridos la idea del evento que quería llevar a cabo y por qué tendría lugar en Mallorca, con las indicaciones sobre la lista de tres cosas que Maya le sugirió.

Para aligerarla de peso emocional, escribió en tono de broma que le encantaría hacer la fiesta en verano, pero por caprichos del destino no podía esperar hasta entonces. Tenía que ser dos sábados más tarde, por lo que era importante confirmar la asistencia y hacer las reservas de los vuelos. Ella se encargaría del lugar en donde quedarse.

Revisó la lista de las personas, leyó y reescribió la carta una y otra vez durante horas, hasta que se sintió lo suficientemente segura. A pesar de las dudas, ya estaba lista para enviar el mensaje a todos. Se quedó mirando la tecla de «enviar» y respiró profundamente, imaginando la inesperada sorpresa y la revolución que ese mensaje supondría, hasta que la yema de su dedo se posó encima de la tecla, y cuando hizo clic, en su interior sonó como el disparo del inicio de una gran carrera.

Casi al instante de enviar el mensaje llegó la primera llamada, su teléfono comenzó a sonar y no dejó de hacerlo a lo largo del día. Uno tras otro la llamaron nada más ver el mensaje. Tuvo que repetir la misma conversación muchas veces, y la verdad era que con cada llamada iba mejorando. A todos les ocurría lo mismo; llamaban abatidos por la noticia y se quedaban pasmados ante la entereza y la enorme tranquilidad que Sofía les transmitía. Con los que vivían más cerca quedó en verse a lo largo de la semana, pero todos confirmaron que cambiarían todo lo necesario para asistir al encuentro en Mallorca.

Al día siguiente Sofía se levantó muy temprano, quería revivir las sensaciones de la mañana anterior en casa de Maya. Su plan era bajar a ver el amanecer en la playa de La Patacona, donde vivía. De nuevo se sintió en paz. Observó fascinada el regalo del amanecer con una nueva forma de mirar, sintiendo cómo el sol acariciaba su rostro poco a poco con los primeros rayos de luz. La playa y el amanecer siempre estuvieron ahí, pero nunca los había apreciado como en aquel momento. Contempló cómo el sol se asomaba, como si fuese la primera vez, sintiéndose en armonía con la naturaleza, como si todo estuviese en orden a pesar de las circunstancias.

Después de un relajante paseo por la orilla del mar, decidió ir a desayunar a la terraza de La Más Bonita, y desde allí seguir disfrutando de las vistas de la playa. Mientras desayunaba, infinidad de pensamientos comenzaron a surcar su mente. Sintió la necesidad de capturarlos, pidió una hoja y un bolígrafo y comenzó a escribir sus sensaciones, los pensamientos y las reflexiones que le surgían. Entonces el inminente encuentro con sus padres se cruzó en sus pensamientos y todo lo demás se detuvo.

Sofía era consciente de que estaba a punto de tener la conversación más dolorosa de toda su vida. Sabía que iba a causar un brutal dolor, y era consciente de que iba a destrozar el corazón de sus padres.

Es la más descorazonadora noticia que unos padres pueden recibir, la pérdida de un hijo. La naturaleza nos enseña que los que se van son los padres, que dejan aquí a sus hijos con la esperanza de haberlo hecho bien, de que tengan una buena vida. Eso es lo que suele suceder y lo que suele esperarse, por eso nadie está preparado para perder un hijo.

Tras una mañana de reflexión, de una creciente preocupación por lo que estaba a punto de vivir, llegaba la hora de afrontar lo que jamás habría imaginado. En ese momento recibió un mensaje de Nacho para ver qué tal estaba. Además de hacerle muchísima ilusión le ayudó a subirle el ánimo. Le respondió que estaba bien, que justo en ese momento se dirigía a casa de sus padres. Nacho le envió un saludo afectuoso y toda la energía del mundo para ese momento.

Llegó a casa de sus padres como si todo estuviese perfecto, saludándolos con todo el cariño. Se metió en la cocina a ayudar a su madre a preparar su plato favorito, la paella. Nadie la hacía como ella.

Comieron y charlaron como un día más, hasta que en la sobremesa su padre sugirió que se sentaran en el sofá para ver algo juntos en la televisión. Sofía se sentó junto a su madre, pero unos instantes después se armó de valor y apagó la pantalla.

—Tengo que contaros algo —dijo lanzando un suspiro y nada más ver su semblante sus padres se preocuparon.

Sofía les contó el desmayo que sufrió durante el evento y que estuvo todo un día ingresada en el hospital.

—Lo que en un principio no parecía ser nada, al realizar toda una serie de pruebas ha resultado ser una grave enfermedad.

Entonces respiró hondo, cogió la mano de su madre con fuerza, y dijo:

—Me han confirmado que tan solo me quedan unos meses de vida.

Al igual que le sucedió a ella, todo el sentido y toda lógica fueron arrasados como si hubiese explotado una bomba. La vida pareció extinguirse ante la incredulidad y la constante negación de sus padres. Su madre no dejaba de exclamar «No puede ser, no puede ser», hasta que profirió un grito proveniente de lo más profundo de su alma, un grito sin voz, ahogado en su garganta, ante el dolor de la impotencia y la incomprensión.

Sofía nunca había visto una cara tan desencajada como la de su madre en ese momento, como si un terrible monstruo hubiese aparecido frente a ella para llevarse lo mejor de su vida. Era la imagen de la más absoluta desolación envuelta en un mar de lágrimas y llanto de injusticia. No dejaba de repetir una y otra vez, con desesperación: «¿Por qué? ¿Por qué?».

La entereza de Sofía sucumbió y se abrazó entre lágrimas a su madre con todas sus fuerzas, mientras su padre las arropaba a ambas, llorando, sin saber cómo reaccionar.

—No puede ser, tiene que ser un error, se tiene que poder hacer algo —suplicaba su madre entre sollozos.

La intensidad del momento fue reduciéndose paulatinamente, no así el dolor. Fueron recuperando el aire perdido, y en cuanto Sofía recobró el aliento les contó todo lo sucedido. Les habló de cómo en el hospital conoció a una persona muy especial, y cómo, de la manera más sorprendente, la ayudó muchísimo. Les explicó que acabó en su casa, que la ayudó a recomponerse, a tomar control de sí misma y de la situación, y que, a pesar de todo, emocionalmente se encontraba bien.

Parecía que estuviese contando una película, como si no fuese con ella, porque al explicar la experiencia y lo vivido en casa de Maya, lo hizo hablando en un tono cariñoso, describiendo un momento entrañable. Su rostro no reflejaba ningún gesto de dolor ni de miedo. La aceptación y la calma que transmitía ayudó a sus padres a serenarse.

Le preguntaron por la enfermedad, por el posible tratamiento y las diferentes opciones. Le pidieron que se hiciese más pruebas, que comenzase cuanto antes el tratamiento. Ella les explicó que ya había hablado con los médicos de las opciones, les habló del encuentro que iba a celebrar y que tenía previsto comenzar el tratamiento después.

A sus padres les costó asumir esa decisión, pero la vieron tan segura de sí misma que la aceptaron. Pasaron la tarde juntos, entre difíciles conversaciones, con profundos y largos silencios, y como le sucede a mucha gente ante una noticia así, en vez de reconfortarla, era ella la que tenía que desdramatizar y darles ánimos.

Finalmente, Sofía regresó a casa tras prometerles que al día siguiente pasaría de nuevo a verlos. Pero por el semblante de sus padres, parecería estar despidiéndose para siempre.

Al día siguiente Sofía fue al trabajo como cualquier otro lunes. El trago más difícil lo había pasado el día anterior, a partir de ahí sabía que todo sería más fácil. Al llegar todos le preguntaron qué tal estaba después del desmayo que ya se había hecho famoso. Ella actuó como si todo estuviese perfecto y todos se alegraron de verla recuperada. Nadie se podía imaginar lo que se ocultaba tras aquella sonrisa, pero no quería comenzar a dar explicaciones a todo el mundo porque sería peor. Ya llegaría el momento de hacerlo.

Fue a hablar directamente con Pablo, su jefe, que había estado presente en el momento del desmayo y la había acompañado al hospital. Se alegró sinceramente de verla tan estupenda como aparentaba, pero tras los saludos, Sofía le dijo que tenía que darle una noticia.

—Necesito contarte el motivo por el que me quedé más tiempo en Mallorca.

Al momento Pablo presintió algo preocupante. Sofía le contó la inesperada noticia a Pablo, que había llegado a ver a Maya en la habitación del hospital. Lo que no se imaginaba era todo lo que pasó después, sus conversaciones, la noticia del médico y todo lo que Maya hizo por ella en el hospital y en su casa.

Sofía le explicó todo lo sucedido, al igual que a sus padres, pero después del desgarrador momento vivido con ellos, esto le resultó mucho más fácil. Pablo tampoco estaba preparado, le pilló totalmente desprevenido y más aún por la calma que Sofía transmitía a pesar de lo que le acababa de contar.

Pablo se quedó tan sorprendido como consternado. No era solo su jefe, trabajaban juntos desde hacía años y eran muy buenos amigos. Se quedó bloqueado, sin saber cómo reaccionar, preocupado por ella pero sin saber qué hacer ni qué decir, visiblemente afectado. Le preguntó cómo podía ayudarla y qué quería hacer con el trabajo. Le dijo que le ayudaría en todo lo que necesitase, que tan solo se preocupase por ella misma.

Sofía le agradeció su cariño y su ayuda en todo. Ni ella misma sabía lo que iba a hacer, si ir a trabajar al despacho, trabajar desde casa o tomarse ese tiempo para ella y esperar acontecimientos antes de tomar decisiones, pero agradeció la total flexibilidad y el apoyo de Pablo. Acto seguido se reunió con las cuatro personas más cercanas de su equipo junto a Pablo. La escena se convirtió en un drama y una vez más fue Sofía quien tuvo que animarlos a todos.

★★★★

El lunes por la tarde Sofía recibió la confirmación de todos sus amigos. Todos hicieron lo imposible para estar con ella ese especial día. Envió un correo electrónico a Maya con la lista de todos los nombres para la reserva del hotel. En total, incluidos Maya, Nacho y ella misma, serían veintisiete personas en la fiesta.

Esa misma noche Maya la llamó para ver qué tal estaba y confirmarle la reserva de las habitaciones para todos. Eran doce habitaciones dobles, y le dejó a Sofía el interesante lío de hacer las parejas para repartir las habitaciones, lo cual sería divertido. Hablaron de algunos detalles sobre los preparativos de la fiesta, pero sobre todo Maya quería saber cómo se encontraba. Se quedó muy tranquila porque la sintió fuerte y con ánimos.

Al día siguiente quedó para cenar con Beatriz, Dímpel y Manu, tres de sus íntimos amigos que también viajarían a Mallorca. Los tres estaban nerviosos y un poco preocupados, esperaban encontrarse a una persona decaída, pero nada más ver llegar a Sofía sus caras cambiaron. Tras el emotivo saludo, inesperadamente se encontraron a una persona totalmente centrada, con una energía tan preciosa como enigmática.

Tras reconocer que estaban nerviosos y que no sabían muy bien cómo reaccionar, fue ella con su actitud la que hizo que se tranquilizaran y vivieran la situación con toda normalidad, incluso con satisfacción al sentir el alivio de la buena energía que transmitía. Sofía tenía todo el derecho de estar absolutamente cabreada con el mundo, sin embargo estaba disfrutando como nadie la mayor parte del tiempo.

—¿Y cómo puedes estar así, con esa tranquilidad y esa energía? —le preguntaron.

—No es una cuestión de renegar de la realidad, ni tampoco de irresponsabilidad: es negarse a caer en el victimismo y la tristeza. Si te caes en un agujero no ayuda seguir cavando —dijo Sofía—. Se trata de no magnificar ni añadir más carga al problema. Simplemente es la decisión de intentar ver lo bueno que hay alrededor, que siempre hay algo; prestar más atención a los demás y pensar menos en mí; no ir más allá y anticipar el futuro, sino tratar de estar aquí y procurar disfrutar este momento en el presente.

Los tres se miraron, sorprendidos, con una sonrisa de admiración en sus caras, y a más de uno aquello le sirvió para desdramatizar alguna situación que estaba viviendo. Al mismo tiempo podían percibir tal cambio en Sofía que se preguntaban qué le había sucedido.

Sofía les habló de Maya, de los dos días que pasó con ella, primero en el hospital y luego en su casa, de las increíbles conversaciones que mantuvieron, de todo lo que aprendió de ella, de la enorme suerte que tuvo de que se cruzara en su camino. También les habló de Nacho, en un especial tono que causó cierta curiosidad.

Los tres la escuchaban boquiabiertos. La forma en la que hablaba, lo que decía, cómo lo transmitía y cómo brillaban sus ojos al hablar de ello. Con la intriga creada en torno a Maya, le preguntaron por ella y por Nacho. También quisieron saber más sobre la fiesta, pero no quiso darles pistas para mantener el suspense.

Lo que le resultaba más curioso a Sofía era cómo la escuchaban, la influencia que ahora tenían sus palabras. Era el poder de la autoridad moral que otorga el estar hablando de aspectos de la vida desde la experiencia personal y no desde suposiciones teóricas. Tras una velada más que agradable, finalmente se despidieron, con ganas de volver a encontrarse unos días más tarde, esta vez en Mallorca.

★★★★

Los días fueron pasando entre extraños contrastes. En ocasiones se olvidaba completamente de la enfermedad y todo era tan normal. Otras veces la incertidumbre de lo que estaba por venir sobrevolaba su mente como una amenazadora tormenta. Todos los días pasaba un buen rato con sus padres y algunas noches se quedaba a cenar con ellos. Estando con sus padres era inevitable recordar la situación que se avecinaba, porque su madre no podía ocultar sus emociones, y allí sufría por el contagio emocional, ya que a veces las emociones son como un virus.

Siguió trabajando a ratos, quiso hacerlo para mantener su mente ocupada y algunos días lo hacía desde casa. Otras veces se dedicaba a pasear por la playa y a estar con amigos. Sentía la creciente necesidad de escribir, lo que nunca había hecho hasta aquel momento. En su interior algo le pedía plasmar en papel sus pensamientos y sus sentimientos. Pensó mucho en las conversaciones con Maya, procurando recordar todo lo posible para recuperar las reflexiones y todo el conocimiento que esta le había transmitido.

A eso se sumaron sus propias reflexiones, sus sensaciones y la experiencia que estaba viviendo. Comenzó a emocionarse, por momentos se reía sorprendida por los pensamientos que surgían de su interior. Al leer lo que escribía apenas lo reconocía, era como si estuviese conectada a algo superior que dictaba sus palabras.

A lo mejor era escritora y no lo sabía. Tal vez simplemente tenía una historia que contar. Fuera como fuese, poder expresar esos pensamientos que fluían desde su interior fue un descubrimiento liberador. Escribir se convirtió en su mejor medicina, en una buena terapia diaria que la transportaba a otros mundos y le permitía sentir otras emociones sin moverse del sitio. Los días previos al evento reflexionó sobre lo que le gustaría aportar a sus amigos, de manera que escribió algunas reflexiones para ese día.

Una mañana se sintió más cansada de la cuenta, como si le faltara energía. Le habían advertido que ese sería uno de los primeros síntomas. Tal vez no fuera más que la tensión provocada por la cercanía del evento, pero por un momento su mente le jugó una mala pasada. No pudo resistirse a la tentación de buscar información sobre su enfermedad en internet. Al instante se dio cuenta de que no era una buena idea y lo dejó. En vez de eso comenzó a escribir para sumergirse nuevamente en su propio mundo.

Pocos días antes de regresar a Mallorca, no pudo evitar sentirse más nerviosa, al crecer la expectación sobre lo que podría suceder en la fiesta y cómo reaccionarían sus amigos. Estaba ilusionada con la idea de volver a casa de Maya, de verla y pasar buenos ratos juntas, además de las ganas de encontrarse con Nacho, con quien había mantenido un constante contacto ya que había estado pendiente de ella.

Llegó el ansiado día y despegó hacia el aeropuerto de Mallorca, donde Nacho la recogería. Viajaba con una pequeña maleta, llena también de incertidumbre, ilusión y nervios a partes iguales. Aunque confiaba plenamente en Maya, por momentos no se podía creer el lío en el que se había metido. Había llegado el momento de averiguarlo.

LA CELEBRACIÓN DE LA VIDA

Nacho le envió un mensaje para avisarla de que la esperaba en el coche frente a la puerta de llegadas. A pesar de haber estado en contacto, no pudo evitar preocuparse por cómo se encontraba, además de estar un tanto ansioso por ver la reacción de Sofía al encontrarse de nuevo.

Estaba esperando de pie junto al coche, algo nervioso, hasta que de pronto vio salir a Sofía y su corazón se aceleró ilusionado. La saludó con la mano para que viese dónde estaba y, al encontrarse, una inmensa alegría mutua quedó patente en el intenso abrazo.

Fue agradablemente extraño, como si al verse de pronto todo estuviese en su lugar. Nacho se quedó sorprendido ante la calma que emanaba Sofía, y además la encontraba radiante. Cierto era que solo la había visto en el hospital y tras la terrible noticia.

Al verla tan bien, Nacho no quiso preguntarle por su salud para no llevarla mentalmente a ese lugar. Pensó que ya habría momento para hablar de ello y que era mejor quedarse en el presente. De camino a casa de Maya hablaron de la experiencia vivida en sus dos semanas en Valencia y se lo pasaron genial charlando de los preparativos para la fiesta y de las expectativas sobre lo que podría pasar.

Llegaron a casa de Maya y de alguna forma Sofía se sintió como si hubiese llegado a su propio hogar. La alegría del rencuentro fue memorable y más aún al volver a sentir la extraordinaria humanidad de Maya. Muy a su pesar, Nacho no podía quedarse a cenar con ellas porque tenía que volver con su hija. Se disculpó ante Sofía, casi pidiendo perdón por tener que marcharse. Al día siguiente tenía que trabajar y no podría llegar hasta la hora de la fiesta.

Maya también se sorprendió al ver tan bien a Sofía, además de alegrarse al comprobar que los síntomas de la enfermedad aún no habían hecho acto de presencia. Hablaron durante toda la noche, hasta bien entrada la madrugada. Las horas volaban entre profundas conversaciones que Sofía no tenía con nadie más. Sentía cada momento con ella como un verdadero privilegio, hasta que finalmente se retiraron a descansar, porque si algo sabía Maya era que el día siguiente iba a ser largo.

★ ★ ★ ★

Sofía se despertó con una mezcla de nervios e intriga, como un niño en Navidad justo antes de abrir los regalos. Se levantó temprano para no perderse el amanecer. Quiso repetir todo igual que la vez anterior, buscar aquellas mismas sensaciones. Bajó a la cocina con su manta, se preparó el café y salió a la terraza, dando gracias por un nuevo día, respirando el presente, observando todo de nuevo como un verdadero milagro.

Poco después apareció Maya, sonriente al ver a Sofía, pero esta vez llevaba una bandeja con el desayuno preparado. Disfrutaron de un precioso momento, charlando de lo que podría pasar más tarde. Casi todo estaba preparado, las mesas para el *catering* de la cena, la caseta del bar, el equipo de sonido para la música, y juntas se pasaron la mañana ultimando los detalles para que todo estuviese perfecto.

La tensión fue creciendo al leer los mensajes a través del grupo que habían creado en los que todos iban contando que embarcaban desde distintos puntos, ya de camino. Sofía les deseó buen viaje a todos y les recordó que no olvidaran traer los deberes hechos para el encuentro.

Maya lo tenía todo organizado. Para dar tiempo a los que llegaban en los últimos vuelos, los había convocado a todos en la recepción del hotel a las cinco de la tarde, en donde Nacho los recibiría. Así llegarían todos juntos al mismo tiempo.

Las horas previas Sofía estuvo revisando las notas que llevaba preparadas, reflexionando sobre algunas de las revelaciones y lecciones aprendidas en esas dos últimas semanas. Quería compartir algunos de sus pensamientos, el porqué del encuentro y la importancia que tenía para ella, además de mostrar su agradecimiento. Sumergida en sus notas miró la hora en su móvil, se sorprendió de que ya fueran las cinco y media, y en ese mismo momento sonó el timbre.

— Creo que ya están aquí —gritó Maya mientras el corazón de Sofía se aceleraba con los nervios y la ilusión. Maya abrió desde el portero automático y acto seguido, como si fuese una manifestación, fue apareciendo todo el grupo con Nacho en cabeza, que los llevó directos hacia la gran terraza, mientras Sofía esperaba en ella.

A medida que se acercaban a la terraza, al verla aún desde la distancia, algunos comenzaron a gritar su nombre con vítores de alegría, lo que contagió entusiasmo a todos.

—¡No me extraña que quisieses hacer aquí la fiesta! —exclamó alguien al ver la impresionante terraza con la piscina y las increíbles vistas que fascinaron a todos.

Uno a uno, Sofía los fue saludando a todos. El momento del encuentro con cada persona era indescriptiblemente mágico, enormes abrazos como muestra de un inmenso cariño. Aunque al mismo tiempo, como si de un volcán se tratase, una erupción de contradictorias y potentes emociones se entremezclaban surgiendo desde lo más profundo.

Sin embargo, en el instante en el que los ojos de Sofía se cruzaban con cada uno de ellos, todos se quedaban sorprendidos, porque sin esbozar palabra, su profunda mirada y su sincera sonrisa transmitían una enorme paz y un entrañable cariño. Toda su expresión reflejaba una luz que contagiaba a los demás con su sorprendente estado de calma y una serenidad que nunca le habían visto.

Mientras terminaba de saludar y dar las gracias a cada uno de sus amigos, el resto de los invitados disfrutaban por los distintos rincones de la terraza, fascinados con el encanto del lugar, contemplando las vistas y el precioso entorno. Era una tarde perfecta.

Todos charlaban animadamente mientras tomaban algo, y los pocos que no se conocían entre ellos conectaron al instante. Tras ese cordial y distendido recibimiento, Maya y Nacho hicieron de anfitriones mezclándose entre todos. Y después llegó el turno de que Sofía se dirigiese a todos.

Sofía hizo una señal a Maya y a continuación animó a todos a dirigirse a una zona de la terraza donde había sillas para todos. Cada uno cogió la suya y se fueron acomodando frente al porche cubierto de la terraza. Por último, Sofía se subió en el escalón del porche para poder verlos mejor a todos.

—¿Habéis traído los deberes? —preguntó Sofía en un tono alegre, a lo que todos afirmaron sonriendo, intrigados sobre lo que iba a suceder a partir de ahí.

—Uuufff —resopló Sofía, liberando tensión—. La última vez que me dispuse a hablar delante de un grupo me desmayé y me desperté en un hospital —dijo sonriendo con infinidad de emociones entremezcladas—, pero hoy no va a pasar. Aunque lo cierto es que gracias a ese momento estamos aquí ahora en este precioso lugar.

En la primera fila, Maya y Nacho la escuchaban con atención.

—Lo primero que quiero hacer es daros las gracias de corazón por el enorme esfuerzo que habéis hecho por venir, por haber reajustado los compromisos de vuestras agendas para estar hoy aquí. Eso lo dice todo, no os podéis imaginar lo que significa para mí, porque los que estáis aquí sois las personas más importantes de mi vida —dijo Sofía emocionada y al instante ya pudo ver alguna lágrima—. Así que quiero hacer un brindis de bienvenida, desde mi más sincero y profundo agradecimiento, un brindis por todos vosotros, por acompañarme en este momento.

Todos se levantaron y brindaron juntos, mientras alguien soltó «Hidrataos bien, que esto va a ser duro», lo que causó risas presintiendo el carrusel de emociones que se avecinaba.

—Unos más, otros menos, la mayoría ya os conocéis, pero hay dos personas que tengo que presentaros, dos regalos que la vida ha puesto en mi camino. He tenido la suerte de encontrarme con la persona más asombrosa que he conocido en mi vida. En poco tiempo me ha enseñado y me ha ayudado tanto, que jamás podré agradecerle lo que ha significado para mí, y esa es Maya —dijo Sofía señalándola, momento en el que todos dieron un sentido aplauso.

»Gracias a su enorme corazón, que a veces se acelera y por eso nos conocimos —dijo sonriendo mirando a Maya—, y gracias a su inmensa generosidad, tenemos la suerte de poder celebrar esta fiesta en este mágico y precioso lugar, porque esta es su casa, así que gracias Maya por este enorme regalo.

Los aplausos y vítores aumentaron su intensidad.

—Y también quiero dar las gracias a alguien realmente especial, que sin conocerme, desde el primer momento ha estado ahí, que me ha demostrado tanto y me ha ayudado más de lo que se puede imaginar, así que muchas, muchas gracias de corazón, Nacho —dijo Sofía en un cariñoso tono mirando a Nacho. Mientras se llevaba el aplauso todos fueron testigos de la mirada de total complicidad entre ellos.

Tras ese aplauso y un gran suspiro, Sofía prosiguió ante la atenta mirada de todos.

—Todos sabéis cuál es la situación, pero quiero que sepáis que hoy no es un día triste, sino todo lo contrario. Esto no es una despedida, sino un encuentro, es una celebración de la vida. No tiene que ver con cómo morir, sino con aprender a vivir. Así que a nadie se le ocurra preocuparse por mí, lo siento mucho pero «no tengo tiempo para compadecerme, estoy demasiado ocupada viviendo como para perder el tiempo en lamentos —afirmó Sofía con una sonrisa y una serenidad pasmosas—. Este día de hoy, este encuentro, es una idea que sabiamente me propuso Maya, aunque tengo que reconocer que inicialmente me pareció la mayor locura que jamás había escuchado. Pero ahora tengo la sensación de que es algo sencillamente maravilloso. Hoy es un día para sacar del cajón los abrazos guardados, para decir lo que a lo mejor no hemos expresado. Es un día para sentir, reír, llorar emocionados, para disfrutar y compartir de corazón nuestra verdadera humanidad.

»Esto es una fiesta de agradecimiento, una celebración de la amistad, un momento para agradecer lo vivido y compartido juntos. Este es el momento de dejar aparcados los miedos, las preocupaciones, las inseguridades o la vergüenza. Tiene que ver con abrazar nuestros defectos, nuestra vulnerabilidad y nuestras imperfecciones.

Es el momento de quitarnos las armaduras, conectar y ser más humanos, y todo esto aún sin los efectos del alcohol —bromeó Sofía provocando las risas de todos.

»Aunque primero me gustaría compartir, o al menos intentarlo, algunas de las cosas que he aprendido gracias a Maya y también a Nacho... Reflexionar sobre alguna de las lecciones que, de golpe, la vida me ha revelado y que ojalá hubiese comprendido antes —dijo Sofía con cierta nostalgia.

Todos estaban expectantes por escuchar esas palabras. Sabían que iban a ser importantes.

—Creo que a veces vivimos sin prestar atención al tiempo, con prisas, viviendo para el futuro, sin ser conscientes de que el contador de la vida está en marcha y sigue corriendo. Miramos el porvenir con calma, porque aparentemente queda mucho tiempo por delante, hasta que de pronto un día, sin previo aviso, el contador comienza rápidamente la cuenta atrás. De pronto, la posibilidad de la muerte se asoma por la ventana, te saluda por sorpresa, te corta la respiración y por un momento el tiempo se detiene por completo. Pero acto seguido, y en este caso gracias a Maya, se abrió otra ventana que desconocía, una ventana desde la cual se ven las cosas de manera muy distinta. Entonces, de repente, se te despierta la vida, el universo te susurra un mensaje y al fondo escuchas: «La vida te está esperando».

»Lo que hasta ahora me preocupaba dejó de hacerlo, lo que parecía importante dejó de serlo, lo que posponía para otro momento ahora es prioritario. De pronto, te asombras con las cosas más simples, ves cada día como un regalo, como una nueva oportunidad. Se reordenan las prioridades, desaparecen las ansiedades sobre el futuro porque solo queda el presente, aprendes a valorar las pequeñas cosas, a estar más atenta a todo, a estar más pendiente de los demás, a estar más presente, y descubres que lo más importante es nuestra conexión humana, el valor de la amistad.

Todos escuchaban con atención, estaban cautivados escuchando a Sofía, sobre todo por la asombrosa energía que transmitía, pero si había alguien realmente fascinado escuchándola era Nacho.

—También te das cuenta del tiempo perdido en absurdas preocupaciones. Te das cuenta de la inutilidad del temor causada por anticipar los problemas y padecer así antes de tiempo. Tener presente que el tiempo es limitado te ayuda a dejar de perderlo, a ser conscientes de que la vida no es algo permanente, a tomar mejores decisiones, a valorar más el presente y la propia vida. He aprendido que si huyes de los miedos, de lo que te alejas es de la vida. La ironía es que cuando dejas de huir y haces de la muerte tu amiga, cuando tienes esa posibilidad presente, comienzas a apreciar y valorar mucho más la vida. Los miedos te abandonan y aprendes a vivir.

»En ese despertar comenzamos a recordar cosas que quisimos haber hecho, haber dicho. Nos acordamos de sueños que quedaron en el olvido, tal vez para más adelante, viajes incumplidos, propósitos y proyectos abandonados en el fondo de un cajón. Llamadas que deberíamos haber hecho y no hicimos, encuentros con amigos que por distintos motivos se han ido posponiendo, conversaciones incompletas y abrazos pendientes que siguen aplazándose en el calendario.

»Nos arrepentimos por no haber compartido más tiempo con la familia y los buenos amigos. Así que hoy es el día, es el día de dejar de posponer la vida, porque es irreversible, es hora de dejar de esperar a otro momento mejor, y si estás esperando o buscando ese momento, mira a tu alrededor.

»Este día y este momento tienen que ver con todo lo que nos une, a pesar de lo diferentes que podamos ser. Cuando quitamos todas las capas externas de las diferencias, de las apariencias, si rascamos un poco más la superficie y llegamos al fondo, descubrimos que todos tenemos, sentimos y buscamos las mismas emociones. No queremos sentirnos invisibles, queremos sentirnos apreciados, sentir que importamos. Queremos sentirnos dignos de ser queridos. En el fondo, lo que más deseamos es ser comprendidos y ser amados. He aprendido de Maya que en la vida real ganar no es vencer a alguien, que en la vida real el verdadero triunfo es cuando conectamos emocionalmente con otra persona al nivel más profundo. Por eso la amistad es uno de los más bellos y puros sentimientos que nos une a las personas, una de las cosas que más nos llenan, porque la amistad es una forma de amar.

»Tal vez en gran parte, la vida trata sobre conectar profundamente y pasar buenos ratos con los buenos amigos, con buena gente como vosotros y ese es el propósito de este día.

Todos agradecieron con aplausos esas emotivas palabras. Algunos apoyaban la cabeza en el hombro de la persona junto a la que estaban sentados, otros se miraban y se daban la mano, o ponían su brazo por encima del hombro de quien tenían a su lado, buscando la complicidad, unidos por una indescriptible energía que lo envolvía todo.

—Creo que un amigo es alguien en quien confiamos como en nosotros mismos — prosiguió Sofía—, alguien con quien podemos desnudarnos emocionalmente y pensar en voz alta, alguien a quien podemos confesar hasta el más recóndito de nuestros pensamientos, alguien que a veces nos conoce mejor que nosotros mismos. Tal vez un amigo sea esa persona con la que te atreves a tener conversaciones que a lo mejor no te atreverías a tener ni contigo misma. A veces hacemos un gran esfuerzo por ser perfectos, por mostrar la mejor imagen, por impresionar, pero la gran ironía es que lo que nos impresiona de verdad, lo que realmente cautiva, es la autenticidad y la humildad. Lo que nos conecta es la cercanía, la vulnerabilidad, la calidad humana, percibir a alguien real, con sus dudas y sus miedos, alguien con quien nos identificamos porque sufre como nosotros.

»Por eso las mejores conversaciones no son aquellas en las que alguien está enumerando todos sus logros, cuando alguien se pasa la vida tratando de impresionar. No nos identificamos con alguien así, porque la pedantería y la arrogancia no nos une, sino que nos separa y termina por desconectar.

»Lo que realmente nos conecta y en donde nace la verdadera amistad es en las conversaciones profundas, las conversaciones en donde hablamos de nuestros miedos, nuestras ilusiones, nuestras derrotas y nuestros sueños. Las conversaciones que mantenemos con quien sentimos que podemos confiar, con quien podemos mostrarnos vulnerables, sin miedo a ser juzgados ni criticados, sino comprendidos.

»A veces no necesitamos que nos digan lo maravillosos que somos, que no nos preocupemos, que seamos felices, que todo va a ir bien. Más bien necesitamos que nos digan que el mundo y la persona perfecta no existen. Si tenemos un problema, si nos sentimos como un desastre, como un fraude, o en medio de un vacío existencial, necesitamos que nos reconforten diciendo: "Lo siento mucho, pero no tienes la exclusividad, todos nos sentimos un poco así, todos estamos llenos de defectos e imperfecciones, de dudas y ciertos temores, así que bienvenido al club, eres uno de los nuestros". Conectamos y nos sentimos comprendidos cuando de pronto pensamos: "¿A ti también te pasa?". Supongo que todos necesitamos evidencias de que eso no nos sucede solo a nosotros. Tal vez así dejaríamos de compararnos y aliviaríamos muchos de nuestros males.

»Eso es lo que podemos encontrar en el hombro de la amistad, el bálsamo de la comprensión para dejar de sentirnos como un bicho raro, defectuoso; para aceptarnos, querernos un poco más y volver a levantarnos cuando nos caemos.

Maya y Nacho, sentados una al lado del otro, se miraron, asombrados al ver a Sofía expresarse de esa manera. Las palabras fluían desde lo más profundo de su interior, daba la sensación de estar conectada a algo más grande que ella.

—Hace unos días Maya me hizo una pregunta que para mí fue muy reveladora y que me ayudó a tomar la decisión de hacer esto —continuó, señalándolos a todos—, y es una pregunta que creo que todos deberíamos hacernos, independientemente del momento en el que estemos. La pregunta es: «¿Cómo quieres ser recordado? ¿Qué te gustaría que viniese a la mente de tus amigos cuando alguien mencione tu nombre?».

»Tras meditarlo un buen rato finalmente le respondí que me gustaría ser recordada como alguien noble, como una buena persona, una gran amiga, como alguien con quien poder contar y en quien poder confiar, alguien valiente que se arriesgó y vivió, que aprendió y creció, alguien capaz de ayudar, que contribuyó y dejó huella en la vida de los demás.

Se podía escuchar el silencio, se podían ver las emociones. Parecía como si Sofía hubiese secuestrado la atención de todo el grupo, o tal vez estaban ensimismados en su particular universo, impactados reflexionando sobre esas palabras con las que se identificaban y que resonaban en lo más profundo de cada uno de ellos.

—La respuesta me ayudó a identificar los valores más importantes para mí: la nobleza, el respeto, la amistad, la dignidad, aprender y crecer entre otros. «Esos son los motivos por los cuales me gustaría ser recordada», le dije a Maya. Y ella me respondió, «Pues si quieres ser recordada así, comienza a vivir así» —dijo Sofía sonriendo, mirando a Maya, en cuyos ojos se podía ver el orgullo que sentía por ella—. Así que, en gran medida, por eso estamos aquí.

»No podemos llevarnos nada excepto lo que damos, lo que hemos hecho por los demás, lo que hemos sentido y hecho sentir. Lo que hemos amado es lo que se queda para siempre con nosotros en el lugar más seguro, en la caja fuerte de nuestra historia, que será recordada para la eternidad por aquellos a los que de alguna forma hayamos tocado, porque el corazón no permite que la emoción se extinga en su memoria. Nadie muere si no es olvidado, por eso os estoy dando este dolor de cabeza, para que no me olvidéis —dijo Sofía, sonriendo y encogiéndose de hombros, mientras las lágrimas se mezclaban con las sonrisas y miradas llenas de un entrañable cariño—. Pero ya me callo, no os preocupéis, porque ahora os toca a vosotros. Tan solo quiero daros las gracias de nuevo, gracias de corazón por estar a mi lado todo este tiempo, gracias por el regalo de vuestra amistad y vuestro cariño. Gracias porque el mejor regalo que puedo recibir son las miradas que estoy viendo en este momento, es algo que no tiene precio, porque aquello que te hace sentir lleno, en paz y absolutamente pleno no se puede comprar, es algo que uno se tiene que ganar y solo lo ganas por lo que haces por los demás. Así que estoy orgullosa de poder decir que sois mis amigos y deciros que os quiero más de lo que podéis imaginar, y hoy estoy especialmente orgullosa de decir que el propósito más importante de mi vida en este momento se ha cumplido; que era tener aquí a mis mejores amigos y poder compartir juntos este momento —dijo

Sofía con la mano en el corazón, mirando a todos, dando gracias, inclinando un poco la cabeza a modo de reverencia.

Al alzar sus ojos, pudo ver un mar de lágrimas frente a ella. Todos se levantaron, aplaudieron, lloraron abrazándose unos a otros, sintiendo algo inmensamente profundo. La intensidad de las emociones superaba cualquier situación que hubiesen vivido anteriormente.

Sofía comenzó a abrazarse con todos ellos. No había palabras, tan solo una que se repetía: «gracias». Todo eran sentimientos a flor de piel, profundas miradas y poderosas emociones que lo envolvían todo. La intensidad emocional superaba por mucho todo lo que Sofía había podido imaginar. Era un momento de pura humanidad, impregnado de la esencia de un amor transparente y puro.

Los abrazos y las muestras de cariño no cesaban atraídos por una preciosa energía que quedó suspendida en el aire, hasta que Sofía se encontró frente a Maya. Cuando la vio se abalanzó sobre ella con tantas ganas que a punto estuvieron de caerse las dos al suelo. Era un emotivo abrazo de infinito agradecimiento, de un extraordinario cariño. Sofía, entre lágrimas, no dejaba de darle las gracias.

—Estoy muy muy orgullosa de ti —le dijo Maya al oído, aún abrazadas—. De verdad que me has sorprendido y soy yo quien te da las gracias por el precioso regalo que me acabas de hacer, por el regalo que nos has hecho a todos —dijo Maya realmente emocionada.

—Gracias a ti por ayudarme, por convencerme para hacer esto —dijo Sofía—, por organizar todo y darme la oportunidad de vivir este mágico momento.

—Pues esto acaba de empezar —dijo Maya, sonriente—. La tarde es larga y lo mejor está por llegar.

En ese instante Sofía vio a Nacho, con los ojos aún enrojecidos. Sus miradas se encontraron y una inevitable fuerza los atrajo sin remedio. No solamente se abrazaron, sucedió algo más, ambos se sintieron como dos personas perdidas que se hubiesen encontrado después de mucho tiempo y por fin respirasen aliviados.

Tras un buen rato se miraron a los ojos, en silencio. En su mirada Nacho reflejaba una evidente admiración por ella, magnificada por lo que acababa de suceder. Era la clase de admiración de la que se alimenta el amor. Los dos querían hablar, pero estaban rodeados de personas que esperaban para saludar a Sofía. De modo que Nacho dijo:

—Gracias, gracias de corazón...

Y, muy a su pesar, soltó su mano lentamente.

Tras ese rato de profundas emociones la música comenzó a sonar de fondo. Sofía se ilusionó al reconocer que era de su lista de canciones. Maya los animó a todos a ir hacia la caseta donde tenía montado el bar y un par de mesas con aperitivos, a la espera del gran *catering* que estaba previsto más tarde.

Se dispersaron por la terraza y alrededor de la piscina, charlando en un ambiente ya mucho más distendido tras rebajar la emotividad, tomando algo entre risas y comentarios de sorpresa por lo que acababan de experimentar.

De pronto sonó «Gravity», de John Mayer, una de las canciones favoritas de Sofía, y esta pegó un grito toda animada:

—¡¡Vaaamosss!!

Su arranque elevó la energía y el ambiente.

—¡Esa Sofía grande! —gritó su amigo Manu, lo que arrancó los vítores y silbidos de ánimo de todos. Aquello comenzaba a parecer una fiesta.

Algo mágico quedó flotando en el aire, una sintonía emocional que todos percibían. Era una sensación de paz, de aceptación, de comprensión mutua debido a esa profunda conexión humana de la que había hablado Maya. Era la poderosa energía de la amistad que surgía de la vulnerabilidad y la autenticidad, justo lo que acababa de describir y demostrar Sofía.

Nacho buscó entre toda la gente la manera de encontrarse de nuevo con Sofía, hasta que por fin la tuvo a su lado.

—Siento no haber sido capaz decir nada antes, pero ha sido maravilloso escucharte, la verdad es que me has impresionado. Y quiero darte las gracias, porque me ha servido mucho escuchar lo que has dicho y me ha encantado lo que has transmitido.

—Gracias a ti, Nacho. Esto era inimaginable, un sueño impensable que ha sido posible gracias a ti y a Maya. Este momento es el mejor regalo de mi vida y, además, según Maya no ha hecho más que empezar —dijo Sofía con una dulce sonrisa que contagió a Nacho.

Varias personas se acercaron para unirse a ellos. No había espacio para muchas intimidades, en ese momento todos quería estar con ella. Tras un buen rato que pasaron charlando todos animadamente llegó la hora de continuar con lo previsto.

Maya le hizo una señal a Sofía y hablaron para coordinarse en lo que estaba planeado. Volvieron hacia la zona donde habían estado antes. Algunos invitados se quedaron de pie, otros estaban sentados, todo era ya mucho más relajado y Maya tomó la palabra.

— Sofía se ha empeñado en que os dirija algunas palabras antes de iniciar la segunda parte de este día tan especial, aunque no quiero robaros protagonismo porque hoy es su día y el vuestro —dijo Maya con su sonrisa y su asombrosa serenidad, captando la atención de todos al instante—. Con sus caprichos, el destino nos ha unido en este inesperado cruce de caminos, y eso ha hecho que estemos hoy aquí, en este precioso momento. Para mí es todo un honor y una gran suerte poder vivir este maravilloso encuentro y teneros a todos aquí en mi casa, que ya es la vuestra. El hecho de que estéis todos aquí demuestra algo muy importante sobre el valor de la amistad, porque no ha fallado nadie. Hay personas que tienen muchos amigos, pero les falta la verdadera amistad, que es estar dispuesto a hacer lo que sea por un amigo. Y eso es lo que habéis hecho vosotros. Y pocas cosas hay tan bellas y gratas como mostrar nuestros sentimientos de aprecio hacia quienes queremos, dejarles saber lo que significan para nosotros y expresar nuestros sentimientos de agradecimiento. Así que quiero darle las gracias a Sofía por el maravilloso regalo que nos ha hecho a todos con sus palabras. ¡Este aplauso va por ti!

Sofía se llevó una cariñosa ovación y el sentido agradecimiento de todos.

—Aprender a agradecer y ser más agradecidos es precisamente uno de los propósitos de este día, por eso Sofía os pidió que elaborarais una lista de cosas por las cuales estáis agradecidos. Algunos se preguntan por qué es tan importante ser agradecidos y los motivos son muchos. La gratitud es un acto de amabilidad con la vida y cuando eres más agradecido, el mundo es más amable contigo. Hay personas que no se dan cuenta de lo que hacemos por ellas, hasta que dejamos de hacerlo. En otras ocasiones tenemos a alguien a nuestro lado que hace cosas por nosotros, nos acostumbramos y no lo agradecemos, no le damos el merecido reconocimiento, hasta que un día dejan de hacerlas y entonces nos damos cuenta de lo valiosas que eran esas supuestas pequeñas acciones. Algunas personas piensan que cuando la vida se porte mejor con ellas y sean más felices, entonces tendrán motivos para ser más agradecidas, pero la ecuación es al revés. Las personas más felices no son agradecidas porque son felices, sino que son más felices porque son más agradecidas. Ser agradecidos consiste en entender y apreciar lo que se tiene cuando se tiene, no después de perderlo.

»Ser agradecidos es una manera de sentirnos más llenos, y cuando no lo somos nuestra mente se pasa el día pensando en todo lo que aún nos falta, en lo que todavía no tenemos y nos hace sentirnos más desdichados. La falta de agradecimiento y aprecio por las cosas pequeñas hace que nunca nada parezca suficiente, por eso se dice que seremos más agraciados si somos más agradecidos.

»Vemos sofisticadas fórmulas para ser más felices, pero la forma más fácil para aumentar nuestro nivel de felicidad es querer y valorar más lo que ya tenemos, porque la gratitud, ser más agradecidos, nos hace más felices. La pregunta que cada uno tenemos que hacernos es ¿cómo puedo apreciar más y ser más agradecido por lo que ya tengo hoy en día en mi vida?

»Tenemos que parar, observar para ver y sentir la vida, observar el cielo maravillados, dar gracias por el atardecer que estamos a punto de ver, por las personas que tenemos a nuestro lado, por la amistad, por este momento, ser capaces de asombrarnos por un nuevo día en vez de darlo por hecho. Ese agradecimiento nos ayuda a estar más en el presente, a ser más conscientes y apreciar lo que tenemos alrededor, así seremos más ricos de espíritu. Ese es el motivo de esa petición que os ha hecho Sofía: escribir la lista de cosas por las que estáis agradecidos. Más que una petición es un regalo hacia vosotros mismos, para que os deis cuenta de todo lo que tenéis.

»Sofía ha querido dejar un legado sembrando unas semillas. Semillas esparcidas a través de sus cartas, de su agradecimiento, de esa lista con las tres peticiones, creando este momento con vosotros, contribuyendo y marcando la diferencia, dejando huella, porque las semillas sembradas en el corazón son para toda la vida. Una vida no es recordada por su duración, sino por su legado, por eso algunos son olvidados aún en vida, mientras que otros son recordados mucho después de su partida. Cuando somos jóvenes, vivimos de forma inconsciente respecto al tiempo, asumimos que la vida será larga, que los días llegarán uno tras otro, que aún tendremos mucho tiempo, supongo que por eso lo desperdiciamos. Alguien que cree que tiene todo el tiempo del mundo por delante vive de forma muy distinta de alguien que comprende que su tiempo se agota.

»Ser más agradecidos nos ayuda a apreciar mejor la vida, a ver algunas cosas como si fuese la primera vez o tal vez la última vez, porque habrá una última vez para todo, una última vez para bañarte en el mar, un último abrazo, un último amanecer, un último "para siempre". ¿Acaso besarías igual a la persona más importante de tu vida si supieses que ese es el último beso? —preguntó Maya haciendo una pausa.

Nacho y Sofía cruzaron una mirada cargada de intensidad.

—Por todo eso es importante ser agradecido, y esa es la razón de esa lista, para que la tengáis presente y os ayude a valorar lo que tenéis a vuestro alrededor en el presente, a no dar nada por hecho y valorar la propia vida, porque son muchas las personas que cuando pierden lo que tienen se dan cuenta de todo lo que tenían y no valoraban.

»La segunda petición era escribir tus sueños. Describir cuál es tu mayor sueño, eso que quieres lograr o hacer al menos una vez, tu mayor ilusión. Aquello que te apasiona, aquello con lo que sueñas y por lo que realmente crees que merece la pena sacrificarte. Un propósito al que entregarte. A lo mejor aquí sentado hay un escritor que no escribe, un cantante que no canta, un empresario que no emprende, un aventurero que no viaja, un pintor que no pinta, y puede que muchos sueños permanezcan a la espera, guardados en el cajón llamado "algún día". A veces perdemos la esperanza o la ilusión, pensamos en abandonar, en que ya no tenemos nada por lo que luchar, pero es una cruel mentira que nos contamos para aceptar o justificar una situación en los momentos más duros. Precisamente esos son los momentos en los que tenemos que levantar la cabeza y volver a mirar a lo que un día aspirábamos, a nuestros sueños, que son nuestras alas para volver a volar.

»Es importante preguntarnos si el camino por el que va nuestra vida es nuestro camino o si ha sido dirigido por otros. Preguntarnos si nos lleva hacia donde queremos, si está alineado con quien somos y lo que buscamos. El coste de no seguir a nuestro corazón puede que sea una vida de arrepentimiento por no haberlo intentado y la eterna duda de saber qué habría pasado.

»Esa fuerza, esa energía necesaria para tomar importantes decisiones, esa ilusión que nos inspira y llena nuestro corazón de pasión, nace de la claridad de una visión, de la nitidez de un sueño, de tener enfrente un reto que obliga a crecer, a enfrentarse a los miedos, a descubrirse y encontrarse, a dejar una huella. Ese es el motivo de esa segunda lista: descubrir el mapa, definir qué es importante, no algo para impresionar a los demás, sino aquello que llena e ilusiona verdaderamente. Ese sueño es como un faro de mar, la luz que nos ayuda a recuperar el rumbo cuando nos perdemos durante las tormentas que aparecen a lo largo del camino.

El silencio era absoluto, Maya parecía haberlos hipnotizado.

—Y queda la tercera petición de la lista, pero en este caso será Sofía quien os explique su porqué. Así que gracias por hacer posible este día, os dejo con ella.

El silencio se quebró con un cálido aplauso, que sirvió tanto de sincero agradecimiento hacia Maya como para recibir cálidamente a Sofía mientras ambas se saludaban afectuosamente con todo su cariño.

—Bueno —dijo Sofía tras dar un profundo suspiro—, la verdad es que no es fácil hablar cuando Maya está a mi lado porque me parece que es desaprovechar el tiempo. He tenido la enorme suerte de tener muchas y largas conversaciones con ella, aunque más que conversaciones, por mi parte, son escuchas —dijo Sofía riendo—, me encanta escucharla porque siempre aprendo. De las tres peticiones esta última es la más personal. Tiene que ver con recordar cuál ha sido el momento más emotivo o más especial que hayamos vivido juntos. Momentos compartidos en los que hemos reído o hemos llorado juntos. Los momentos de esas necesarias conversaciones que tanto nos unen, donde compartimos intimidades, miedos y sueños, cuando nos hemos sentido solos y nos hemos acompañado. Recuerdos imborrables de noches locas, grandes días de alegrías y preciosas emociones.

»Hay momentos en los que por circunstancias nos caemos, perdemos la confianza y la esperanza, en donde lo vemos todo negro, pero aparece el hombro de la amistad para desdramatizar, para sentirnos escuchados, comprendidos y poner luz en la oscuridad. Y por encima de todo, está la felicidad de saber lo que es tener un amigo en quien confiar y poder compartir muchos momentos del viaje de la vida juntos. Puede que sea egoísta, no sé si es mi ego o mi alma la parte que quiere escuchar y recordar esos instantes, pero esos son los momentos y las emociones que llenan el corazón, que nos otorgan un mayor sentido, son las imágenes entrañables que me gustaría llevarme conmigo. Me he dado cuenta, o al menos eso creo, que el impacto y la influencia que tenemos en la vida de los demás es nuestro mayor logro; es la manera en la que dejamos un legado. Supongo que por eso me gustaría saber que esos recuerdos permanecerán, saber que de alguna forma he dejado una pequeña huella, que en algún momento he sido una influencia positiva, y soñar con que años más tarde, si alguien menciona mi nombre, provoque una bonita sonrisa, porque eso significará que habrá sido una vida bien vivida. En realidad, es un regalo que os estoy pidiendo de forma descarada —dijo Sofía con una sonrisa, encogiéndose de hombros—, pero puede que para vosotros también sea el regalo capaz de llenar cualquier vacío y para dejar grabado en la eternidad ese bonito recuerdo.

»Así que la idea ahora —dijo Sofía cambiando de tono y abriendo sus brazos, como dando la bienvenida— es compartir esa lista de cosas por las que estás agradecido, compartir tu sueño o eso a lo que aspiras, y un recuerdo de algún momento que compartimos juntos, algo que fue importante para ti. También podéis decir lo que brote de vuestro corazón.

»Sé que no es fácil compartir cosas emocionales, pero también sé que esas conversaciones tienen la capacidad de hacernos conectar e identificarnos los unos con los otros, ya que la intensidad de la comprensión y la conexión emocional de las relaciones depende de la sinceridad, la vulnerabilidad y nuestra autenticidad, de atrevernos a revelar nuestros verdaderos sentimientos. Y este es un entorno con personas maravillosas en el que podéis sentiros seguros para poder hacerlo.

Se notaba en la mirada de algunos que, efectivamente, tenían miedo de exponerse.

—Ahora es cuestión de romper el hielo —los animó Sofía—, así que, ¡a ver quién es el primer o primera valiente que se atreve!

De pronto Manu se levantó, casi antes de que Sofía acabase de hablar.

—¡Ese Manu, sí, señor! —exclamó Sofía ante los aplausos y los ánimos de todos, que lo jaleaban.

Su amigo se acercó a Sofía y se saludaron emocionados con todo el cariño. Ella le agradeció el gesto, especialmente, que fuera el primero, y se hizo a un lado para dejarle hablar.

Manu era uno de esos amigos a los que le sudaban mucho los ojos. Lo que le costaba no era emocionarse, sino todo lo contrario. Miró a la gente, miró a Sofía y resopló con fuerza para poder comenzar a hablar, ya emocionado de antemano:

—Había hecho los deberes. Traía mi lista con algunas cosas por las que estaba agradecido y estoy seguro de que las voy a tener mucho más presentes y ser más agradecido, pero ahora mismo, si hay algo por lo que realmente tengo que dar gracias es por tus palabras —dijo mirando a Sofía—. Gracias porque me acabas de quitar todas las excusas.

Manu era transparente, transmitía pura sinceridad y honestidad.

—En este momento siento vergüenza, porque últimamente me pasaba el tiempo quejándome, criticando, haciéndome la víctima. Y ahora, de un guantazo, me acabas de quitar la tontería y me has devuelto la vida —dijo con la voz totalmente rota—. Así que... gracias de corazón.

Sofía, desde un lado del escenario improvisado, sonrió emocionada al escuchar sus sentidas palabras.

—¿Sueños? —dijo Manu lanzando la pregunta al aire—. Tengo muchos sueños e ilusiones. Igual que la primera lista, están ahí y ahora sé que les llegará su momento, pero ahora mismo, por encima de todos esos sueños, mi mayor sueño es que te cures —dijo Manu, incapaz de frenar sus lágrimas, contagiando a todos los demás—, y que podamos reír y llorar juntos muchas veces recordando este día dentro de muchos años.

Al verle así Sofía se acercó, regalándole un beso en la mejilla, junto a un «te quiero», con una mirada de agradecimiento que lo decía todo.

—¡Y el momento juntos! —exclamó Manu tras recuperar el aire—. Tenemos unos cuantos, de alguno mejor ni hablar, por si acaso —dijo recuperando la sonrisa—, pero por encima de todos hay uno que ha superado a los demás, y es este momento. Si querías saber si dejas un legado, si serás recordada, si has sido una influencia positiva, al menos por mi parte te garantizo que jamás en mi vida voy a olvidarme de este día, no solamente por ti, sino porque quiero que lo que hoy estoy sintiendo aquí nunca se me olvide. Por eso, si no te importa, mañana mismo me voy a tatuar tu nombre junto con la fecha de hoy.

Sofía se quedó muda, no sabía qué pensar ni qué decir. Esta vez fue Manu quien se acercó a ella para darle un enorme abrazo y su más sincero agradecimiento.

—Hala, preparaos y sacad los pañuelos que esto se va a hacer largo —dijo Manu mientras volvía a su sitio.

La siguiente en levantarse fue su amiga del alma, Estela. Sofía intentó volver a apartarse, pero ella no se lo permitió, cogiéndola de la mano para retenerla a su lado.

—¿Y qué te voy a decir que no sepas ya? —dijo Estela mirando a Sofía con toda la complicidad que ambas tenían—. Yo quiero dar gracias sobre todo por dos cosas. Doy gracias al universo por haberte puesto en mi camino, por haberte conocido, y doy gracias por el mayor privilegio que tengo, la suerte de tenerte como amiga. Ya sabes que es mentira pero no pasa nada, queda bien —dijo Estela bromeando para rebajar la intensidad del momento—. Antes tenías razón, Sofía, cuando recibí la invitación también pensé que esto era la idea más absurda que había escuchado jamás, pero resulta que para mí también ya se ha convertido en un día que jamás voy a olvidar. Este será el momento que por siempre permanecerá en mi corazón, aunque yo no me voy a hacer un tatuaje con tu nombre —dijo sonriendo—, porque ya sabes que te llevo muy dentro. Lo que ahora sí que voy a hacer es escribir y publicar un libro. Como ha dicho Maya, soy uno de esos escritores que no escribe, o al menos no enseño lo que escribo, y ahora sé que ha llegado mi momento porque me acabas de regalar la inspiración para hacerlo. Ese es mi sueño.

Aquellos que ya conocían el secreto de Estela se emocionaron especialmente.

—Y el momento juntas... —dijo Estela recordando— hay tantos, pero especialmente siempre tendré uno presente. Era una de esas fases en las que mi mundo parecía desmoronarse por completo, y el día en el que más ayuda necesitaba, sin decir nada, de manera misteriosa tú lo percibiste, apareciste y me ayudaste a levantarme. Jamás lo olvidaré.

»Gracias por poner mi mundo patas arriba, por removerlo por completo para reordenarlo como toca, por esta lección de vida, por esta patada a los miedos y las excusas y poner en orden mis prioridades. Gracias por tu humanidad, tu amistad y por este precioso regalo que nos estás haciendo a todos —concluyó Estela, visiblemente emocionada.

Uno a uno, todos siguieron compartiendo. Hubo momentos muy emotivos, otros realmente delirantes que lo más probable es que no se hubieran atrevido a contar en otra situación, pero era el día para desnudarse emocionalmente y compartir de manera abierta sin miedos.

Todos estaban tan fascinados como sorprendidos al escuchar algunos de los sueños compartidos, fue algo inspirador. Hubo quien quería comprar un terreno en una montaña para hacer una casa con huerto y convertirla en un pequeño hotel, quien quería crear su propia ONG para ayudar a las personas mayores, quien soñaba con dar la vuelta al mundo en un velero...

Hubo quien reconoció que quería innovar y comenzar su propio negocio. Otra persona, estudiar y perseguir la sabiduría para poder contribuir y ayudar a los demás creando una escuela de la vida. Otra se propuso convertirse en nómada digital, para seguir trabajando mientras recorría el mundo.

Con cada persona que comenzaba a hablar la expectativa crecía y las sorpresas se sucedían. Nadie sabía si se iban a morir de risa o tocaba llorar de nuevo, pero no había ningún miedo, sino ilusión, porque todo salía del corazón.

Ya no quedaba nadie más que su gran amiga Nuria. Sofía sabía que podía esperar cualquier cosa de ella, y eso era por su profunda comprensión mutua. Muchas veces no necesitaban palabras para comprender sus sentimientos. Comenzó a negar con la cabeza, cogió aire y se lanzó:

—Yo lo que tengo que decirte, Sofía, y esto es muy en serio, es que con la que has liado aquí, con toda esta historia que has montado y con todo lo que me estás haciendo llorar, ¡como no te mueras te mato! —dijo entre risas con todo su cariño y una tierna mirada, mientras todos se partían de risa ante tan inesperado comentario—. Pero ¡tú te crees!, ¡estoy deshidratada de tanto llorar!

La que más se rio ante semejante ocurrencia fue Sofía, que se acercó hasta Nuria para darle un pañuelo, pidiéndole perdón entre risas. En ese momento se abrazaron como locas y Nuria hizo un gesto con sus brazos de «se acabó», dejando una preciosa y divertida energía entre todos.

Sofía dio las gracias a todos, emocionada por que hubieran compartido sus sentimientos de esa manera tan abierta, por el precioso regalo que le acababan de hacer. La experiencia, inspiradora para todos porque se contagiaron unos de otros, fue mucho mejor de lo que había podido imaginar. No se esperaba algo así, se sentía absolutamente llena, con la sensación de que su vida tenía un mayor significado y una preciosa sensación de plenitud.

Todos se impregnaron de esa mágica emoción que reinaba en el ambiente, del vínculo que aumentaba la conexión entre todos, provocado por la comprensión y la empatía que se genera cuando se comparte abiertamente de corazón. Las muestras de afecto eran casi inevitables, como si el cariño y los abrazos hubiesen estado retenidos durante cierto tiempo y, de pronto, hubieran sido liberados.

El sol comenzaba a caer, la tarde era perfecta, y tras servirse algo de beber Maya los animó a todos a acercarse al final de la terraza para disfrutar del espectacular atardecer que estaban a punto de presenciar.

El sol pareció posarse sobre el mar. Se hizo el silencio. Todos observaban cautivados, atrapados por la belleza del entorno y del momento. Probablemente nunca habían observado un atardecer tan atentamente, tan presentes, en una calma total, apreciando ese milagro de la vida que tantas veces damos por hecho. Cuando al final el sol se escondió tras el mar, todos aplaudieron apenados como si se hubiese acabado una gran obra de teatro.

Maya lo tenía todo previsto. Cuando la oscuridad comenzó a cubrir el cielo, iluminó la terraza como en un sueño, con infinidad de pequeñas luces, candiles y velas, creando un cálido y acogedor ambiente capaz de enamorar a cualquiera. Comenzó a sonar como música de fondo el *playlist* que había escogido Sofía, con la sugerente melodía de *On my own* de Kelly Iriondo. Los camareros empezaron a repartir la comida entre las mesas preparadas previamente. Maya no había escatimado en nada. Había contratado un impresionante y variado catering para todos los gustos, que dejó impresionados a todos.

Disfrutaron como nunca de la comida y la bebida. Todo parecía saber mejor, cada bocado, cada sorbo. Lo saboreaban como si fuera el primero o pudiese ser el último. La alegría estaba presente, aunque de manera puntual el recuerdo de la realidad de la situación convertía el momento en una montaña rusa de emociones, pasando en un instante de las risas a los emotivos abrazos. De pronto, Manu se subió a una silla reclamando la atención de todos con un par de gritos, hasta que finalmente lo consiguió.

—Nos acaban de hablar de lo importante que es ser agradecidos, y eso es lo que quiero hacer ahora mismo. No sé vosotros, pero yo estoy alucinando, me parece que estoy en un sueño —dijo Manu—. Este día que estamos viviendo aquí, este lugar, el atardecer que acabamos de ver, la atmósfera que se respira... es algo que no se puede comprar, porque todo esto está hecho desde el corazón con una intención y un cariño que no es normal, esto es todo un privilegio que jamás voy a olvidar. Por eso quiero agradecer a Maya que haya montado todo esto, haciendo este día posible. Eso lo dice todo de la clase de persona que eres, y si no te doy las gracias así reviento. ¡Gracias infinitas, Maya! —dijo un conmovido Manu. Y, levantando sus copas, todos brindaron por Maya, que se acercó a Manu para agradecerle el bonito gesto.

Inmediatamente después algunos de los invitados se lanzaron a bailar en la pista de forma desenfrenada. Al verlos, Maya le dijo a Sofía:

—Míralos, sacando al idiota que todos llevamos dentro. Al igual que el okupa que habita en nosotros, también tenemos a un maravilloso idiota esperando su oportunidad de salir y sentirse libre. Ese perfecto idiota es esa parte de nosotros que a veces permanece cohibida, prisionera del miedo al ridículo, a sentirse criticado, rechazado o avergonzado, esa es la parte que está más preocupada por encajar o por el qué dirán. Sin embargo surge libre, sin miedos, cuando tenemos más confianza en nosotros mismos, cuando nos sentimos en un entorno más seguro en el que conectamos con los demás y perdemos el miedo. Es entonces cuando se libera nuestra autenticidad y nuestra espontaneidad, cuando nos damos permiso para ser tal como somos, sin prejuicios ni vergüenzas. Entonces simplemente aparece la preciosa energía de la naturalidad llena de confianza y buenos sentimientos.

Maya tampoco se quedó atrás. A pesar de que no movió los pies de una baldosa, asombró a todos con su ritmo ya que parecía llevar en la sangre la energía de sus antepasados africanos con un arte increíble.

LA NOCHE

Sofía y Nacho no dejaron de buscarse y encontrarse durante la fiesta.

Tras una larga y divertida noche, se acercaba el final de una irrepetible velada. Los que tenían que madrugar para regresar en sus vuelos comenzaron a retirarse poco a poco, aunque fue difícil despedirse entre tantas muestras de cariño, tras un día que con seguridad permanecería sellado para siempre en la memoria y en el corazón de todos.

La energía comenzó a bajar lentamente. Los que quedaban se arremolinaron alrededor de los sofás de la terraza, charlando, recordando algunos momentos del día. Hasta que de pronto las notas de guitarra de una cálida y romántica canción sonaron de fondo acariciando la noche. Sofía no pudo evitar levantar los brazos y dejar escapar un tierno suspiro, como si la propia música la hubiese arropado.

—¡Ooohhh! ¡Me encanta!

Se sabía esa canción de memoria, la había escuchado infinidad de veces. Era «Help me make it through the night», que podría traducirse por «Ayúdame a pasar la noche», de Michael Bublé cantada a dúo. En ese instante el título y toda la letra de la canción cobraron un significado especial. Sofía se levantó del sofá, se plantó frente a Nacho, extendió su mano y le preguntó:

—¿Bailas?

Con una sonrisa de oreja a oreja Nacho se levantó, cogió su mano y respondió:

—Es todo un honor.

—Qué bonito —dijo Maya con cierta melancolía y algo de envidia—. Esto me recuerda a los viejos tiempos en las discotecas, cuando la última canción siempre era una balada romántica para bailar agarrados.

Al escucharla, Pablo, que estaba sentado junto a Maya, también se levantó, y con toda su galantería, le preguntó:

—¿Me concede usted este baile?

—Por supuesto —respondió Maya encantada, mientras la magia seguía en el aire y dos improvisadas parejas más se unieron a ese lento baile llevados por la preciosa canción.

Maya observaba con ternura cómo Sofía y Nacho bailaban bien pegados. Las miradas de Pablo y Maya se cruzaron y sus sonrisas delataron lo que ambos pensaban: había una química especial entre ellos.

—No os preocupéis, que así no os vais a enfriar —dijo Maya al verlos bailando lentamente tan pegados, mientras las cariñosas miradas lo decían todo.

—Esta canción me hechiza y hoy más que nunca —dijo Sofía.

—Y eso, ¿por qué? —preguntó Nacho.

—Por la letra, por lo que dice y por lo que transmite la canción.

—Pues de inglés voy justito —confesó él con un tímido gesto de justificación—, pero si me la puedes traducir sería genial.

Sofía se abrazó aún más hasta poner su boca junto a su oído y comenzó a traducir suavemente la letra de la canción.

—La letra dice «Ven y túmbate a mi lado, hasta la luz del amanecer, todo lo que me llevo es tu tiempo, ayúdame a pasar esta noche» —le susurró al son de la música.

Nacho se estremeció y la abrazó aún más fuerte, mientras ella seguía susurrándole la letra al oído, con la preciosa música de fondo.

—«No importa quién tenga razón o esté equivocado, no trataré de entenderlo, deja que el diablo se lleve el mañana, Dios, está noche necesito un amigo.»

Aunque Sofía estaba traduciendo literalmente la canción a medida que la escuchaba, Nacho lo sintió como si se lo estuviese diciendo a él.

—«El ayer está muerto y ya pasó, el mañana aún no está a la vista, y es triste estar sola, ayúdame a pasar esta noche. No quiero estar sola, ayúdame a pasar esta noche. No tienes por qué estar sola, te ayudaré a pasar esta noche.»

Esas palabras removieron por completo el mundo de Nacho, las emociones que llevaban años retenidas estallaron como una bomba en su interior. Entonces perdió el miedo y se armó de valor, y más al recordar algo que había dicho Sofía: «Si huyes de los miedos, se te escapa la vida».

Copiando la letra de la canción que se le había quedado grabada, Nacho le preguntó en el mismo tono, susurrando también al oído:

—¿Quieres que te ayude a pasar esta noche?

Sofía soltó un enorme suspiro liberador, le miró fijamente a los ojos y con todo su cariño aseguró:

—Nada me gustaría más que pasar la noche a tu lado.

El mundo se detuvo por completo en ese momento, al mismo tiempo que la canción. Ya no había baile, ni dos personas, parecía haber solo una. Eran dos almas unidas por una indescriptible energía. No era la pasión del momento ni un deseo ardiente, era algo mucho más profundo. Una poderosa conexión que surgía del corazón, una profunda admiración mutua. Como Nacho le había dicho en su momento: «Lo importante es el amor que das, el que sale de ti». Y en ese momento sintió que tenía un tesoro entre sus brazos, un tesoro que quería proteger, cuidar y mimar.

Sofía se sentía segura junto a Nacho y, aún más importante para ella, se sentía comprendida. Había sentido su entrañable calidad humana, su sensibilidad y su nobleza. Era un irrefrenable deseo mutuo de acompañarse y compartir juntos, y Sofía pensó que tal vez esos fueran los ingredientes del verdadero amor.

Era ya muy tarde y Maya decidió que ya era hora de retirarse. Todos comprendieron que era el momento de dar por zanjada la preciosa velada. Llamaron un par de taxis entre emotivas despedidas, aunque Maya dejó las puertas de su casa abiertas para todo aquel que quisiese pasarse al día siguiente antes de regresar a casa.

Finalmente se quedaron los tres solos de nuevo. Se miraron, y sus caras reflejaban felicidad, una gran sensación de plenitud y un enorme cansancio después del intenso día.

—Podríamos hablar mucho sobre todo lo que ha pasado hoy, pero ya tendremos tiempo mañana, que estoy agotada —dijo Maya.

—Esta noche me quedaré aquí —le contó Nacho con ilusión y cierto rubor mientras abrazaba a Sofía y ella le rodeada con sus brazos.

—Sí, ya he escuchado la canción que habéis bailado —dijo Maya constatando que había visto lo que había sucedido entre ellos mientras sonaba la canción—. ¿Y sabéis qué? Que me alegro un montón por los dos, así que buenas noches, disfrutad mucho y hasta mañana.

Tras despedirse afectuosamente subieron a la habitación. Ninguno de los dos esperaba encontrarse en esa situación, pero al parecer el destino los llevaba por ese camino. Sofía apagó las luces, encendió un par de velas y se acostaron envueltos entre el cariño y la ternura. Fueron capaces de olvidar la realidad que se ocultaba detrás de ese momento, aunque fuese por un día, pero no era el momento de preocuparse por el futuro, sino de vivir el presente.

Nacho se sentía tan afortunado como sorprendido, como si Sofía fuese un regalo del destino que quería cuidar con todo su amor. Ella nunca se había sentido tan cuidada y protegida en todos los sentidos.

—Hoy ha sido un día bien vivido, un día perfecto —dijo Nacho—, y ni en el más remoto de mis sueños podría haber imaginado que íbamos a acabar así. Es verdad que esta tarde lo he pensado y lo he deseado, pero me parecía algo imposible, y cuando me has susurrado esa canción al oído, casi me matas.

Ambos se miraban con admiración.

—¿Te puedo pedir algo? —preguntó Nacho acariciándole el pelo a Sofía.

—¿El qué?

—Que pongas de nuevo esa canción.

Ella sonrió, cogió su móvil y puso la canción. De nuevo tarareó la letra en un tono aún más sugerente, lo que elevó las emociones y encendió la pasión recordando el momento del baile, hasta que no pudo seguir traduciendo porque Nacho selló su boca con sus besos como si no hubiese un mañana...

La pasión y la ternura se apoderaron de una noche llena de profundo cariño. Los dos se sintieron conectados piel con piel, convirtiéndose en uno, con el cuidado y la comprensión de un amor puro, porque cuando hay amor el sexo no es algo que haces, sino un lugar a donde vas, hasta que, abrazados, se quedaron adormilados.

—¿Quieres que apague las velas? —preguntó Sofía.

Y Nacho respondió:

—No, porque así podré verte toda la noche y saber que esto no es un sueño.

LA MAÑANA SIGUIENTE...

—Buenos días, preciosa —dijo Nacho, remoloneando medio dormido al ver que Sofía se despertaba.

—Buenos días —respondió ella mientras le abrazaba, aún sin poder abrir los ojos.

—Es increíble —dijo él—. Es el amanecer más bonito que he visto en mi vida.

—Pero si ni siquiera has abierto la ventana...

—No me hace falta —dijo Nacho mientras la observaba como un niño ilusionado.

Sofía le miró sonriendo y sus cuerpos se entrelazaron como un inseparable nudo. Tras un buen rato remoloneando, necesitaron todos sus esfuerzos para lograr salir de la cama, hasta que finalmente se levantaron muy a su pesar. Bajaron de la habitación y se encontraron a Maya en la cocina, que los recibió encantada.

Al verla, Sofía se abrazó a ella para darle los buenos días, pero no la soltaba, simplemente dijo «gracias» y siguió abrazada. Maya podía sentir todo lo que ese abrazo significaba, era un infinito y eterno agradecimiento por todo lo vivido el día anterior, por hacer posible algo que parecía imposible.

Nacho preparó café y unas tostadas y salieron a la terraza. Sofía comenzó a recordar el día que pisó por primera vez la casa de Maya, las charlas en ese mismo lugar, sus emociones, su reacción ante aquella loca idea de la fiesta. Se emocionaron recordando muchos de los emotivos momentos del día anterior, así como algunas de las divertidas anécdotas que se vivieron.

Comenzaron a llegar mensajes al móvil de Sofía. Todos contenían preciosas palabras de agradecimiento y de emocionados sentimientos. Algunos de sus amigos confirmaron que se pasarían por casa de Maya antes de volver al aeropuerto. Sofía tenía previsto regresar al día siguiente. Maya propuso hacer una comida con los que tuviesen tiempo antes del vuelo y enseguida un pequeño grupo aceptó encantado con la idea.

Nacho tenía que ir a recoger a su hija a casa de sus padres, y además había quedado para comer con ellos. La incertidumbre del «¿Y ahora qué?» flotaba en el aire con un punto de incomodidad y la necesidad de tener esa conversación que quedaba pendiente. De forma inevitable, Nacho pensó por qué el destino ponía en su camino a otra persona a quien también podía perder. La tristeza de esa dolorosa realidad invadió todo su cuerpo.

Se despidió de Maya para ir a por su pequeña con la intención de volver con ella por la tarde. Agarrados de la mano caminaron hacia la puerta, se despidieron con todo el cariño imaginable. Sin embargo, la preocupación hizo acto de presencia, unida a la sensación de que el tiempo se agotaba y les separaba, lo que los sacó del precioso presente.

—Tenemos que hablar —dijo Sofía, algo nerviosa.

—Lo sé —asintió Nacho—. Volveré dentro de unas horas y hablaremos, además así conocerás a mi peque —dijo Nacho, intentando reconducir las emociones que comenzaban a intensificarse. Tras la cariñosa y dolorosa despedida, Sofía regresó con Maya, y poco después comenzaron a aparecer los amigos que aún tenían tiempo antes de su regreso.

Pasaron un rato estupendo disfrutando juntos, recordando nuevamente algunos de los momentos vividos en la fiesta, y el comentario unánime era que jamás habían vivido ni sentido nada parecido. Todos se sentían privilegiados por haber experimentado algo así y los gestos de cariño hacia Sofía no cesaban. Aunque la duda sobre lo que se avecinaba estaba presente en la mente de todos, y por momentos se notaba, quedaron en verse de nuevo en Valencia.

Tras la difícil despedida, Maya y Sofía se quedaron a solas. Era su ultimo día en lo que para ella se había convertido en el paraíso, pero al día siguiente regresaba a casa, y llegaba el momento de enfrentarse a una nueva realidad y a la incertidumbre de todo lo que estaba por llegar. Sofía le explicó sus planes: el martes tenía cita en el hospital para comenzar el tratamiento. Maya le aseguró que se verían muy pronto, ya fuera allí o en Valencia.

Enseguida la conversación se dirigió hacia la relación entre Sofía y Nacho. Maya le preguntó cómo se sentía al respecto, pero antes de profundizar en el tema sonó el timbre. Era Nacho, que venía acompañado de su hija y también traía de vuelta a casa a Duna, ya que a Maya no le gustaba tener allí a su perra cuando la casa estaba llena de gente.

Sofía se levantó para abrirle desde la cocina y nada más hacerlo, la pequeña Lidia pasó corriendo con Duna detrás, directas hacia la terraza, para lanzarse en los brazos de Maya con toda su energía. Duna no paraba de ladrar y dar saltos con enorme entusiasmo, como hacen los perros cada vez que vuelven a ver a alguien que quieren.

Era como su abuela, pero Lidia la llamaba «tía Maya», y era evidente que ella también la adoraba, porque la cara de Maya se iluminó completamente. Junto con Duna dando saltos parecían una familia al completo.

Sofía y Lidia hicieron muy buenas migas. Era una niña alegre y encantadora, afortunada por tener a esas maravillosas personas a su lado. Pasaron un buen rato entretenidos con los juegos de Lidia y Duna. La pequeña se llevaba toda la atención como suelen hacer los niños.

Maya sabía que Nacho y Sofía tenían que hablar y que Nacho no se podría quedar mucho tiempo, de modo que convenció a Lidia para ir juntas al salón y ver una película.

Nacho se sentó junto a Sofía, le pasó el brazo sobre el hombro y ella se acurrucó posando su cara y su mano en su pecho mientras él la abrazaba. Estuvieron así un buen rato, en silencio, pensando. Cada uno reflexionaba íntimamente sobre todo lo que había pasado, la situación en la que se encontraban, sobre lo que sentían y lo que tenían que hacer, pero no había una respuesta fácil.

El conflicto comenzó a crecer en el interior de Sofía. Entre dudas, se preguntó cómo habían llegado a esa situación, y si lo que había surgido había sido por amor o era compasión, si era amor de verdad o era una forma de contribución como hacía en el hospital. La realidad de Nacho era muy distinta, porque estaba dispuesto a bajar a los infiernos con ella y por ella. No era compasión, sino verdadero amor y admiración por esa mujer.

—¿Hay alguna otra canción para este momento? —preguntó Nacho en un cariñoso tono.

—Seguro que sí, creo que todas las historias posibles están reflejadas en maravillosas letras de muchas canciones. Ojalá supiese cuál es la que encaja en este momento —dijo Sofía, deseando saber la respuesta.

—¿Y ahora qué? —preguntó Nacho.

—Tengo que decirte que esto es lo más bonito que me ha pasado en la vida y a la vez es una locura. Tengo que admitir que me encanta, me parece un sueño, pero no sé qué hacer, ni cómo responder ahora. Mañana vuelvo a casa —dijo Sofía en un tono que sonaba a despedida—, toca salir de esta preciosa burbuja y hacer frente a lo que venga.

En ese instante Nacho la abrazó más fuerte.

—Esto es precioso y, a la vez, injusto —dijo Sofía con la voz quebrada—. Me considero una afortunada por haberte conocido y tenerte ahora a mi lado, pero no es una buena idea comenzar algo que no tiene futuro y no va a durar.

Un dolor inexplicablemente intenso recorrió el cuerpo de Nacho. Sofía pudo notar cómo se estremecía al abrazarla, apretando como si quisiera retenerla ahí para el resto de su vida.

—Comprendo que todo esto es muy extraño ya que hace muy poco tiempo que nos conocemos, pero la intensidad de lo vivido equivale a muchos años. Esta situación te ha revelado, he visto cómo has reaccionado, he visto a una persona única y maravillosa, todo lo que llevas dentro, tu humanidad... Toda esta situación te ha hecho tan transparente que te conozco más que a mucha gente a la que trato desde hace años.

Sofía sintió que se le deshacía un nudo de ansiedad cuando le oyó decir esas palabras. Y Nacho siguió hablando:

—Hay momentos en la vida que, por breves que sean, valen por años y perduran para siempre. No sé qué va a suceder, ni cómo, ni cuánto puede durar esto, pero lo que quiero no tiene nada que ver con el tiempo, sino con lo que siento por ti. Lo que sí sé, y lo tengo muy claro, aunque te pueda parecer una locura, es que te quiero —dijo Nacho con la voz temblorosa y los ojos llorosos.

Esa vez fue Sofía quien se abrazó aún más fuerte.

—Crees que te queda poco tiempo y das por hecho que vas a vivir menos que yo —dijo Nacho con una dolorosa e intensa profundidad a la que siguió una breve pausa—, y a lo mejor por eso piensas que es mejor no iniciar una relación en este momento, que no mereces ser amada, que es mejor no complicarse la vida o que por eso voy a sufrir. Das por sentado que tú te irás y yo me quedaré, pero la vida me enseñó a no asumir eso.

Sofía comprendió que en ese momento Nacho se refería a lo sucedido con su mujer.

—No sabemos qué nos depara el destino. Nadie tiene una garantía de lo que sucederá y puede que sea yo el que mañana no esté —dijo Nacho encogiéndose de hombros, expresando esa incertidumbre—. Eso es lo que por desgracia me enseñó la vida: a no dar nada por hecho.

»La vida me ha enseñado a tomar decisiones basadas en el presente, sin dejarme influir demasiado por las supuestas posibilidades del futuro, porque puede que ese futuro nada tenga que ver con lo que imaginamos. Sea lo que sea lo que nos depare el futuro, será entonces, cuando lleguen esos problemas, si es que llegan, cuando habrá que afrontar esas situaciones y tomar nuevas decisiones.

»No darnos esta oportunidad, que para mí es el más maravilloso regalo, por el miedo a lo que pueda ocurrir en el futuro, tanto si ocurre mañana, dentro de un mes o dentro de diez años, es desperdiciar ese maravilloso regalo por sufrir de antemano.

»Lo que tengo claro es lo que siento ahora. Sé qué es lo que se puede y lo que no se puede recuperar. Se puede recuperar el dinero, pero no se puede recuperar la vida, ni el tiempo perdido, ni aquello que hemos dejado de vivir por algún motivo. No demos por hecho lo que viene. Por eso, por ahora, lo que te pido es que me dejes vivir este momento a tu lado, que vivamos un día cada vez, porque no sabemos qué sorpresas traerá la vida al día siguiente —afirmó Nacho convencido con una enorme seguridad.

Un descorazonador dolor flotaba en el aire, mientras Sofía escuchaba conmovida las palabras de Nacho. El amor y el dolor parecían crecer entremezclándose uno con otro.

—Voy a decir algo que puede sonarte muy extraño, pero espero que me comprendas —dijo Nacho con sus ojos llorosos, tratando de ocultar su profundo desgarro, aunque con poco éxito—. Es mejor vivir el amor aun sabiendo que voy a perderlo que no haberlo conocido. Por eso espero que no seas tan egoísta de no dejarme vivir este tiempo a tu lado, ya que para mí es el mejor regalo.

En ese instante Sofía se rompió por completo, fue incapaz de contenerse. Jamás le habían dicho algo tan profundo, y al mismo tiempo tan duro, con semejante compromiso. En ese instante comprendió que no era compasión lo que Nacho sentía, sino todo lo contrario, y pudo sentir que a su lado tenía a una persona muy especial, a un valiente que estaba dispuesto a todo por ella.

Tras recomponerse después de esa declaración de intenciones, Sofía le miró. Esta vez fue ella quien sintió una enorme admiración por él y le dijo:

—Estás loco.

—Sí, pero por ti —respondió él.

De pronto Lidia apareció corriendo con toda su alegría, saltó encima de su padre y se coló entre los dos. Al ver los ojos llorosos de su padre, con toda la inocencia de sus cinco años le preguntó:

—¿Por qué lloras?

—Porque estoy muy feliz —dijo Nacho haciéndole cosquillas y comiéndosela a besos.

—Estás muy loco —le soltó la niña cuando consiguió librarse de sus cosquillas y salir corriendo de nuevo.

—¿Ves? —dijo Sofía—. Me acaba de dar la razón y confirma lo que he dicho. ¡Estás loco!

Nacho cogió a Sofía como si fuese su hija y fue ella la que se llevó las cosquillas y los besos en un instante de locura que no cambió la realidad, pero sí la energía del momento.

—Todo esto puede parecer una locura, y no lo parece, lo es —dijo Nacho—. Si le buscas sentido, tal vez no tenga ninguno, pero el corazón no entiende de razones ni de lógica, solo de pasión y sentimientos. Te pido que escuches a tu corazón y no a tu cabeza, porque la lógica solo intentará comprender y tomar decisiones racionales, pero lo mejor de la vida no tiene explicación, sino que se siente. Lo que mueve el mundo no es la lógica, sino la energía que nace de las emociones que alimentan nuestro corazón.

Sofía pudo sentir su total aceptación por lo que estuviese por venir, se sintió comprendida y protegida. Fue una sensación realmente confortante, tanto en su mente como en su corazón, saber que a pesar de la situación él la quería y quería estar a su lado.

—Me doy cuenta de que te preocupas por mí, pero de lo único de lo que tienes que preocuparte es de lo pesado que puedo llegar a ser —dijo Nacho con una sonrisa—. Piensa en ti, en lo que harías en una situación normal.

—La verdad es que sí que es preocupante lo pesado que puedes llegar a ser —dijo Sofía mirándole con una tierna sonrisa.

Nacho iba a decir algo, pero Sofía le puso su mano en la boca para que no dijera nada, le miró con toda su admiración, y de su boca salió el más profundo y sincero «gracias», dejándose caer en sus brazos, en los brazos de la aceptación, de la comprensión, de lo que verdaderamente significa el amor incondicional. En ese instante se hizo el silencio, pero no un silencio incómodo, sino el que nace cuando las palabras sobran.

Ese fue el inicio de algo muy profundo basado en la aceptación y la comprensión, sin adornos ni engañosas apariencias, sin falsas promesas ni desorbitadas expectativas sobre cómo deberían ser las cosas. Era un salto al vacío sin tener todas las respuestas, pero con el compromiso nacido de la admiración ante un corazón desnudo ante el dolor. Decidieron caminar juntos, siendo conscientes de que no iba a ser un camino de rosas, sino de muchas espinas. Decidieron compartir lo que estuviese por venir, juntos o en la distancia, compartir la travesía que el destino deparase a pesar de la incertidumbre sobre cómo afrontar la situación, pero con la firme decisión de acompañarse mutuamente, unidos por un amor sin exigencias ni condiciones. No eran simples palabras, sino el compromiso de dos corazones nobles.

Se hacía ya tarde para Lidia y Nacho tenía que regresar a casa. Se levantaron para ir a buscarla y, ya de pie, Nacho le dio un abrazo que Sofía difícilmente podría olvidar.

Antes de que se marcharan, Sofía jugó un rato con Lidia mientras Nacho se despedía de Maya, y resultó evidente que ambas congeniaban muy bien. Finalmente se despidieron mientras Maya disfrutaba al ver la hermosa energía que había entre Nacho y Sofía. Quedaron en que al día siguiente pasarían por el hospital para despedirse antes de que Maya la llevase al aeropuerto.

Sofía y Maya prepararon algo ligero y cenaron en la isla de la cocina, conversando un buen rato mientras compartían una copa de vino. Por mucho que se esforzara Maya, en el ambiente reinaba una cierta tristeza, la sensación de que algo se terminaba. Era como decirle adiós a un lugar en el que has sido muy feliz.

LA SEGUNDA OPORTUNIDAD

A la mañana siguiente cuando Maya bajó, Sofía llevaba ya un buen rato en la terraza. Estaba escribiendo en su ordenador, con la taza de café a un lado. Se sintió inspirada y aprovechó su última mañana para capturar todo el sinfín de emociones, los pensamientos que invadían su mente, escribir sus reflexiones sobre las experiencias vividas y algunas de las valiosas lecciones aprendidas.

El tiempo pasó volando mientras escribía y observaba el que se había convertido en su lugar favorito del mundo. Pero llegó la hora de partir. Sofía subió a la habitación para preparar su maleta y dejó todo recogido. Buscó su móvil para confirmar el horario del vuelo, pero se dio cuenta de que se lo había dejado en el salón. Se asomó una vez más a la ventana para admirar el precioso paisaje, aunque esta vez con cierta tristeza, con la sensación de que tal vez esa fuese la última.

Estaba en calma, aunque todo su cuerpo era un mundo de emociones entremezcladas. Echó un último vistazo a la habitación y el inevitable recuerdo de la noche anterior con Nacho vino a su mente. Antes de cerrar la puerta, se despidió de la habitación con pena, como si fuese un buen amigo.

Bajó al salón y buscó su móvil para comprobar el vuelo. Lo tenía en silencio y al cogerlo vio que tenía cuatro llamadas perdidas del mismo número de teléfono, que no estaba en su agenda. También había un mensaje de ese mismo número. Era del hospital, y le pedían que contactara de forma urgente con el doctor Millán.

Sofía llamó al instante, algo sorprendida. Preguntó por el médico, y tras dos largos minutos de espera, este se puso al habla.

—Hola, Sofía, soy el doctor Millán, ¿qué tal? —preguntó algo nervioso por pura cortesía.

—Bien —contestó ella, algo tensa—. Llamo porque he recibido un mensaje y varias llamadas para que me pusiese en contacto con el hospital.

—Sí, he sido yo —dijo el médico, titubeante—. Tengo que darle una noticia y tengo que pedirle mis más sinceras disculpas, porque hemos descubierto un grave error del laboratorio. Encontramos que las muestras de sangre de un paciente no coincidían, por lo que hicimos un segundo análisis, y al hacer las comprobaciones para ver dónde estaba el error, vimos que procedían de la persona que se hizo la analítica anterior a la suya. Al parecer a un tubo se le puso una etiqueta errónea y los resultados que le diagnosticamos no eran los suyos, correspondían a otra persona. Al contrarrestar ambas muestras hemos podido comprobar que su analítica es completamente normal, por lo que la buena noticia es que no tiene nada y que está totalmente sana.

En ese momento se hizo el silencio más absoluto, no hubo respuesta.

—¿Hola? —preguntó el médico ante aquel silencio.

Tampoco hubo respuesta esta vez. Entonces el doctor Millán escuchó el llanto al otro lado de la línea. Sofía era incapaz de articular palabra, tan solo lloraba, incrédula. Emocionada, se llevó una mano a la cabeza. No podía creer lo que acababa de escuchar, el mundo entero había dado un giro completo y con él toda su vida.

—Realmente siento muchísimo este tremendo error, el profundo dolor y el trastorno que sin duda le ha causado, pero me alegro enormemente de poder darle esta buena noticia.

Entre sollozos, Sofía consiguió decir un «gracias» entrecortado, tras lo que preguntó:

—¿Está totalmente seguro?

—Puede hacerse un nuevo análisis para su tranquilidad, pero sí, lo hemos contrastado y estamos completamente seguros —confirmó el médico de forma contundente para tranquilidad de Sofía.

Alivio, un liberador e indescriptible alivio. Esa fue la sensación que recorrió todo su cuerpo. Como una olla exprés, toda la presión acumulada se evaporó en un instante con el más liberador suspiro de su vida. Toda la tensión acumulada desapareció de golpe y una maravillosa calma ocupó su lugar.

Maya fue hacia el salón y se encontró a Sofía al teléfono, entre lágrimas, con una curiosa sonrisa en su rostro, como en estado de *shock*. En ese instante dijo «gracias» nuevamente y colgó el teléfono.

Probablemente ese sea uno de los momentos de mayor felicidad de la vida, el momento del alivio en el que nos libramos de nuestros peores temores y sufrimientos, porque el temor a sufrir es peor que el propio sufrimiento.

—¿Estás bien? ¿Qué pasa? —preguntó Maya preocupada.

Sofía la miró con los ojos llenos de lágrimas, en un estado a medio camino entre la sorpresa y el desconcierto.

—Es que no me lo puedo creer...

—¿El qué? —preguntó Maya.

—Es que no te lo vas a creer —dijo Sofía con una creciente sonrisa.

—¿Me quieres decir de una vez de qué estás hablando?

—Me han llamado del hospital. Me acaban de confirmar que hubo un error con los análisis y me han dicho que no tengo nada, que estoy bien.

—¡¿Qué?! —preguntó Maya con un gesto de incredulidad ante su asombro.

Cuando vio que Sofía asentía en silencio, Maya pegó un grito de júbilo levantando sus brazos y con los ojos desorbitados se abalanzó sobre Sofía, que aún no salía de su estado de *shock*. Se abrazaron, se estrujaron y lloraron emocionadas mientras Sofía no dejaba de darle gracias una y otra vez hasta que Maya comenzó a reírse.

—¿De qué te ríes? —preguntó Sofía con curiosidad.

—No tienes ni idea de lo que me alegro —dijo Maya, emocionada—. Me río porque esto parece una buena broma del destino después de todo lo vivido, con esa curiosa manera que tiene de enseñarnos lecciones, de no dar nada por hecho. Me río al comprobar de nuevo cómo toda una vida puede cambiar en un instante. ¿De verdad todo esto ha sido por una confusión?

—¡No tengo ni idea! —afirmó Maya, riendo—, pero parece un juego del destino. Y me alegro tanto de la noticia.

Sofía sonrió ante esas palabras, se sintió como si caminase por la luna, flotando ligera tras soltar toda la carga emocional que llevaba retenida. Tras ese inesperado aliento de vida, percibió cómo fluía una preciosa energía de esperanzas renovadas. Sintió el ímpetu de salir a la terraza, observó todo a su alrededor y dio gracias, gracias y más gracias, por los mágicos momentos que había vivido y por esta nueva oportunidad que le regalaba la vida.

Pensó en llamar a sus padres, sin embargo se dio cuenta de que en unas horas estaría de regreso en Valencia, por lo que prefirió reprimirse a pesar de sus enormes ganas y en vez de darles la gran noticia por teléfono dársela en persona para poder verles la cara y vivir ese momento juntos.

Aunque aún no era la hora prevista de ir hacia el aeropuerto, Sofía no quiso esperar ni un minuto más para acercarse hasta el hospital tal como habían quedado, porque estaba impaciente para darle la noticia a Nacho. Al salir antes de lo previsto, Maya le envió un mensaje para avisarle de que estaban en camino.

Nacho las esperaba en la recepción con la inquietud de saber cómo se encontraría ella, preocupado por ese momento de la despedida, por la incertidumbre de cuándo y en qué circunstancias la volvería a ver. A través de la gran puerta de cristal, vio acercarse a Sofía mientras Maya aparcaba.

Se sorprendió al verla acercarse con el ímpetu y la expresión de alegría que reflejaba, no se lo esperaba. Todo su rostro y su mirada irradiaban ilusión. Estaba desconcertado, de su boca tan solo salió un «Hola...», y antes de darse cuenta Sofía le envolvió en el más intenso abrazo que jamás había recibido. Estaba estupefacto porque no entendía el motivo de la emoción que Sofía transmitía.

—¿Estás bien?—preguntó Nacho.

—Muy bien, mejor que nunca —respondió Sofía con una sorprendente rotundidad—. Tengo que contarte algo —añadió con su imborrable sonrisa puesta y mirándole con una inusual intensidad mientras Nacho seguía confuso—. No te lo vas a creer. Hace un rato me ha llamado el doctor Millán, y me ha dicho que hubo una confusión con las pruebas y que el diagnóstico que me dieron era erróneo. Me ha confirmado que no tengo nada de lo que me dijeron, y que después de todo esto estoy bien. ¡No tengo nada!

Nacho se quedó boquiabierto:

—¿Cómo?, ¿que estás bien? —preguntó confuso, ante lo que Sofía asintió emocionada sonriendo.

Nacho suspiró, resopló, le faltaba el aire, incrédulo ante la noticia y lloró, lloró liberando el dolor que había ocultado hasta ese momento. Esta vez fue Sofía quien le consoló, y al igual que ella había experimentado, el alivio que Nacho sintió fue gigantesco y una preciosa sensación de paz ocupó todo su cuerpo.

Permanecieron unidos en un abrazo de infinita alegría. Nacho no dejaba de dar gracias. Ambos tenían la sensación de que todo había estado planeado, como si por algún misterioso motivo sus destinos se hubiesen cruzado en el lugar y el momento correcto. De pronto, la historia y las expectativas habían cambiado por completo, se abría un nuevo horizonte de posibilidades por descubrir y caminos por recorrer.

—¿Estás segura? —preguntó Nacho tal como había hecho ella.

—Sí, me lo ha confirmado.

—¿Qué te parece si vamos a saludar al médico un momento? —sugirió Nacho, lo que le pareció una buena idea a Sofía.

Se acercaron hasta su despacho, donde estaba pasando consulta. Esperaron un rato y cuando salió el paciente se colaron un momento. Se alegraron de verse mutuamente en esas nuevas condiciones. El médico les explicó lo sucedido, aunque hasta para él era inexplicable. Ambos quedaron aún más aliviados al escuchar las explicaciones en persona.

Se despidieron y salieron corriendo porque Sofía tenía que ir ya hacia el aeropuerto. Al salir Maya estaba esperando en la recepción, y al verla Nacho se abrazó a ella como a la madre que casi era para él.

—No sabes lo que me alegro por ti, por ella y por vosotros, felicidades —dijo Maya.

—Tan solo tengo una curiosidad —dijo Nacho—, y es ver la cara de tus amigos cuando les cuentes la noticia después de todo esto. No sé si vas a sobrevivir a eso.

Los tres se rieron de su comentario.

—Si tuviese que expresar qué es la felicidad, no habría mejor manera que mostrar vuestras caras —dijo Maya—, así que pensándolo bien dejadme haceros una foto.

Esa fue su primera foto juntos y la más entrañable, un momento para recordar toda la vida, la foto de la felicidad. La despedida no fue como estaba prevista, sino el mejor regalo que podrían haber recibido. De hecho, no fue una despedida, sino un nuevo inicio repleto de ilusión.

NUEVOS SUEÑOS, NUEVAS DECISIONES

Sofía sobrevolaba su querido Mediterráneo observando el mar desde la ventanilla del avión, volando en todos los sentidos, feliz, con una maravillosa calma, fascinada por todo lo vivido y agradecida por la nueva oportunidad.

Antes de despegar envió un mensaje a su madre avisando de que llegaría a tiempo de comer con ellos, y desde el aeropuerto tomó un taxi directo a casa de sus padres.

Cuando llamó al timbre, su madre se armó de valor para intentar disimular su dolor. Al entrar dejó la maleta junto a la puerta y se dirigió a la cocina, donde estaban sus padres. Con el sexto sentido que solo una madre tiene, al ver la expresión en la mirada de su hija notó algo especial.

—¿Qué te pasa? —preguntó, preocupada.

Sofía la abrazó y ahí mismo le entregó el mejor regalo que jamás pueden recibir unos padres: la noticia de la salud y la felicidad de un hijo. En un instante el dolor y el sufrimiento desaparecieron por completo, pasaron de la desolación al sentir que perdían a su única hija, a la mayor de las alegrías, a una felicidad absoluta. Era como si todos hubiesen vuelto a nacer gracias a esa gran noticia. Fue un momento de infinita alegría, que les devolvió la ilusión y les unió como jamás lo habían estado.

Ya en casa, Sofía pensó que era hora de poner en marcha toda una revolución: escribir el mensaje en el grupo. Le vino a la mente que el momento en el que creó el grupo para anunciar la terrible noticia estaba sentada en el mismo lugar, pero esta vez era para todo lo contrario. Lanzó la gran noticia y como un bombardeo los mensajes y las llamadas no dejaron de entrar. La sorpresa y la alegría eran desbordantes y más aún al volver a sentir el enorme cariño que todos mostraban.

Comenzaron a mezclarse los mensajes de alivio y felicidad con otros delirantes y nuevas propuestas. Desde el que entre risas afirmaba que se había inventado todo eso para hacer la fiesta, hasta el recuerdo de la frase «como no te mueras, te mato», y propuestas de fechas para hacer una nueva fiesta, esta vez en Valencia, para celebrar a lo grande la gran noticia.

Pasó varias horas sintiéndose muy acompañada y afortunada de tener esos amigos, del especial vínculo que había creado con ellos, confirmando que lo más bonito de la vida son esos buenos amigos y la importancia de las profundas relaciones personales.

Por la noche recibió la llamada de Nacho. Acostados en la cama, cada uno en la suya desde la distancia, se echaron de menos, recordaron con asombro la intensidad de todo lo vivido, el momento de la que para siempre sería su canción. Emocionados, hablaron de fechas para volver a verse próximamente.

★ ★ ★ ★

Al día siguiente Sofía fue al trabajo. La grata sorpresa fue recibida con inmensa alegría, y al instante organizaron una pequeña celebración en la que todos brindaron por la gran noticia. Habló con Pablo, su jefe, para retomar el trabajo con toda normalidad, aunque le tanteó para trabajar parcialmente a distancia. Al parecer esa posibilidad era viable con algunas condiciones.

Sin embargo, había algo muy importante para ella y así se lo hizo saber a Pablo. En poco tiempo se celebraba el segundo congreso en el hotel Jumeirah, el lugar en el que toda su vida cambió. Debido a todo lo ocurrido no estaba previsto que ella interviniese, pero se trataba de algo que realmente quería hacer, era su reto personal. Tenía claro que quería enfrentarse a esa situación con la idea de compartir su experiencia y parte de lo vivido. Además, estaba muy cerca de casa de Maya y era la excusa perfecta para pasar más tiempo con Nacho.

Se encontraba llena de energía y vitalidad, por lo que tras salir del trabajo se acercó a La Más Bonita para tantear la posibilidad de celebrar allí la fiesta que el grupo estaba reclamando. Le confirmaron que reservando con antelación no había problema para contar con todo el restaurante y hacer allí una fiesta privada, por lo que a falta de concretar la fecha, salió de allí encantada, imaginando esa nueva celebración con todos sus amigos en su lugar favorito.

Fueron días de alegría con la familia y amigos, de preciosos reencuentros. Por otra parte, Sofía se moría de ganas de volver a Mallorca para ver a Nacho y a Maya. Las conversaciones nocturnas con él se convirtieron en algo habitual, en su momento favorito del día, que superaba incluso a los momentos que dedicaba a escribir, ya que su creciente pasión por la escritura no hacía más que aumentar. Las ganas de estar juntos crecían y en su mente rondaba a menudo la posibilidad de irse a vivir a Mallorca.

Las fuerzas internas luchaban entre sí. Por un lado las emociones y el corazón empujaban en una dirección y la mente decía «espera, no tengas prisa, que todo debería ir más despacio». La lógica y los miedos le decían que debían conocerse mejor, compartir más tiempo juntos antes de tomar cualquier tipo de decisión, que todo tenía que fluir y llegar de forma natural. Entonces la pasión le recordaba la lección de que no era inmortal, que tenía que aprovechar el presente.

Buscando ese equilibrio entre el corazón y la razón, procurando hacer las cosas de la mejor manera, durante los dos meses siguientes Sofía voló varias veces a Mallorca, y aunque él lo tenía más difícil por su hija, Nacho también fue a verla a ella.

Lo que habían sentido desde un principio fue confirmándose hasta consolidarse. Era una relación que fluía por haber llegado en el momento correcto, sin desmedidas expectativas ni dependencias, sino con la madurez emocional de la experiencia. Todo era fácil: el deseo de compartir y crecer juntos, la intención de conocer y comprender el mundo del otro, el deseo de cuidar y compartir un camino a pesar de los retos. Ambos lo resumían en su frase favorita: «Cuando estoy contigo es cuando mejor estoy conmigo porque me haces mejor persona». Así que creció en ambos la sensación de que se acercaba el momento de tomar una decisión.

★ ★ ★ ★

Faltaban pocos días para el congreso. Sofía le había estado dando muchas vueltas a su presentación, un trabajo que le removía infinidad de emociones. De alguna forma comenzó a sentir que ese podría ser el punto de inflexión, el cierre del círculo y el momento de tomar la decisión para iniciar un nuevo capítulo de su vida.

Sofía había visto regularmente a Maya en sus viajes a Mallorca, le encantaba pasar tiempo con ella, pero a medida que se acercaba ese momento sentía que necesitaba tener una conversación más profunda para pedirle consejo. Planificó todo para llegar un día antes del evento y poder hablar con ella. Después se quedaría en casa de Nacho y aprovecharían el fin de semana.

Al llegar a Mallorca Sofía fue directa a casa de Maya, lo cual siempre era un auténtico placer. Maya se había convertido en su mentora, su confidente, alguien con quien hablar abiertamente de todo.

Sofía se sinceró con Maya y le expresó su deseo de ir a vivir a Mallorca, aunque tuviese que seguir viajando a menudo a Valencia. Sin embargo, a pesar de estar convencida, los miedos no dejaban de asomarse como señales de advertencia, lo cual le generaba dudas.

A pesar de la gran ilusión que Sofía reflejaba, Maya pudo sentir esos miedos y las lógicas dudas, algo normal ante semejante decisión y el gran cambio que eso suponía, por lo que pensó que sería bueno hablar precisamente de eso, de las decisiones y los miedos.

—¿Qué te parece si damos un paseo? —propuso Maya.

—Por mí genial —contestó Sofía.

Caminaron tranquilamente acompañadas de Duna hacia un sendero entre pinos mediterráneos que llegaba hasta una pequeña y escondida cala. Maya le preguntó sobre sus planes y las decisiones que esos cambios implicaban, y a pesar de que Sofía tenía las ideas claras pudo confirmar esos evidentes miedos.

—Las decisiones y los miedos son inseparables compañeros de viaje, van juntos a todas partes —dijo Maya con una mirada cómplice, dejando saber a Sofía que entendía perfectamente lo que estaba sintiendo—. La vida requiere constantes decisiones y cuando hay que tomarlas aparece el miedo. Hay que tomar una decisión, lo peor es quedarse paralizado, pero hay que tener cuidado de que no sea el miedo quien esté tomando las decisiones por ti.

— Esta es mi Maya —dijo Sofía sonriendo, dando a entender que en pocas palabras había resumido lo que sentía.

—Cada vez que nos enfrentamos a una decisión importante y queremos iniciar un nuevo camino, cada vez que tenemos un sueño o un proyecto que implican grandes cambios, los miedos se sublevan enfurecidos para iniciar una dura batalla interna. Es la disputa entre esos dos personajes que habitan en nuestro interior.

—¡Es verdad, el okupa aparece de nuevo! —afirmó Sofía al darse cuenta.

—Así es —dijo Maya—, ante ese nuevo reto surge la contradicción entre esa parte de nosotros que quiere progresar, que aspira a algo más, y nuestro cerebro, que nos quiere proteger para que no nos hagamos daño, que no quiere tener desilusiones, es el cobarde ego que no quiere arriesgar por miedo a equivocarse y fracasar. En más de una ocasión me he encontrado ante un cruce de caminos, repleta de dudas ante el dilema de qué camino escoger, llena de incertidumbre sobre lo que debería hacer. Recuerdo momentos en los que me quedé paralizada por el miedo a equivocarme, y al final me equivoqué de la peor de las maneras, quedándome en ese cruce sin tomar decisiones. Me quedé pasiva, esperando a que el destino me diese la respuesta, pero dudé y tardé tanto que al final los dos caminos se cerraron —dijo Maya, recordando con la mirada perdida.

»Creo que muchas de las respuestas que buscamos van apareciendo a lo largo del camino, pero no aparecen en la pasividad de la espera, sino cuando decidimos dar el paso y comenzar a caminar. Pero algunos, en vez de tomar decisiones, esperan a que algo suceda, o que algo cambie, otros comienzan a viajar en su búsqueda personal. Hace años conocí a una persona así, alguien que pasó gran parte de su vida viajando por todo el mundo, buscando respuestas, seguramente buscándose a sí mismo. Tras años de viajes me contó que llegó a un inhóspito pueblo en el que decían que habitaba un viejo sabio, y con cierta inquietud fue a verle para hacerle su eterna pregunta:

»—¿Por qué no he encontrado respuestas en mis viajes de búsqueda?

»—Probablemente porque te has ido de viaje contigo mismo —contestó el anciano—. Lo importante no es adónde vas, sino quién eres tú allá donde vas. No puedes huir de la vida porque vas contigo mismo a todas partes, al igual que si huyes del pasado te quedas atrapado en él, te conviertes en su prisionero. Tal vez buscas respuestas sin cambiar o quieres cambiar sin tomar decisiones ni arriesgar. Y la respuesta es el propio cambio, abrirte para dejar salir al viejo tú y dejar espacio para el nuevo tú, porque si no cambias en tu interior, en tu propia percepción, al final de cada viaje te encontrarás de nuevo contigo mismo.

— Qué bueno —dijo Sofía esbozando una sonrisa—. Al final del camino te encuentras contigo mismo. Supongo que si no cambias te aburres de encontrarte con la misma persona. Lo bonito debe de ser mirar atrás, poder ver de dónde vienes, quién eras y comprobar lo que has evolucionado.

—Exacto —dijo Maya—, ese es el precioso viaje de transformación que es la vida y todo comienza con una gran decisión. Esperar a sentirnos seguros antes de tomar una decisión, esperar hasta tener todas las respuestas, nos puede sumergir en un mar de dudas. Esa falta de determinación por miedo a equivocarnos se convierte en una especie de carcoma que nos va comiendo por dentro y que sigilosamente destruye nuestra confianza, hasta acabar devorando las oportunidades y nuestras ilusiones.

»Las decisiones, al igual que la vida, vienen sin garantías —afirmó Maya—. Tanto en la vida como en los negocios y en las relaciones personales, siempre hay cierto riesgo respecto a lo que pueda suceder, siempre hay un punto de incertidumbre que no podemos controlar, pero si estamos esperando a que se despeje esa duda para tomar una decisión, entonces viviremos con una constante ansiedad atrapados por el miedo, porque el resultado que deseamos jamás está garantizado.

»No llega el día en el que de pronto tienes todo claro y encuentras todas las respuestas. No existe ese día, lo más próximo a ese momento lo creas tú, y llega cuando a pesar de las dudas tomas una decisión que nace de tu corazón.

»No tomar decisiones es abandonar nuestra capacidad de asumir la responsabilidad de nuestra vida; evitarlas y no mirar de frente a la vida es lo que causa la ansiedad, lo que nos impide vivir plenamente. La única opción para destruir esa ansiedad antes de que te destruya a ti es tomar una decisión para enfrentarte a lo que temes y así recuperar el control de tu vida.

»En otras ocasiones nos cuesta decidir porque nos dejamos influir por el ruido de las opiniones, pero no puedes pasarte la vida esperando tener la aprobación de los demás. No puedes condicionar tus decisiones por el qué dirán, por el miedo a la crítica, porque esta es tu vida y no la de los demás.

En ese momento se hizo el silencio. Caminaban muy despacio y Sofía lo hacía con la mirada perdida en el suelo.

—Supongo que la vida es un riesgo en el que todos nos equivocamos algunas veces — dijo reflexionando—, pero ahora entiendo que la única manera de avanzar es tomando decisiones.

—Así es —afirmó Maya—. Además, siempre te vas a encontrar «opinadores profesionales», aquellos que se dedican a opinar sobre lo que deberían hacer los demás. Aunque nunca he visto un monumento en memoria de todos aquellos que juzgaban y criticaban diciendo que algo no se podía hacer. La mayoría de los monumentos y estatuas están dedicados a personas a los que llamaron ilusos, se rieron de ellos, les juzgaron y criticaron, pero a los que al final tuvieron que darles la razón, porque tuvieron la visión y el valor de ir a por aquello que creían, aquello con lo que soñaban.

Sofía asintió sonriente al darse cuenta de semejante evidencia.

—Si en la vida no tomas la iniciativa, ella decidirá por ti, elegirá tu camino —dijo Maya—, aunque probablemente no será el que tú esperabas. Pero cuando asumes la responsabilidad, cuando arriesgas, es como dar una patada a la puerta, es decir «aquí estoy, para bien o para mal, no hay marcha atrás». Cuando muestras tu determinación al mundo, el mundo te abre paso en tu nuevo camino y en ese momento es cuando comienzas a escribir tu historia. De lo único que tienes que preocuparte es de que tus decisiones estén alineadas con tus valores, con tu esencia. Lo que sí te puedo confirmar es que una vez que has tomado la decisión y das un paso al frente, todas las dudas y miedos previos desaparecen.

»Esas son las preguntas que deberíamos hacernos cada día: ¿he vivido con valentía y con nobleza?, ¿he huido de una situación o me he enfrentado a ella?, ¿he escogido callar o hablar y defender lo justo?, ¿he escogido lo más fácil y cómodo o he decidido lo que más valor requería?, ¿me he respetado y he sido fiel a mis valores?

Sofía sintió las palabras de Maya como un gran empujón, o tal vez como una patada en el trasero.

—Aun sabiendo lo que quiero y comprendiendo lo que me acabas de decir, ¿por qué siguen apareciendo esos miedos? — preguntó Sofía, un tanto irritada consigo misma.

—Los miedos siempre aparecen, no necesitan que les abran la puerta para entrar, ya están dentro —dijo Maya—. El miedo es un animal salvaje que vive dormido en nuestro interior, hasta que algo o alguien lo despierta, y lo alimentamos a base de suposiciones, dudas y preocupaciones. Entonces comienza a crecer y a tener más fuerza hasta que toma vida propia, llegando a apoderarse de la nuestra.

—¿Y qué podemos hacer con ese animal?

—Hacerte su amiga —contestó Maya con rotundidad—. La mayoría lo consideran su enemigo, lo sienten como una amenaza, quieren huir, pero eso es tan inútil como huir de tu sombra. Muchos buscan la forma de librarse del miedo, de perder el miedo, cuando en realidad no hay que perderlo sino ganarlo, hay que aprender a escucharlo y utilizarlo para convertirlo en tu aliado.

»El miedo es un gran maestro que revela tus creencias más profundas, que da la vuelta a tus emociones como a un calcetín, que te lleva de la convicción a la duda en un instante, que te hace pasar de la seguridad a la preocupación sin enterarte, pero ese mismo miedo también te alimenta y puede ayudarte a superarte.

»A veces la sociedad te dice que no deberías tener miedo, que si tienes miedo hay algo que está mal, cuando en realidad debería ser todo lo contrario, si no tienes algo de miedo, es que no te estás enfrentando a nada que te desafía y te obliga a crecer. Es señal de que estás en la comodidad, haciendo algo que ya es fácil para ti, estás nadando en la seguridad de las aguas conocidas y poco profundas, flotando en la rutina diaria. Ahí nada te reta, ahí no puedes superarte ni descubrir tu verdadero potencial. No se forja un verdadero espíritu de superación cuando no hay nada que superar.

»Cada vez que ese animal se despierta y sientes que el miedo reaparece, es porque la vida te está poniendo a prueba. Pero tienes que comprender lo que ese miedo significa. En realidad, te está ofreciendo la oportunidad de superarte, ese es el momento en el que el miedo te coloca en una posición en la cual tienes que tomar una decisión, la de convertirte en víctima o en héroe, no ante nadie, sino ante ti mismo.

Exactamente así es como se sentía Sofía, estaba en esa situación en la cual tenía que tomar una importante decisión, la cual podía cambiar el curso de su destino. Maya continuó hablando:

—El héroe y el cobarde, el que asume el papel de víctima o el que se comporta como un valiente, sienten exactamente el mismo miedo, puede que el valiente incluso más. La única diferencia es que un día el valiente, que no lo era, se hartó de huir del miedo, se hartó de sentirse pequeño. Un día comprendió que tratar de evitar los problemas se convierte en el verdadero problema, porque se convierte en una vida escondiéndose en las sombras para no ser visto, una vida sin pasión, sin los necesarios retos que nos obligan y ayudan a crecer.

»Hasta que un día, harto de sentirse pequeño, en vez de salir corriendo, esa persona que siempre se escondía atemorizada por el miedo, se paró frente al miedo, le miró a la cara, reconoció que tenía miedo, se le secó la boca, le faltaba el aire, y dijo: "¡¡Sí, tengo miedo!!, pero esta vez no voy a huir, no me voy a echar atrás, no me vas a frenar de nuevo ni vas a robarme más sueños". Ese día se transformó en una persona valiente, no ante nadie, no para demostrar nada a nadie, sino ante sí misma, ante su propia dignidad y su conciencia.

Sofía estaba sorprendida por la poderosa energía con la que Maya transmitía ese concepto. Hablaba como si esos miedos hubiesen sido un enemigo contra el que había luchado en muchas batallas, pero al que finalmente había vencido.

Ese es el día en que el «miedo» pierde todo su poder, el instante en que desenmascaras al mayor ladrón del mundo, cuando te enfrentas a él y descubres que no es real, que tan solo es un pensamiento. Ese estafador llamado miedo es el mayor ladrón de energía, de sueños, esperanzas e ilusiones, capaz de aniquilar la mejor de las ideas por intentar evitar el ridículo, la vergüenza, la crítica, el rechazo o el fracaso y es capaz de tumbar cualquier idea antes de ni siquiera intentarlo, por si acaso.

—En realidad —continuó Maya—, es el miedo lo que alimenta al héroe, el miedo es su mayor motivación, ya no es una excusa sino la razón para pasar a la acción, porque ya no está dispuesto a volver a vivir reprimido, ni a someterse a sus falsas amenazas, precisamente para dejar de huir y tener miedo. Lo transforma en la energía que le impulsa a crecer, a ser más fuerte y a superarse.

»Todo cambia cuando decides que ya no estás dispuesto a seguir siendo prisionero del miedo, cuando tu corazón ya harto pide a gritos sentirse libre, pero libre ¿de qué? ¡Libre del maldito miedo! —afirmó Maya con una increíble energía.

Las dudas y los miedos con los que Sofía inició esa conversación fueron disipándose ante la comprensión y la contagiosa determinación que Maya le transmitía.

—Recuerda algo importante —dijo Maya mirando directamente a los ojos de Sofía—, la vida y nuestra confianza se expande de forma proporcional a los miedos y a los problemas a los que nos enfrentamos. Si los evitamos y huimos de ellos nos debilitamos; sin embargo, cuando nos enfrentamos a ellos crecemos y nos hacemos más fuertes, nuestro mundo interior se expande, nuestra confianza crece y nuestro potencial aumenta de forma considerable.

»¿Cuántas veces te ha pasado que durante un tiempo no te has atrevido a hacer algo hasta que finalmente lo has hecho? Y después de hacerlo te has dicho: "¿Por esto he estado sufriendo tanto tiempo?".

—Ni te imaginas —respondió Sofía—. Lo que no comprendo es cómo nuestra propia mente es capaz de paralizarnos con un simple pensamiento, impidiéndonos dirigir nuestra vida hacia donde realmente queremos, cuando debería ser nuestro aliado para sentirnos emocionalmente libres y vivir una vida más auténtica. Al final, a pesar de toda la tecnología, nuestras modernas vidas siguen dominadas por nuestros primitivos miedos.

—Así es —dijo Maya—, por eso es tan importante comprender todo ese proceso, porque la comprensión te libera y la ignorancia te hace prisionera. Recuerdo un viaje al Serengueti en donde tuve la oportunidad de hablar con un jefe de una tribu masái. Le hice muchas preguntas, y con enorme curiosidad le pregunté cuáles eran sus tres mayores miedos. Me miró con curiosidad y se rio un buen rato. Al parecer le hizo gracia. «¿Los tres mayores miedos?», se preguntó. Lo pensó un instante y me respondió: «El león, el guepardo y las hienas, que son los que se comen las cabras con las que alimento a mi familia».

Sofía sonrió de oreja a oreja.

—En ese momento no pude evitar reírme, más bien nos reímos los dos. Sus miedos eran reales, pero eran los miedos del instinto de supervivencia que tenemos en nuestro organismo como mecanismo defensivo. Sin embargo, cuando haces esa misma pregunta aquí o en cualquier país de los que llamamos «desarrollados», la respuesta es muy distinta, los miedos no tienen que ver con ese primitivo instinto de supervivencia, son absurdos miedos psicológicos, son el miedo «al fracaso, a la soledad, a no ser suficiente» y una larga lista del mismo estilo. Aquí no es la supervivencia física la que nos preocupa, sino la supervivencia emocional y existencial. En realidad, el miedo es la consecuencia de nuestra incapacidad para frenar los pensamientos negativos que imagina nuestra mente. Nuestro querido cerebro se convierte en el mejor contador de historias de terror. Se dedica a imaginar las peores consecuencias a modo de advertencia, nos intimida para no correr esos innecesarios riesgos, para que no nos hagamos demasiadas ilusiones, porque nuestro cerebro está diseñado para protegernos, para mantenernos vivos y para que podamos sobrevivir al león del fracaso, el guepardo del rechazo o las hienas de la crítica. Esos son los temibles animales salvajes a los que nos enfrentamos en la selva de nuestra mente. El jefe de la tribu masái me enseñó algo importantísimo, una de las grandes lecciones de la vida, que a su vez es una ley de la naturaleza, de los animales y de nuestra vida, y es que «las cosas de las que huyes te persiguen y las cosas a las que te enfrentas huyen de ti». Exactamente así funcionan los miedos. Somos prisioneros de aquello que evitamos, de aquello que huimos, del miedo a lo que no nos enfrentamos, de las decisiones que no tomamos. Si queremos ser y sentirnos libres, si queremos dejar de ser extorsionados por las historias que nos contamos en nuestra propia mente, tenemos que dar un paso al frente, necesitamos comenzar a vivir de verdad, necesitamos ser más valientes.

— Pero ¿qué es un valiente hoy en día? —preguntó Sofía mientras seguían acercándose lentamente a la cala.

—Valiente es alguien que se atreve a mostrar sus imperfecciones, que no tiene miedo a que vean sus emociones, es tener el coraje de ser más vulnerable, es alguien que hace lo que tiene que hacer, a pesar del miedo. Valiente es vivir en integridad ante ti mismo, es ser fiel a tus principios atreviéndote a tomar decisiones y actuar respetando tus valores, no para demostrar nada a nadie, sino para estar en paz contigo mismo, es vivir de frente una vida más auténtica. Es alguien que no tiene miedo a caerse porque está dispuesto a levantarse con dignidad ante la derrota. Es vivir con más nobleza, que es hacer el bien por naturaleza, lo cual te llena de sentido. Todos queremos sentir la vida, no simplemente ver cómo la vida pasa frente a nosotros, sino hacer que nuestra vida cuente, por eso tenemos que dejar de ser espectadores y convertirnos en protagonistas de nuestra vida. En el fondo todos queremos actuar con más valentía, porque creo que estamos hartos de tener miedo. ¿Quieres saber cuándo te enfrentas y superas tus miedos? —preguntó Maya.

—¿Cuándo? —preguntó Sofía con cierta timidez tras un breve silencio.

—Cuando te das cuenta de que las consecuencias de seguir huyendo, cuando sientes que el resultado de no hacer aquello que tienes miedo de hacer, son mucho peores que las posibles consecuencias de hacer eso que temes.

»Ten presente que en ocasiones el miedo aparece cuando sientes que has llegado a tu límite o te enfrentas a algo desconocido, pero es justo ahí donde tu límite se expande. Es entonces cuando el miedo te ofrece la oportunidad de sacar al valiente que llevamos dentro, por eso hay un miedo que sí debes mantener y tener presente, es el miedo a no enfrentarte a tus miedos.

Sofía no pudo evitar sonreír, estaba fascinada, era como si Maya le hubiese hecho una radiografía y pudiese ver todas sus emociones, como si estuviese encajando las piezas de un rompecabezas desordenado. Maya sabía que Sofía se enfrentaba a una gran decisión, tal vez la mayor de su vida, por eso insistió sobre el tema.

—Dar un gran cambio en tu vida siempre da miedo —dijo Maya—, pero lo que es aún más doloroso es el arrepentimiento, por eso es preferible tomar una decisión equivocada que vivir con la constante incertidumbre de la indecisión. Lo cierto es que una sola decisión puede cambiar el destino de una vida para siempre, por eso las decisiones nos imponen respeto y cierto miedo, pero no nos falta el valor para tomar decisiones porque sean difíciles, sino que las hacemos difíciles porque nos falta el valor para tomarlas.

»A lo largo de mi vida he aprendido algo que me ha servido mucho a la hora de tomar decisiones, y es que generalmente lo mejor es tomar la decisión que más miedo te da, porque esa es la que más te ayuda a crecer. Y si no sabes qué decisión tomar, hay un remedio infalible, que es tirar una moneda al aire.

—¿Cómo? —exclamó Sofía, extrañada—. ¿Dejar que una moneda decida tu destino?

—¡Oh, no! —dijo Maya riéndose—. Lo que ocurre es que cuando la moneda va por el aire, si escuchas atentamente a tu corazón, y nada más atraparla en tu mano cierras los ojos, en ese instante previo antes de abrir tu mano para ver la moneda, tu corazón ya te habrá dado la respuesta, porque estará deseando que salga una de las dos. Esa es la decisión correcta.

Sofía empezó a reírse. Fue como si Maya hubiese hecho un truco de magia. Es ese mismo instante no necesitó tirar ninguna moneda al aire, ni tan siquiera escuchar a su corazón, porque su corazón le gritó la respuesta.

—Gracias, Maya —dijo Sofía con todo su cariño—. Gracias por tus palabras. Quiero que sepas que me considero una privilegiada, que tengo una enorme suerte de poder escucharte y estar contigo.

Sofía le dio un gran abrazo de sincero agradecimiento con un sentido «te quiero». Era justo lo que antes le costaba tanto decir.

Descendieron un estrecho sendero y llegaron a una minúscula cala entre los muros de un pequeño acantilado. Se sentaron sobre unas rocas al borde del agua cristalina, en silencio, tan solo roto por el relajante sonido de las pequeñas olas al chocar contra la orilla mientras Duna correteaba a sus anchas.

Era uno de esos momentos que ambas conocían, un maravilloso momento de puro presente, de conexión con la naturaleza, integradas en ella como si fuesen parte del entorno, observando en calma, con admiración y asombro, agradecidas por ese regalo.

Tras un buen rato inmersas en el más absoluto presente, algo llamó la atención de Sofía y su curiosidad rompió el silencio.

—Es increíble la forma de las rocas en esa pared —dijo refiriéndose al acantilado que rodeaba la cala.

—Todas esas líneas son las marcas del hielo de las épocas glaciales —explicó Maya—. Los glaciares, con sus millones de toneladas de hielo, se abren paso a través de cualquier montaña, la esculpen y dejan una imborrable huella a su paso, unida a la constante erosión del agua y del viento a lo largo de los años. Si observas atentamente la naturaleza puedes observar la historia de la vida. Al igual que los elementos como el hielo, el viento, la nieve, el fuego y el agua moldean la naturaleza, en nuestra vida todo lo que nos rodea también nos moldea. Todo lo que ocurre a nuestro alrededor tiene una influencia mucho mayor de lo que pensamos.

»El entorno nos puede influir de forma negativa y arrastrarnos al fondo del pozo más profundo, llenarnos de miedos y dudas, robarnos la confianza y dilapidar nuestros sueños. Sin embargo, también nos puede inspirar y ayudar a crecer, a tener más confianza y desarrollar nuestro potencial, a generar inercias positivas que nos permitan alcanzar nuestra propia cima personal.

—¿A qué te refieres exactamente cuando hablas del entorno, de lo que moldea a una persona? —preguntó Sofía.

—La influencia de nuestro entorno comienza desde que nacemos: todo lo que nos han dicho nuestros padres, cómo nos han tratado y educado, si nos han protegido en exceso o nos han transmitido confianza o miedos. Tiene que ver con lo que transmiten los profesores, todo lo que escuchamos, lo que vemos, lo que leemos y las personas de nuestro entorno. Toda la información que hemos recibido y ante la que nos exponemos, va moldeando la percepción de nuestra identidad, va construyendo y transformando nuestros pensamientos y nuestras creencias, cómo vemos el mundo y nuestras expectativas sobre la propia vida. También tiene que ver con las expectativas que las personas más cercanas a ti tienen sobre ti —dijo Maya—, porque si no creen en ti eso influye de manera negativa en tu propia confianza. Pero si las personas que tienes a tu alrededor creen en ti, eso te transmitirá confianza, te ayudará a creer más en ti y te impulsará hacia delante.

»Es una regla muy simple, tanto que muchos no le dan la suficiente importancia. Por eso tenemos que prestar más atención a nuestras palabras, a la calidad de nuestras relaciones, a lo que leemos, a lo que escuchamos. Toda la información que recibimos es parte de nuestro entorno, nos influye al igual que las fuerzas de la naturaleza influyen sobre el paisaje, dando forma a nuestros estados de ánimo, condicionando nuestras expectativas y nuestras decisiones. En definitiva, influye en nuestras emociones, que son la fuerza que dirige nuestra vida.

— Es increíble —dijo Sofía—. ¡Es algo tan lógico y tan evidente! Y es cierto que el entorno es algo que te va envolviendo poco a poco, te acostumbras a lo que tienes alrededor y te va influyendo sin que te des cuenta.

—Así es —afirmó Maya—. Sigilosamente esa influencia va esculpiendo parte de nuestra vida y es un proceso que jamás termina, porque ningún ser humano es un producto acabado. Durante toda nuestra vida somos un proyecto inacabado en constante construcción. Nuestra vida es como un edificio, hay que cuidarlo, porque si no lo hacemos se va deteriorando y siempre hay cosas que reformar y cosas que pueden ser mejoradas. Siempre he creído que una persona es como una semilla, y cada semilla requiere de un ambiente particular, un entorno concreto para poder florecer. Si quieres florecer como ser humano, necesitas un entorno que te ayude a crecer y adquirir las cualidades que deseas incorporar a tu vida. Aunque hay personas que en vez de florecer prefieren aparentar, porque eso requiere menos esfuerzo. Pero si una persona no evoluciona será como una flor de plástico, podrá tener una bella apariencia, pasarse el día posando para sentirse admirada, pero no desprenderá ningún aroma. Sin embargo, cuando creces y evolucionas, floreces como persona, y al igual que una flor de verdad, desprenderás un aroma natural y autenticidad.

—Me ha gustado esa metáfora de la semilla, creo que todos necesitamos florecer como parte de la naturaleza que somos —dijo Sofía—. Además, para mí la naturaleza es muy importante, en ella conecto con algo más profundo, me siento parte de algo más grande, mientras que la velocidad de la civilización a veces nos desconecta de nuestra propia esencia. Es como si de forma imperceptible nos acelerase y nos empujase a competir a base de más necesidades y comparaciones. Sin embargo, en la naturaleza vuelvo a ser yo, me frena y me conecta con mi esencia.

—Exacto —afirmó Maya—, la naturaleza siempre está ahí disponible. Creo que necesitamos menos asfalto, conectar más entre nosotros y con la naturaleza, porque como bien has dicho, somos parte de ella.

»Por eso cuando encontré este rincón sentí una conexión muy especial y no paré hasta que pude cumplir mi sueño de poder vivir en este lugar. La naturaleza también es mi antídoto en los momentos en los que todo falla. En esos días en donde el mundo parece volverse loco, cuando se acumulan los problemas y el vacío parece llenarlo todo, entonces me pregunto, ¿qué queda? Y siempre queda la naturaleza.

Se sentaron en unas rocas al borde del agua. Sofía imaginó que sería agradable darse un baño, pero al tocar el agua con sus manos se le quitó la idea de la cabeza, el agua aún estaba fría.

—Cada uno tiene que hacer su propia reflexión para descubrir qué es lo que le ayuda a reconectarse, a frenar, a soltar la tensión para estar mejor consigo mismo y liberarse de la presión que acumulamos. Cada uno tenemos que buscar los elementos o el entorno que nos ayude a poner todo en perspectiva, tener ese lugar sagrado, aunque sea en la propia mente, ese sitio al que puedes regresar para recuperar el control y tener una vida más equilibrada.

»Lo digo por experiencia —afirmó Maya ante la atenta mirada de Sofía—, porque durante parte de mi vida perseguí muchas cosas, a veces equivocadas. Logré objetivos importantes a base de perder media vida por el camino, pero al final no me aportaban lo que esperaba, porque a veces ni siquiera eran mis sueños, sino los que me habían vendido. Entonces comencé a poner en orden mis valores, mis prioridades, lo que realmente me llenaba y así comencé a vivir una vida más equilibrada.

—¿Qué es lo que cambió? —preguntó Sofía curiosa.

—Comencé a establecer objetivos internos en vez de solamente externos. Me centré en mi mejora personal. Comencé a preguntarme cómo me quería sentir, cómo me gustaría que fuese mi vida emocional, mi mundo interior, no solamente lo que quería lograr. Me detuve a reflexionar, algo que no había hecho mucho hasta entonces, porque me pasaba la vida reaccionando ante todo. Ese gran cambio por el que preguntabas comenzó cuando puse en orden lo más importante, mis valores y mis prioridades; cuando creé mi propia filosofía de vida.

—¿A qué te refieres con desarrollar tu filosofía de vida?

— Eso tiene gracia viniendo de ti —dijo una sonriente Maya.

— ¿Y eso por qué? —preguntó Sofía, un tanto confusa.

—Porque la palabra filosofía es de origen griego y está compuesta de dos palabras, *philos*, que significa 'amor', y *sophia*, tu nombre —dijo Maya enfatizando esa palabra—, que significa 'sabiduría'. Por lo tanto, podríamos decir que la palabra «filosofía» significa el amor por la sabiduría, el amor por el conocimiento.

—Qué vergüenza —dijo Sofía, sonriendo sorprendida—. Cómo puede ser que me llame Sofía y no supiese eso...

—A lo mejor ese es tu destino y por eso estabas en esa búsqueda personal, en la búsqueda de tu filosofía —dijo Maya sonriendo.

—Es increíble —afirmó Sofía, aún sin poderse creer que no supiese el significado de su propio nombre.

—En realidad, la filosofía es la reflexión y la búsqueda de respuestas sobre el sentido de nuestra existencia, la reflexión y el análisis de la vida para poder comprender mejor nuestro pasado, nuestras emociones, nuestras reacciones. Es la búsqueda de una vida más sabia para responder mejor a los dilemas y problemas de nuestra vida.

—Entonces cuando hablas de crear tu propia filosofía de vida, ¿cómo lo bajas a tierra, como lo haces tangible para llevarlo a la práctica? —preguntó Sofía.

—La filosofía personal comienza por definir qué es lo más importante para ti, qué es lo que más valoras, no lo más popular, sino lo más significativo, lo que realmente sientes que es importante para ti —explicó Maya—. Es lo primero sobre lo que tienes que reflexionar, sobre cuáles son tus valores, los principios y normas que son fundamentales en tu vida, que son innegociables, como el respeto lo es para mí.

»Reflexionar y definir cuáles son los valores y principios primordiales equivale a construir los cimientos de tu vida, los pilares de una personalidad más sólida, la base que te mantiene firme en tu interior a pesar de que las circunstancias de la vida puedan tambalearse a tu alrededor. Es la brújula que te ayuda a tomar mejores decisiones y a mantener tu rumbo en medio de las tormentas de la vida.

»Esa filosofía de vida nada tiene que ver con tus logros, no tiene que ver con ganar o perder, no depende de los resultados, las comparaciones ni el reconocimiento, sino con saber que has hecho lo correcto. Es la victoria moral de la integridad, de saber que vives bajo tus valores, que defiendes lo justo aunque sea lo más difícil, porque no hay juez más despiadado que nuestra conciencia.

»Además, tener tu propia filosofía te hace más fuerte. No tendrás tanto miedo a caerte, es parte del camino, pero te levantarás fácilmente con toda tu dignidad. Tu filosofía y tus valores son tu sello de identidad, lo que te ayuda a sostenerte en los momentos en los que la vida golpea con fuerza, porque puedes perderlo todo, pero no puedes perder quién eres. Por eso primero debes «ser», construir una identidad valiosa, de autorrespeto, digna de ser querida.

Sofía estaba sorprendida ante la energía con la que Maya transmitía ese concepto, parecía un filósofo de la antigua Grecia.

—Nadie puede decidir por ti lo que es importante en tu vida —afirmó Maya con rotundidad—, es una reflexión que cada uno tenemos que hacer individualmente. No te enseñan a reflexionar y a elaborar esa lista de valores y prioridades en el colegio, aunque no estaría mal, porque todos saldrían con las ideas más claras y tomarían mejores decisiones para perseguir su propio destino. Así que para «bajarlo a tierra», como has dicho antes, y crear tu propia filosofía de vida comienza por definir qué es importante para ti, qué te ayuda a conectar con tu esencia, por hacer una lista de los valores y prioridades que son más importantes para ti: como el respeto, la integridad, el honor, el amor, la contribución, tu desarrollo personal... Tú sabrás, hay muchísimos y muy variados.

Mientras seguía jugueteando con la arena, Sofía se ilusionó ante este nuevo reto de construir su propia filosofía.

—Hay algo muy importante que tienes que comprender. El comportamiento y las decisiones de cada persona serán muy distintas en función del orden de sus valores y prioridades —dijo Maya, levantando el dedo índice casi como una advertencia—. Ese es uno de los motivos por el que muchas relaciones no funcionan, ni pueden funcionar. Aunque inicialmente haya una química o una atracción, si su orden de valores y prioridades son muy distintos, sus decisiones y comportamientos los llevarán por caminos muy diferentes hasta acabar en destinos separados. Lo mismo ocurre con los socios en los negocios.

—¡Es exactamente lo que pasó con mi pareja! —exclamó Sofía como si hubiese tenido una revelación—. En un principio todo era genial, pero después me di cuenta de que no teníamos ni los mismos valores, ni mucho menos las mismas prioridades, y al final me di cuenta de que no teníamos nada en común.

—Me alegro de que lo comprendas, porque si no aprendes la lección repites curso. Me refiero a que podría ocurrir lo mismo en otra relación. Lo triste hoy en día es que no se habla mucho de esos conceptos, se pone mucho más énfasis en lo externo que en lo interno. Pero es difícil tener una buena vida si no tienes tu propia filosofía, porque eso equivale a navegar sin referencias para mantener el rumbo, y lo más probable sea que vivas a merced del viento de las modas, de las opiniones de los demás, procurando encajar.

»Sin embargo, cuando la tienes definida, te ayudará a comprender lo que vale la pena perseguir, lo que es mejor abandonar, las cosas por las cuales merece la pena esforzarse, qué comportamientos son o no son tolerables, por quién estás dispuesto a luchar o por qué estás dispuesto a sacrificarte.

»Hoy en día se habla mucho de la felicidad, ves cientos de artículos y libros sobre cómo ser feliz; sin embargo, apenas se oye hablar de la plenitud, aunque curiosamente los antiguos filósofos griegos no pensaban que el propósito más importante de la vida era ser feliz, sino alcanzar un mayor grado de sentido de la vida, de plenitud.

Duna se acercó a Sofía reclamando su atención y algunas caricias.

—La plenitud es un estado más estable que la felicidad, es menos dependiente de los resultados y las circunstancias externas. Es una satisfacción interna que nace de la propia evolución personal, del placer encontrado en el reto y la superación, es una visión ligada a un sentido y un propósito superior.

»La gran diferencia entre la felicidad y la plenitud es la reacción ante el dolor. La felicidad se disipa ante el dolor, desaparece ante los problemas y los retos de la vida, mientras que la sensación de sentido y plenitud puede perdurar e incluso crecer ante esos mismos retos.

Sofía escuchaba atentamente, absorbiendo cada palabra y haciéndola suya, aún pensando en el descubrimiento de la relación entre su nombre y la filosofía, mientras Maya hablaba con la mirada perdida, con una inusual profundidad. Parecía que estuviese hablándose a sí misma en algún momento del pasado.

—Nadie puede construir por ti el camino por el que viajará tu vida, eres tú quien lo debe construir con tus propios pasos, y tus valores no son solamente el material que determina la solidez y la belleza de ese camino, sino que también marcarán la dirección y tu destino. Esos principios son como la luz en la oscuridad, el faro que nos ilumina y nos muestra el camino a casa cuando nos perdemos durante las tormentas del inmenso océano de la vida.

»Has tenido una gran suerte —dijo Maya—, y no me refiero solo al tema de la salud, me refiero a que en unas pocas semanas has vivido una serie de experiencias extraordinarias. La vida te ha expuesto ante maravillosas lecciones sobre lo que realmente importa, situaciones en las cuales está condensada la esencia de la vida. Ahora depende de ti aprovechar esas lecciones, porque muchas personas necesitan toda una vida o llegar al final de sus días para darse cuenta de ellas.

—Así es —reconoció Sofía—, es extraño cuando miro atrás, es como si en este período hubiese vivido toda una vida concentrada, es como un antes y un después, al menos en la manera de ver las cosas y en mi interior, pero cuando te escucho siento que tengo mucho por aprender.

—Eso está muy bien —dijo Maya sonriendo—, algunos creen que ya lo saben todo, pero el aprendizaje no tiene fin, porque la vida es una constante búsqueda de respuestas a los nuevos dilemas ante los que la propia vida nos enfrenta cada cierto tiempo. La vida es un imparable y eterno cambio, y nosotros debemos evolucionar como la propia la vida y prepararnos para adaptarnos a ese constante cambio.

—Hablando de prepararse, creo que es hora de que me vaya a preparar para la conferencia de mañana —dijo Sofía con ilusión y ciertos nervios.

—Sí, mañana es tu gran día —señaló Maya en referencia a la conferencia.

Sofía no dijo nada, tan solo asintió pensando precisamente en eso. Llegaba su gran día, y lo era por muchos motivos. Sofía tenía presente lo que le ocurrió la noche anterior al evento, recordaba cómo se quedó dormida y que no pudo repasar su conferencia. Esta vez había preparado su presentación a conciencia y la quería revisar una última vez para salir al escenario con la máxima confianza.

Maya la acercó hasta el hotel. Sofía volvía al lugar en el que su vida dio un giro inesperado y cambió por completo: el hotel Jumeirah de Port Sóller. Como la vez anterior, la organización del evento le había reservado la habitación, exactamente la misma, a petición de Sofía. Para ella era un reto personal al que se quería enfrentar, cerrar el círculo al inicio de una nueva vida.

Se despidieron hasta el día siguiente. Se verían en la conferencia, ya que Sofía insistió en que ella y Nacho estuvieran presentes, a pesar de ser un evento privado. Sofía se despidió dando las más sentidas gracias a Maya por el día que le había dedicado, reconociendo que siempre encontraba las palabras justas en el momento oportuno y que su conversación realmente la había ayudado mucho.

Tenía tiempo suficiente para repasar su presentación antes de que Nacho llegase. Sofía le había pedido que se quedara con ella esa noche en el hotel, quería sentirle a su lado en lo que para ella era un momento muy importante, además de disfrutar del precioso hotel juntos. Nacho no podía llegar hasta dejar a su hija en casa de sus padres, lo cual le dio tiempo a Sofía para ensayar su conferencia hasta sentirse segura de sí misma y de lo que quería transmitir. Entonces Nacho le envió un mensaje para decirle que ya estaba en la recepción.

Sofía bajó a buscarle. Fue un encuentro mágico, por el momento, por el lugar, por todo lo que había pasado, porque el mundo volvió a pararse por un instante y se detuvo en el precioso presente. Nacho se quedó asombrado por el hotel, especialmente cuando subieron a la habitación. Allí vio un montón de hojas con las notas de la conferencia y le preguntó si estaba preparada, a lo que Sofía respondió con seguridad que esta vez sí.

Tras ponerse cómodos, hablaron de cómo todo había cambiado, de cómo algo aparentemente negativo puede transformarse en algo inesperadamente maravilloso, de que si no hubiese sido por aquel desmayo y después por aquel diagnóstico erróneo no estarían juntos en ese momento. De cómo lo que en principio parecía el peor día de su vida, lo que amenazaba con ser el final, se había convertido en el inicio de algo mucho mejor. Los caprichos del destino nunca son predecibles, pero lo cierto es que toda buena historia de superación siempre viene precedida de algún drama.

Estaban disfrutando de una noche perfecta en todos los sentidos, pero Nacho quería estar seguro de que Sofía estaba bien, que estaba preparada y tranquila. Quería dejarle su espacio y su tiempo para repasar la conferencia. Además, Nacho reconoció las enormes ganas que tenía de escucharla después de haber comprobado su capacidad de comunicación en la fiesta. Sofía agradeció su comprensión y antes de acostarse releyó un par de puntos de la conferencia.

En el momento que ya se iban a dormir, Nacho encendió una vela que había llevado de su casa, y buscó algo en su móvil. Sofía se preguntaba qué hacía. Él dejó el teléfono sobre la mesilla justo en el momento en el que empezó a sonar su canción, «Help me make it through the night», lo cual arrancó la preciosa sonrisa de Sofía. Entonces, abrazados con todo el cariño y un cuidado mutuo, cayeron rendidos.

CERRAR EL CÍRCULO

Hay cosas que no cambian. Como cada vez que tenía que hablar en público, los nervios y los miedos volvieron a aparecer, pero ahora Sofía sabía algo más sobre los miedos y cómo manejar a su okupa. Fue ella quien se puso a hablar a su mente con seguridad y firmeza en vez de dejar que ese temeroso monólogo interior tomase control. Esta vez no estaba centrada en qué tal lo haría o en qué pensarían los demás. El enfoque no estaba en ella, sino en lo que podía aportar. Se sentía con la autoridad moral de hablar desde la experiencia personal.

La presentaron con todo el cariño, recordando el desmayo y la situación de la que todos los presentes habían sido testigos en el primer evento.

Mientras la presentaban, Sofía recordó el momento del desmayo. En ese instante, como si de una película se tratase, por su mente pasó todo lo transcurrido desde entonces. Se emocionó ante la gran ovación con que la recibieron, lo cual agradeció profundamente.

Tras ese recibimiento, Sofía anunció que además de los temas sobre nuevas estrategias de *marketing* que debía tratar, probablemente les sorprendería con parte de la experiencia vivida desde el pasado evento. A continuación, con una inusual calma, trazó unas líneas maestras sobre las innovaciones en las estrategias del *marketing* digital, las nuevas tendencias y las claves para adaptarse a los cambios. Aunque Sofía tenía muy claro que quería hablar de su experiencia y de las lecciones aprendidas, tenía que buscar un hilo conductor para enlazar la parte profesional con la personal y buscó la manera de hacerlo de la forma más sincera posible.

—Soy muy consciente de que estamos en un congreso de *mar-*

keting, un evento empresarial, pero por encima de todo somos personas, y las empresas, por si alguno no se ha dado cuenta, están compuestas por personas —matizó sonriente—. Y creo que a veces no le damos la suficiente importancia al aspecto personal, a la parte más humana, a nuestra evolución tanto en la empresa como en la vida.

»La vida personal y profesional no es divisible. Nos llevamos nuestras emociones y circunstancias del trabajo a casa y de casa al trabajo. No podemos pretender que una parte no afecte a la otra, y cuando uno está bien consigo mismo, estamos y somos mejores en todas las áreas de nuestra vida. Creo que ayudar a las personas a mejorar su vida en el aspecto emocional, invertir en formación, en el desarrollo y en la evolución personal y poner más atención al bienestar emocional es lo que más nos ayuda a aumentar nuestro potencial, a ser más productivos y a lograr una mejor calidad de vida profesional y personal.

Al instante Sofía captó la atención de todos los asistentes. Entre todos destacaban Maya y Nacho, sentados en primera fila.

—Como sabéis, después de desmayarme aquí mismo hace unas semanas me llevaron directamente al hospital, donde desperté poco después y en donde estuve ingresada. Lo que probablemente desconocéis es que al día siguiente, después de realizarme varias pruebas, me comunicaron que me quedaban unos pocos meses de vida —dijo Sofía sorprendiendo a todos—. Se suponía que hoy no debería estar aquí.

Sofía vio cómo algunos asistentes se miraban preocupados.

—Sin embargo, el destino me tenía guardados otros interesantes planes —dijo Sofía sonriendo al mirar a Nacho y Maya— y, además, puso unas personas muy especiales en mi camino. Toda esta experiencia me ha puesto en situaciones que me han enseñado imborrables lecciones, porque al pensar que mis días llegaban a su fin comencé a vivir como si fuese a morir, a prepararme para despedirme, aunque al final, como veis, estoy aquí y todo está bien —dijo Sofía para alivio de los presentes—. Pero en ese proceso he tenido la suerte de descubrir algunas cosas que creo que son las verdaderamente importantes de la vida. Por eso, humildemente, me gustaría compartir algo de la experiencia vivida desde aquel día en el que todos visteis cómo me desmayé aquí frente a vosotros, con la ilusión de que algunas de las lecciones aprendidas durante ese tiempo puedan servir de algún modo.

»Lo primero que aprendí, aunque pueda parecer ridículo, es que no era inmortal. ¡Vaya aprendizaje!, ¿eh? —dijo Sofía entre risas—. Es una gran evidencia que todos sabemos. Pero también me di cuenta de la gran diferencia que hay entre lo que sabemos, lo que hacemos y cómo vivimos. Me di cuenta de que con la teoría no es suficiente, sabemos muchas cosas, pero saber no es suficiente. Lo que marca la diferencia en la vida no es lo que pensamos, sino lo que hacemos con lo que sabemos, cómo lo utilizamos en nuestro día a día y lo integramos emocionalmente. A veces aprendemos cosas porque las hemos memorizado o escuchado muchas veces, pero no es un conocimiento que nace de la reflexión ni de la experiencia, por lo que es superficial. No es conocimiento, es teoría. Son muchas la ocasiones en las que creemos que nos falta conocimiento para hacer algo, cuando en realidad lo que nos falta es el músculo de la determinación para aplicar lo que ya sabemos, y lo que nos sobra son ridículos miedos. El conocimiento y la acción se necesitan mutuamente. Lo primero es saber, pero lo importante es hacer, por eso el conocimiento debemos valorarlo en función de su aplicación diaria.

»Las reflexiones tras la noticia me hicieron darme cuenta de que iba a tal velocidad que no tenía tiempo de ver y sentir la vida. Estaba demasiado ocupada para vivir, como si solo tuviese tiempo para seguir cumpliendo la interminable lista de tareas. Pensaba que eso era lo normal y que ya tendría tiempo de vivir más adelante. Me di cuenta de todo el tiempo que había desperdiciado. Dar por hecho que ya habrá tiempo más adelante es la ilusión a través de la cual se nos escapa la vida.

Sofía vio cómo algunas cabezas asentían en el auditorio.

—Es increíble cómo la posibilidad de la muerte nos despierta la vida, cómo de golpe nos trae al presente, cómo elimina absurdas preocupaciones que llegan a causar angustia y vuelve insignificantes problemas que llegaron a parecer dramas. Es sorprendente cómo la sensación de llegar al final de nuestros días pone en orden nuestros valores, revela nuestras prioridades, y, más aún, cómo nos abre los ojos para darnos cuenta de lo que es importante, de todo lo que sí tenemos y no valoramos lo suficiente. Por muy extraño que pueda parecer, ojalá sea capaz de mantener presente la presencia de la cercanía de la muerte. Puede sonar macabro, pero es todo lo contrario, porque me he dado cuenta de que es la mejor manera de valorar la vida, mientras que pensar que ya tendremos tiempo es una buena manera de desperdiciarla. Reconocer nuestra impermanencia, que la vida se puede acabar en cualquier momento, nos ayuda a vivir mejor, de forma más consciente, nos enseña a apreciar mejor el presente, a valorar y aprovechar mejor el tiempo, nos ayuda a no dilatar decisiones y a que nuestras acciones sean más valientes.

La gente guardaba un completo silencio mientras escuchaban atentamente las palabras de Sofía.

—En esos momentos en los que pensé que mis días se acababan es cuando he estado más viva que nunca, más presente y en absoluta calma —dijo Sofía con una serena sonrisa—. Me hice muchas preguntas, miré atrás y me pregunté qué había estado haciendo con mi vida, si la había estado aprovechando o desperdiciando, y la verdad es que hice interesantes descubrimientos.

»He aprendido que cuanta más seguridad necesitamos, menos disfrutamos del presente, y más tiempo pasa nuestra mente dispersa en las preocupaciones sobre el futuro. En esa persecución de la ansiada seguridad, esta sigue alejándose, dejando tras de sí un rastro de incertidumbre que provoca más inseguridad, ya que significa que aún no tenemos lo que supuestamente nos dará la estabilidad que deseamos.

»Creo que la mayoría de las personas nos pasamos la vida buscando la seguridad y la felicidad, pero cuando profundizamos en cuál es el verdadero objetivo detrás de esa búsqueda, la interesante conclusión es que queremos llegar a "esa situación" para, por fin, poder disfrutar del presente. Pero eso es precisamente lo que nos perdemos por el camino en esa persecución, cuando el objetivo de la vida es el propio camino. Al final te das cuenta de que la incapacidad de estar en el presente es el terreno fértil en el que nacen los miedos y la razón de muchos de nuestros males. Parte de nuestra vida la vivimos ausentes, con la mente en otro lugar. Vivimos como si la vida y el presente estuviesen en otra parte, y se nos escapan a la espera de llegar a ese otro lugar.

A Nacho le brillaban los ojos escuchándola, admirado y conmovido. Sofía siguió hablando:

—¿Podemos ser más felices antes de lograr nuestros deseos o independientemente de lograrlos y disfrutar del camino a pesar de las circunstancias? Desde luego que sí, es algo que la reciente experiencia me ha demostrado. Creo que para eso debemos aprender a vivir más en el presente y ser más agradecidos. Cuando de pronto lo vi todo perdido, me di cuenta de todo lo que tenía. Muchas veces no lo vemos porque estamos pensando en lo que nos falta o en todo lo que aún no hemos logrado, y podríamos ser mucho más felices valorando más y siendo más agradecidos por lo que ya tenemos.

»Sin embargo, parece que nos comportamos como un insaciable animal hambriento que siempre quiere más y ansía lo que no tiene. Tal vez ese sea uno de nuestros mayores males. El problema no está en alcanzar nuestros deseos, sino en la insaciabilidad de lograr algo más, lo que se convierte en una especie de adicción. Y eso genera la sensación de que siempre falta algo, de que nunca es suficiente. ¿Cuándo será suficiente si seguimos viviendo así?, ¿cuándo podremos descansar?

Algunas personas suspiraron, mostrando que eso encajaba exactamente con sus vidas.

—Tal vez el secreto sea valorar y agradecer más lo que sí tenemos y ansiar menos lo que nos falta, porque una cosa es tener sueños y otra muy distinta tener ansiedades. No es lo mismo tener dependencia que tener ilusiones. No es cuestión de reducir nuestros sueños y nuestras aspiraciones, que son parte esencial de la vida, sino de ser capaces de disfrutar de lo que ya tenemos a nuestro alrededor, porque si queremos sentirnos más plenos es fundamental saber apreciar lo que tenemos a nuestro alrededor.

»Lo cierto es que la vida y nuestras emociones cambian cuando sustituimos las expectativas sobre cómo creemos que las cosas deberían ser, por agradecimiento, en el presente, porque la gratitud ahuyenta la preocupación y nos calma. La gratitud consiste en apreciar lo que se tiene cuando se tiene, no después de perderlo.

—Al tener la oportunidad de mirar atrás, puede que una de las cosas de las que más nos arrepintamos sea no haber luchado más por aquello que realmente queríamos, por nuestros sueños y nuestras ilusiones, por miedo a no conseguirlos. Tal vez ese sea el único fracaso, el de no habernos atrevido. He comprendido que no hay remordimientos cuando en el fondo sabes que realmente lo has intentado, cuando lo has dado todo, porque en ese proceso te enfrentas a tus miedos, te superas y te descubres a ti mismo. Al final, el resultado no es tan importante como pensamos; al final, lo más valioso es la tranquilidad mental, la victoria moral de haberlo intentado, saber que hemos dado el paso al frente, haber vivido al máximo, sabiendo que nuestra felicidad y nuestra valía personal no depende de lo logrado, sino de cómo hemos vivido y de lo que hemos aportado. Los logros no van a resolver los conflictos emocionales, ni solucionar problemas de pareja, ni descubrir el sentido de la vida. Los objetos no llenan nuestra vida de plenitud, porque el significado y la plenitud no se pueden comprar, es algo que tenemos que desarrollar, algo que logramos con nuestra manera de vivir.

»Todos queremos una vida con mayor sentido, en la que podemos contribuir y sentir que aportamos valor, tanto en lo personal como en lo profesional. Cada uno debe reflexionar y decidir por sí mismo qué es lo que otorga más sentido a su vida y qué le hace sentirse más pleno. ¿Qué hace de la vida una buena vida? En el colegio no acostumbran a hacernos esta pregunta, aunque supongo que hay muchas cuestiones que deberíamos plantearnos y que no nos hacemos.

Maya sonrió al reconocer sus propias palabras.

—Aprender a vivir, o al menos a tener una buena vida, es más difícil de lo que parece, aunque por momentos da la impresión de que aprender a vivir es la actividad a la que menos importancia le damos. Nuestra propia autoexigencia hace que demos prioridad a todo lo que tenemos que hacer en vez de dar más importancia a cómo queremos ser, cómo nos queremos sentir y en qué clase de persona nos queremos convertir. Por momentos da la impresión de que padecemos de una procrastinación existencial.

»Sin embargo, el objetivo que todos tenemos es cómo vivir mejor, cómo lograr una mejor calidad de vida emocional, y esto tiene que ver con cómo alcanzar y mantener un mayor grado de bienestar interior, tener mejores relaciones, lograr una mayor sensación de plenitud y dotar a nuestra vida de un mayor sentido.

»También me pregunté si me arrepentía de algo. Antes pensaba que era inútil arrepentirse porque no podemos cambiar el pasado, pero ante aquella situación descubrí que sí me arrepentía de algunas cosas, y todas ellas eran cosas que no había hecho. No me arrepentía para culparme, sino para aprender de ello y procurar no tropezar en la misma piedra. Me arrepentí de los fracasos de cariño, de los abrazos no dados, de las cartas no enviadas, de las palabras de afecto no dichas, de no haber sido más amable y de no ayudar más cuando pude hacerlo. Me arrepentí de no haberme lanzado a por un sueño por algún miedo, de no haber dado más amor y no haber dicho más a menudo "te quiero".

Vio cómo algunas personas asentían porque se sentían identificadas. Sofía elevó su tono para concluir el mensaje, llegando a lo más importante de su vivencia.

—Y de pronto la vida te despierta. Y nos damos cuenta de que la vida está pasando y hay algo que se nos está escapando. De golpe, nos damos cuenta de que aquella vida con la que soñábamos, las aspiraciones y las ilusiones que un día tuvimos tal vez se fueron quedando atrás en el olvido, como algo lejano, o simplemente nos resignamos porque dejamos de creer que era posible para nosotros. Tal vez nos sumergimos en la rutina diaria y se nos olvidan las cosas realmente importantes. Pero llega el momento de decir basta, el momento de decidir que esta es tu vida, la hora de tomar decisiones y poner las prioridades en orden, porque nadie está condenado a vivir toda una vida de la misma manera. La vida no tiene por qué ser una continuación de lo que ha sido hasta ahora, no estamos obligados a hacer lo mismo, a comportarnos de la misma forma, ni a ser quienes fuimos. Siempre podemos cambiar y mejorar esa versión. La vida es esta, es ahora, con nuestras decisiones, nuestros aciertos, nuestras equivocaciones y sus circunstancias. Somos libres de tomar nuestras decisiones, libres de cambiar, libres para escoger un nuevo rumbo, libres de caernos, levantarnos, aprender y superarnos. La vida nos está esperando a que la vivamos al máximo, a que seamos más valientes y nos demostremos a nosotros mismos lo que llevamos dentro. Aunque espero que la vida no tenga que darte un susto para que te despiertes y te des cuenta de que la vida está pasando en este mismo momento, porque la vida no espera a nadie y pasa más rápido de lo que parece.

»He descubierto que existen varios tipos de victorias. Generalmente desde pequeños nos enseñan a ser más competitivos, a ganar, a intentar ser mejores que los demás. Se celebran los triunfos, se ovaciona al ganador y se olvida al perdedor. Pero la victoria enseguida se olvida, y el entorno reclama más victorias, más reconocimiento, y ante la falta de ellas la sensación puede ser de fracaso. La mayor victoria es vencernos a nosotros mismos. Ese es el partido más duro, la eterna contienda de la vida contra el mayor adversario, uno mismo. Ganamos cuando nos quitamos armaduras, nos aceptamos, nos damos permiso para mostrarnos y ser auténticos, por eso creo que el mayor reto está en vencer a nuestra peor versión con nuestra mejor versión, ese es el verdadero partido y el gran triunfo, la victoria moral de la superación personal. Creo que el mayor trofeo que podemos levantar no es un trofeo, es levantar a alguien cuando se ha derrumbado y así levantarnos nosotros mismos. Esa es la gran victoria que deberíamos aprender a reconocer y celebrar más, porque creo que todos necesitamos ver más historias inspiradoras, tener mejores ejemplos y más referentes.

»Vivir es sentirse conectado a algo más grande que uno mismo, es desviarte de tu camino para ayudar a otro —dijo Sofía emocionada mirando a Maya y a Nacho—. He aprendido que la verdadera victoria de la vida no está en ser mejor que otros, está en conectar con lo más profundo de los demás, cuando vemos su interior, su humanidad, su dolor y su grandeza, cuando nos identificamos, cuando comprendemos y nos sentimos comprendidos. Eso es lo que nos hace más humanos, lo que nos ayuda a sentir nuestra propia humanidad y nos aporta más sentido.

«He aprendido dos lecciones que han sido como una revelación. La primera es la enorme importancia que tienen las relaciones y la profunda amistad en todos los aspectos de nuestra vida, y la segunda el poder de las palabras no dichas.

»Una buena vida no tiene tanto que ver con los logros. No importa cuánto logremos, sin la amistad para compartirlo no sirve de mucho. La buena vida se construye de buenas relaciones, de contribuir, de compartir instantes, abrazos y buenos sentimientos con buenos amigos, de entrañables momentos que nos tocan el corazón, porque la amistad es una de las cosas más bellas y que más nos llenan.

»Difícilmente recordamos grandes momentos a solas, generalmente recordamos los emotivos momentos compartidos en los que nos sentimos conectados con los demás. Eso es lo que permanece y nos aporta un sentido de pertenencia, que a su vez nos conecta con nosotros mismos.

»Me preguntaron: ¿Qué aportas a la sociedad? ¿Qué te gustaría que la gente pensase cuando alguien dijera tu nombre? ¿Cómo tendrías que vivir para que te recuerden así? No supe qué responder, nunca me había hecho esas preguntas. Por eso creo que en algún momento deberíamos pensar en cuál es la historia que queremos dejar tras nosotros. Deberíamos pensar más en qué aportamos, en cómo hacemos sentir a los demás, en qué huella dejamos a nuestro paso.

»Depende de nosotros qué compartimos y cómo influimos en los demás. Podemos compartir historias inspiradoras, regalar un libro que nos ha emocionado, sembrar pequeñas semillas de humanidad y marcar la diferencia. Podemos compartir palabras de afecto, de esperanza; porque las palabras pueden construir o pueden destruir, nos pueden elevar o nos pueden hundir.

Sofía hablaba con una emoción contenida que penetraba en lo más profundo, algo que se notaba en el brillo de los ojos de muchas personas.

—Sin embargo, hay veces que las palabras más poderosas son las que nos hemos guardado, emociones y palabras que se han quedado sin expresar, esas que, ocultas como un secreto, han permanecido retenidas en nuestro interior. Son muchas las personas que a lo largo de su vida han esperado esas palabras que calmasen su mente y su corazón, las que hubiesen significado el esperado reconocimiento, tal vez el perdón, el amor, palabras que les hubiesen hecho sentir que no eran invisibles, que realmente importaban y eran queridos. Por eso quisiera terminar mi intervención con la historia de una persona que conocí.

»Desde muy pequeño Dani fue un buen jugador de fútbol. Le auguraban un gran futuro y era admirado por muchos. Desde niño, su padre le llevaba a todos los partidos, hasta que un día, cuando tan solo tenía nueve años, por algún motivo su padre dejó de hacerlo. De modo que su madre o algún amigo se encargaban de llevarlo.

»Dani siguió progresando, cada día era mejor, pero un día su padre dejó de acudir a los entrenamientos y los partidos. Dani comenzó a pensar que a lo mejor él no era importante para su padre, que no le quería. Dani buscaba con la mirada a su padre en cada partido, pero no le encontraba. Lo que más quería y necesitaba era sentir que importaba, el amor y el reconocimiento de su padre. De modo que una sensación de indiferencia fue apoderándose de él. Ese vacío le afectó en su confianza, también en su juego y su gran proyección comenzó a diluirse a la par que su autoestima, mientras aumentaba su resentimiento. Lo que Dani no sabía eran las dificultades por las que estaba atravesando su padre. Tenía serios problemas con el alcohol, y en más de una ocasión se rieron de él al verle borracho. No iba a los partidos para no avergonzar a su hijo.

»Aquel prometedor futuro se fue disipando y Dani terminó abandonando el fútbol. La relación con su padre era casi nula. Se centró en los estudios y con el tiempo se convirtió en un abogado brillante. Años más tarde, viviendo ya en otra ciudad, Dani recibió una llamada urgente. Su padre estaba hospitalizado, en estado muy grave. Salió corriendo para llegar lo antes posible al hospital. Al llegar le dejaron entrar en la habitación en donde estaba su padre bajo los efectos de los sedantes. Este confundió a su hijo con el médico y, ya adormilado, con un fino hilo de voz, dijo:

»—¿Sabe, doctor? Lo que más me gustaría del mundo sería ver a mi hijo. Tengo el mejor hijo del mundo, era un jugador de fútbol increíble, me encantaba verle jugar, aunque siempre lo hacía escondido desde alguna esquina. Estoy tan orgulloso de mi hijo —dijo con la voz entrecortada por las lágrimas—, ojalá le pudiese conocer, sé que le encantaría. Ahora es un gran abogado de éxito, es una gran persona y estoy muy orgulloso de él.

»En ese momento la vida de Dani cambió por completo. Comprendió muchas cosas que jamás había sabido entender, por las que tanto había sufrido. Llevaba muchos años dolido por la incomprensión, esperando escuchar esas palabras que de pronto llenaron su corazón por completo. Aquel vacío que le había perseguido toda su vida desapareció en ese instante y se llenó de amor. Incapaz de dejar de llorar, Dani se abrazó a su padre mientras le decía "Papá, soy yo, soy Dani, soy tu hijo, y yo también te quiero". Su padre, totalmente desorientado, de pronto se dio cuenta de que tenía a su hijo frente a él. Casi en estado de *shock*, sin habla, ambos se abrazaron entre incontenibles sollozos en un mágico momento de indescriptibles emociones, una muestra de la importancia de la verdadera conexión.

Sofía vio que algunas personas sacaban pañuelos para secarse los ojos.

—Esas palabras jamás pronunciadas, esos sentimientos que permanecieron ocultos, fueron el motivo de un inmenso dolor e incomprensión durante años. Su padre nunca se las dijo porque pensaba que su hijo no las necesitaba, y más viniendo de alguien, como erróneamente imaginaba, de quien su hijo se avergonzaba. Las palabras pueden destruir, incluso las no dichas, y también pueden curar y obrar milagros en nuestro corazón, llenándonos de paz y comprensión.

La propia Maya estaba tremendamente emocionada con la historia.

—El padre de Dani murió unas horas después, murió en paz, la paz que no había tenido en años. Dani tuvo la oportunidad de escuchar esas palabras de boca de su padre, las palabras que con tanta ansia había esperado toda su vida, pero que nunca recibió, y a su vez también pudo decírselas a su padre. Por suerte tuvieron la oportunidad de despedirse completando lo que estaba incompleto, sin dejar aquel vacío en el eterno pozo de los remordimientos. Se despidieron con la sensación de haber curado aquella vieja herida, con el inmenso alivio de haber expresado aquello que, por miedo, permaneció retenido durante tanto tiempo. Esas palabras que a veces nos guardamos, contienen un enorme poder para reparar corazones y relaciones. Se despidieron unidos como jamás habían estado, con la conciencia tranquila de que por fin todo estaba dicho, en paz, con el merecido aprecio y llenos de amor en sus corazones.

»Esta historia me ayudó a comprender que si tenía que irme, no quería irme como alguien me dijo, "con cadáveres en el armario" —dijo Sofía mirando a Maya—. No quería dejar conversaciones pendientes ni heridas abiertas, ni distanciamientos causados por el silencio. Quería curar, reparar y reconciliar cualquier situación, porque en esos momentos te das cuenta de los absurdos motivos por los cuales se pierden importantes relaciones. A veces tan solo por dejadez, por el entorno, el trabajo y la rutina diaria que nos arrastra como un tsunami alejándonos de la propia vida. Podemos vivir como si el hoy tan solo fuese un día más, o pensar que este día cuenta, aunque tal vez resta, porque cuando pase quedará un día menos. Ojalá pudiésemos vivir como si estuviésemos muriendo, porque en realidad lo estamos. Podemos pasar por la vida sin dejar rastro o dejando huella, por eso mi ilusión es que este día permanezca siempre en tu recuerdo.

El silencio y la energía que había en la sala eran conmovedores ante sus emotivas palabras.

—En esos momentos en los que sentí que mi vida se podía acabar sentí la necesidad de saber que dejaba un recuerdo entrañable, una huella a mi paso, quise conectar con las personas más importantes de mi vida, expresar lo que podía estar sin decir, por eso hice alguna llamada pendiente y escribí alguna carta. Esos mensajes que muestran nuestros más profundos sentimientos, el reconocimiento y el agradecimiento del amor y la amistad, son como medicina que cura a quien las escribe y a quien las recibe, porque pocas cosas hay más valiosas que el regalo de la comprensión, del verdadero afecto, del perdón, de la profunda intención de conectar para reparar heridas con amor. Ese es el poderoso efecto de escribir o recibir una carta que nace desde el corazón.

»Mi deseo es que te des la oportunidad de tocar la vida de alguien, de aquellos a tu alrededor, de conectar de la forma más profunda. Mi ilusión sería saber que has hecho esa llamada, mejor aún, que has escrito esa carta, que es una forma de penetrar con delicadeza en el interior de otra persona, para acariciar su corazón, porque cuando dejas saber a alguien lo importante que es en tu vida, su vida es más valiosa y adquiere más sentido. Al mismo tiempo nuestra vida es mejor cuando conseguimos iluminar un poco la de los demás. Además, inevitablemente, eso ilumina la nuestra.

Eso mismo es lo que sintió Sofía en ese instante. Pudo ver cómo sus palabras habían calado hondo, y una sensación de plenitud invadió todo su cuerpo al ver el brillo en los ojos de muchas personas.

—Espero que tu corazón sea valiente para expresar abiertamente tus sentimientos, porque nada crea una mayor conexión que cuando nos abrimos y mostramos nuestra humanidad. Ojalá que escribas una carta, que hagas esa llamada, que des ese gran paso, tal vez para agradecer la amistad o el amor, para reparar o completar lo que pueda estar incompleto.

»De eso está sedienta la sociedad, de la comprensión que ahuyenta la soledad, de autenticidad, de saber que no estamos solos, que no somos los únicos que tenemos miedos o que por momentos sufrimos. Tenemos sed de abrazos, de aceptación, de ser y estar rodeados de mejores personas, del sentimiento de pertenencia que nos aporta la profunda amistad, simplemente sed de una sincera conexión humana.

»Al final todos queremos tener una vida mejor, y esta comienza por darle un mayor sentido, por mejorar nuestro mundo interior y nuestras relaciones, por salir de nosotros y conectar con los demás, por rodearnos de personas que valoramos por su calidad humana, no por quiénes son, sino por cómo son, por cómo nos hacen sentir cuando están a nuestro lado. Eso es lo que me han demostrado esas dos personas que están ahí sentadas —dijo Sofía emocionada, señalando a Maya y Nacho—. Gracias por aparecer en mi vida, por sostenerme, por enseñarme tanto y ayudarme a renacer.

»La experiencia que he vivido ha sido un regalo, como si el universo me hubiese enviado un mensaje urgente, y el asunto era "La vida te está esperando" —dijo Sofía para finalizar, visiblemente emocionada—. La vida nos está esperando a que la vivamos al máximo, que conectemos con nosotros mismos y con los demás, que persigamos aquello con lo que soñamos, que demos un paso al frente y nos atrevamos a sacar lo mejor que llevamos dentro para vivirla en todo su esplendor.

»Espero que el destino no tenga que llamar a tu puerta para despertarte y recordarte eso mismo, que el asunto más importante es vivir, conectar, compartir; porque el amor y la amistad es lo más valioso y tal vez lo único que tenemos. No esperes a otro momento, tu vida es esta, es ahora, así que despierta, ten cuidado que no se te pase la vida esperando a vivir.

—Gracias por esta oportunidad, por dejarme compartir esta experiencia, con la esperanza de que de alguna forma te aporte algo valioso en tu vida. Gracias de corazón —dijo Sofía despidiéndose emocionada.

Algo mágico ocurrió en aquella sala, nadie se esperaba algo así. La energía se transformó por completo. La emotividad de sus reflexiones había logrado que todos se quitaran sus escudos llegando hasta lo más profundo de cada persona. Todos estaban conmovidos, sintiendo una especial sensación de conexión humana y comprensión mutua. Impulsados por esa energía todos se pusieron en pie, aplaudiendo emocionados y agradecidos.

Maya y Nacho se miraron, estaban aún más conmovidos que los demás por lo que ese momento suponía, por toda la experiencia vivida a su lado, por ver cómo Sofía había convertido su historia en una experiencia transformadora para ella y para los demás. Los dos se abrazaron y miraron a Sofía con un increíble brillo en sus ojos, orgullosos de ella. Sofía se acercó y los tres se fundieron en un largo y silencioso abrazo.

—¿Cómo te sientes? —preguntó Maya.

—Estoy en una nube, jamás había sentido algo tan especial, me siento plena.

— Ha sido maravilloso —dijo Nacho—. ¿Has dicho todo lo que querías decir? —preguntó mirándola ilusionado con los ojos de un niño.

—Todo menos la última frase.

—¿Y cuál era?

— La vida te está esperando —le beso dulcemente y continuó— y nosotros vamos a vivirla.

NOTA DEL AUTOR

Gracias por haber llegado hasta aquí y haberme acompañado en este viaje. Mi ilusión es que de alguna manera este libro te haya inspirado, te haya hecho reflexionar, que pueda ser una influencia positiva en tu vida y a su vez te ayude a serlo en la vida de otras personas.

Y si...

... si tuvieses la última oportunidad de hablar con alguien a quien te gustaría transmitirle algo de corazón. ¿Quién sería y qué le dirías? Espero que escribas esa carta, porque estoy seguro de que iluminarás el corazón de alguien y que al hacerlo inevitablemente se reflejará en el tuyo.

Espero poder conocerte personalmente, pero de momento te saludo a través de este vídeo que puedes ver en este *link* o accediendo a través del código QR. <www.javieririondo.es/mensaje>.

Si quieres enviarme un comentario me encantaría saber tu opinión, ver tu foto con el libro en el lugar donde lo has leído, saber qué te ha aportado. Puedes hacerlo a través de las redes y contactar conmigo a través de mi página <www.javieririondo.es>.

Un fuerte abrazo,

JAVIER IRIONDO